江苏高校品牌专业建设工程资助项目
江苏省高等教育教学改革研究课题(编号:2017JSJG255)成果
江苏省教育科学"十三五"规划课题(编号:B-b/2016/01/46)成果
江苏高校品牌专业教材财务管理系列

市场营销教学案例研究

陈建明　杨　雪　编著

中国矿业大学出版社
·徐州·

图书在版编目(CIP)数据

市场营销教学案例研究 / 陈建明,杨雪编著. —徐州:中国矿业大学出版社,2019.12

ISBN 978 - 7 - 5646 - 4556 - 4

Ⅰ. ①市… Ⅱ. ①陈…②杨… Ⅲ. ①市场营销学—教案(教育) Ⅳ. ①F713.50

中国版本图书馆 CIP 数据核字(2019)第 299993 号

书　　名 市场营销教学案例研究
编　　著 陈建明　杨　雪
责任编辑 侯　明
出版发行 中国矿业大学出版社有限责任公司
(江苏省徐州市解放南路　邮编 221008)
营销热线 (0516)83884103　83885105
出版服务 (0516)83995789　83884920
网　　址 http://www.cumtp.com　**E-mail**:cumtpvip@cumtp.com
印　　刷 苏州市古得堡数码印刷有限公司
开　　本 787 mm×1092 mm　1/16　**印张** 14.25　**字数** 347 千字
版次印次 2019 年 12 月第 1 版　2019 年 12 月第 1 次印刷
定　　价 58.00 元
(图书出现印装质量问题,本社负责调换)

序

20世纪70年代末至今，西方市场营销理论在我国的传播，以及一大批外国企业进入中国市场开展营销的实战案例，使我国企业从了解、学习和模仿开始，逐渐认识和实践着市场营销理论。过去，我们的专业人才和企业管理者依靠学习国外成功企业的市场营销案例而不断成长。今天，经过40多年的发展，我国企业在成长和壮大中积累了丰富的营销实战经验，它们根据中国市场的特点，创造出很多新的营销策略与营销模式，有待我们去挖掘、总结、提炼和推广。

随着我国经济的飞速发展，全球经济一体化步伐的加快，具有较深的市场营销理论基础、较强的创新能力，掌握营销实践技能的高素质人才供不应求。在每年社会对人才需求量的统计排名中，市场营销人才的需求量都名列前茅，然而市场营销专业的大学毕业生同时也面临着就业困难的尴尬局面。这对应用型高等院校市场营销专业的人才培养提出了更高的要求，即应用型高等院校必须改变以往重理论、轻实践的教学方法，紧跟社会发展的步伐，加强实践教学环节，以适应市场经济对市场营销专业人才的要求。

基于这样的思考，我们收集了大量国内企业近些年的市场营销实战案例，完成此案例研究图书的编写。本书作者长期从事市场营销专业课程的教学和研究工作，对案例教学和营销实训有一定的思考和积淀。作者希望通过本书的出版，将案例及实训教研成果奉献给读者，以达到共享和交流的目的，为市场营销专业课程的案例和实训教学与研究尽微薄之力。2017年徐州工程学院开展混合式教学改革，将案例教学作为进一步优化实践教学质量的一项重点工作，启动了案例研究和开发计划。《市场营销教学案例研究》正是这一计划的主要成果之一。

本书遵循理论联系实际的原则编写。全书分为七章，着重介绍了市场营销学、消费者行为学、商务谈判与沟通、广告管理与策划、客户关系管理、网络营销和整合营销传播等方面的相关企业案例。案例的精选与编写以应用型高等院校大学生决策能力实训为目标，以相关管理学、市场营销学知识为依托，再现相关企业的决策情景和决策绩效，在每个案例后面，都附有思考题，从而帮助读者更深入地理解和分析案例，在实训中提升大学生分析问题和解决问题的能力。

本书的特色主要体现为以下两点：

第一，本书结构清晰，内容充实，应用性强。案例体系的结构设计与市场营销专业课程的原理体系结构保持一致。书中的实训内容经过精心选择，能够满足学生从事市场营销工作的技能要求，旨在激发学生的兴趣，提高学生的应用能力。

第二，案例经典实用，具体生动，针对性强。案例中选取的很多企业都是读者耳熟能详的，但是对它们的营销故事未必了解。读者通过阅读案例，能够有一种身临其境的感觉，感受它们的成功与挫折，与它们一起成长。

本书由陈建明教授、杨雪教授等编著。全体参编人员共同设计全书框架，拟订编写大纲。参与编写的人员有：胡继华、陈德胜、谢丽丽、叶梦洁、周玮玮、齐义山等。陈建明负责全书的统稿工作。

本书可作为应用型高等院校市场营销专业的综合实训教材，也可作为企业营销人员的实务操作培训参考用书。在本书的编写过程中，我们参阅并吸收了国内外大量相关著作、教材和研究成果，限于篇幅，未能一一列出，敬请谅解，在此一并对相关作者表示感谢。此外，也要衷心感谢中国矿业大学出版社的同志们，正是他们的努力工作才使本书得以迅速与读者见面。

由于时间仓促及作者水平、能力有限，本书难免有不足之处，诚恳企盼各位同仁和读者批评指正，对本书提出宝贵意见。

作　者

2019年6月

目 录

第一章
市场营销学教学案例

【案例一】　星巴克市场营销案例

只用了短短几年时间，星巴克在中国就成了一个时尚的代名词。它所标志的已经不只是一杯咖啡，而是一个品牌和一种文化。1971 年 4 月，位于美国西雅图的星巴克创始店开业。

1987 年 3 月，星巴克的主人鲍德温和波克决定卖掉星巴克咖啡公司在西雅图的店面及烘焙厂，霍华德·舒尔茨则决定买下星巴克，并将其同自己创立于 1985 年的每日咖啡公司合并改造为“星巴克企业”。

1998 年 3 月，星巴克进入我国台湾地区，1999 年 1 月进入北京，2000 年 5 月进入上海，星巴克已成为国内咖啡行业的第一品牌。

2003 年 7 月，美国著名的咖啡连锁企业星巴克集团对外宣布：集团大幅提高其在台湾与上海合资公司中的股份，持股比例从原来的 5%增至 50%。由此，星巴克集团的子公司“星巴克国际”和台湾的统一(星巴克)集团，将从授权关系转为事业合作伙伴。上海统一星巴克咖啡有限公司总经理徐光宇表示，美方增持 10 倍股份的主要原因是看好台湾和上海的市场前景，愿意进一步投资未来。台湾、上海星巴克股权之变使得“星巴克王国”再次引起人们的注意。

一、星巴克的经营模式

星巴克会根据不同国家不同的市场情况采取灵活的投资与合作模式。

同麦当劳在各国的扩张一样，星巴克很早就开始了跨国经营，在各个国家和地区普遍推行三种商业组织结构：合资公司、许可协议、独资自营。星巴克的策略比较灵活，它会根据各国各地的市场情况而采取相应的合作模式。以美国星巴克总部在各地星巴克公司中所持股份的比例为依据，星巴克在各地的合作模式主要有四种情况：

(1) 星巴克占较高股权，比如在英国、泰国和澳大利亚等地；

(2) 星巴克占 50%股权，比如在日本、韩国等地；

(3) 星巴克占股权较少，一般在 5%左右，比如在中国的台湾、香港，美国的夏威夷和增资之前的中国上海等地；

(4) 星巴克不占股份，只是纯粹授权经营，比如在菲律宾、新加坡、马来西亚和中国北京等地。

星巴克在各地的合作伙伴不同，但是经营的品牌都是一样的。上海统一星巴克咖啡有限公司总经理徐光宇表示，这样做的好处是，“它可以借别人的力量来帮它做很多事情，而且是同一个时间一起做”。

一般而言，美国星巴克在某一个地区所持的股权比例越大，就意味着这个地方的市场对它越重要。另外，星巴克制定了严格的选择合作者的标准：如合作者的声誉、质量控制能力和是否以星巴克的标准来培训员工。

星巴克刚来到中国时选择了 3 家合作伙伴：北京美大咖啡有限公司行使其在中国北方的代理权，台湾统一集团行使其在上海、杭州和苏州等江南地区的代理权，南方地区(香港、深圳等)的代理权则交给了香港的一家公司。

1999 年初，星巴克授权北京美大咖啡有限公司在北京市场开设第一家分店，很快在京津地区迅速发展到 600 多家。而“统一星巴克”则于 1998 年 3 月在台湾开出第一家店，当时的统一星巴克咖啡有限公司由“统一超商”“统一企业”和“美国星巴克”分别持股 50%、45% 与 5%。2000 年 5 月，两大集团再以同样的合资模式，取得在江浙地区的经营权，成立“上海统一星巴克”，在上海地区开出第一家店，很快在江浙沪开出 1 300 多家店。

正是出于这种灵活的投资策略和合作模式，美国星巴克集团在看好中国市场时，看好这个市场上的合作伙伴，加大投资，将持股比例增加到 50%。这表明了美国对这个地区的重视程度，今后会有更多的投入。

二、星巴克的直营模式

近几十年来，星巴克对外宣称其整个政策都是：坚持公司直营店的模式，不设加盟店。

但是，也有质疑观点，认为在星巴克与各地企业的这几种合作模式中，星巴克不占股份而只是纯粹授权经营的模式在本质上就是一种加盟的经营模式。对此，徐光宇表示，星巴克在某一个国家或某一个地区，比如新加坡、北京等，寻找一个比较有实力的大公司进行授权合作，双方是合作的关系，这种方式不属于平常所说的加盟连锁。

事实上，星巴克的直营路子更多地体现在另外一个层面：星巴克合资或授权的公司在当地发展星巴克咖啡店的时候，“顽固”地拒绝个人加盟，当地的所有星巴克咖啡店一定是星巴克合资或授权的当地公司的直营店。

业内人士分析说，如果星巴克像国内多数采取加盟店模式的企业那样采用“贩卖加盟权”的方式来扩张，它的发展速度肯定会比现在要快得多。

星巴克为自己选择直营模式给出的理由是：品牌背后是人在经营，星巴克严格要求自己的经营者认同公司的理念，认同品牌，强调动作、纪律、品质的一致性；而加盟者都是投资客，他们只把加盟品牌看作获取收益的途径，可以说，他们唯一的目的就是获取收益而非经营品牌。

直营店与加盟店的不同之处还在于：直营店的所有权力均由母公司掌握；而加盟店的老板有部分的权力，母公司只是提供技术或相关资源。星巴克之所以不开放加盟，是因为星巴克要在品质上做最好的控制。比如，星巴克决不会吝啬报废物料，只为了提供给顾客最好的咖啡。但是如果开放加盟权，很难说每个加盟店的老板都会舍得一直增加报废料的成本，只为了给客人提供一杯好咖啡。同时，采用加盟连锁方式的企业必须具备很强的法律事务处理能力，以应对与加盟商产生的各种法律问题。因此，为了不让品牌受到不必要的干扰，星巴克决定不开放加盟权。

三、星巴克的全球标准化策略

星巴克全球标准化策略具体体现在：品牌的标准化、服务的标准化、质量控制的标准化、运营管理的标准化、员工培训的标准化、特许经营的标准化等。

(1) 品牌文化：星巴克提供的不仅仅是优质的咖啡、完美的服务，更重要的是顾客对咖啡的体验文化，以及对突发事件的处理等。

(2) 第三空间：为顾客营造了一种正式与非正式的中间状态——第三空间，如图书馆或阅览室。

(3) 店面设计：在星巴克的美国总部，有一个专门的设计室，拥有一批专业的设计师和艺术家，专门为全世界所开的星巴克店铺提供店面设计服务。

(4) 顾客为本：煮好每一杯咖啡，把握好每一个细节，选购最高等级的咖啡豆。

(5) 广告宣传：星巴克并没有使用其他品牌市场战略中的传统手段，如铺天盖地的广告宣传和巨额促销预算。

(6) 直营经营：坚持公司直营店模式，在全世界都不要加盟店。

(7) 环保意识：采用更多的环保型设备和包装材料，大力倡导并严格要求能源的节约利用，每个店都配备了净水设备，研发咖啡搅拌棒。

星巴克带给顾客的快乐，是优雅地品着咖啡，倾听旋律美好的音乐，亲朋好友一起享受下午的阳光，因此，星巴克有理由认为，它们的产品不单是咖啡，还要包括在咖啡馆的体验。“我不在家的时候，就在咖啡馆，我不在咖啡馆，就在去咖啡馆的路上”，这个咖啡馆指的就是星巴克。如今的“星巴克”的意义已经等同于“咖啡”，常常会有人说“来一杯星巴克”，让一个品牌成为一个行业的标志，无疑是一个企业所能获得最高荣誉。

对于星巴克，它不仅仅有咖啡的标准，还有水的标准、奶的标准、杯子的标准、温度的标准。为了寻找到品质优良的咖啡豆，星巴克专门设立一个由副总裁领导的工作小组到全球的咖啡产地采购咖啡豆。不仅如此，星巴克还将咖啡机重新设计，咖啡的磨制、蒸煮也因此变得与众不同。星巴克通常要求咖啡机高压、高温，一般是 18～24 秒冲出一杯咖啡，10 秒钟以内必须送到顾客手上。如果没有达到这个标准，星巴克的员工就会把咖啡倒掉，并将其计入营业成本。

四、星巴克品牌本土化策略

品牌本土化是指企业开拓新的区域市场或国际市场时，迫于当地环境压力，不得已修改品牌以适应本地文化的行为，具体包括以下方面。

(一) 命名本土化

命名本土化是跨国公司进行品牌传播时的一种手段，本土化的名字可以消除消费者的心理防线，取得心理上的认同感，而且也容易为当地消费者识记。比如一些国际品牌在中国市场能够迅速走红，与其中国化的名字是密切相关的。

“星巴克”这个名字来自美国作家麦尔维尔的小说《白鲸》中一位处事极其冷静、极具性格魅力的大副。他的嗜好就是喝咖啡。麦尔维尔在美国和世界文学史上有很高的地位，但麦尔维尔的读者数量并不算多，主要是受过良好教育、有较高文化品位的人士，没有一定文化教养的人是不可能去读《白鲸》这部书的，更不要说去了解星巴克这个人物了。从星巴克这一品牌名称上，人们就可以清晰地感受到其目标市场的定位：不是普通的大众，而是一群注重享受和休闲、崇尚知识、尊重人本位的富有小资情调的城市白领。中国是人口大国，人口密度高，拥有较高文化水平的人数也在增加。星巴克的定位与中国的实际情况相契合。

(二) 产品本土化

产品本土化是品牌本土化的一个重要方面，从产品的设计、生产到原材料采购，都是产品本土化的环节。它有利于跨国公司降低海外派遣人员和跨国经营的高昂费用、促进与当地社会文化的融合、减少当地社会对外来资本的抗拒情绪，有利于东道国维持经济安全、增加就业机会、管理变革、加速与国际接轨。

星巴克作为咖啡巨头，在中国其产品的本土化变革几乎是永不停歇的。2009年，在端午佳节卖粽子；2010年，在茶文化源远流长的中国推出数款茶饮料；2011年8月，在“包公故里”合肥推出“包公杯”；2012年10月，继洋快餐肯德基、麦当劳两大巨头大卖早餐之后，餐饮连锁巨星企业星巴克在全国700多家店铺推出早餐服务，这意味着星巴克正式加入了售卖早餐的行列。正式推出星巴克式的早餐，意味着星巴克本土化的进一步发展。星巴克的顾客要么是商务型的，要么休闲型的，其早餐的产品定位与星巴克客户群的整体定位是一致的。由此可看出，星巴克在中国的发展可谓是不断推陈出新，并融入了中华民族的优良传统，使其产品愈发地本土化，从而更好地开发中国市场。

（三）传播本土化

传播本土化主要包括广告本土化、公共关系本土化、促销方式本土化等方面。以星巴克在南宁的店铺为例，南宁万象城店以传统中国风的木雕花板吊顶，完美搭配简约的中式吧台，以当地灰砖材料和挂画框点缀的墙体，凸显了浓厚的南宁特色；星巴克特意为落户南宁精心设计了城市系列杯，杯身的五象广场和南湖风光，寄寓了星巴克与南宁共发展的美好愿景。

五、星巴克在中国市场的文化适应策略

2001年，星巴克在故宫开店。一些人认为星巴克开进故宫是对中国传统文化的糟蹋，呼吁要将星巴克赶出故宫，认为其破坏了故宫的“神圣”。一石激起千层浪，一时间，附和者人言汹涌，反对者更是此起彼伏。反对者认为，星巴克进入故宫是对中国传统文化的侵蚀。故宫一座古色古香的大殿一角，知名咖啡店星巴克在这里开了6年，“星巴克”是美国消费主义精神的代表符号，更多是与小资、时尚联系在一起，这与暮鼓晨钟、苍凉威严的紫禁城能和谐地搭配吗？

在全球化的大背景下，中西方文化不可避免地会产生交集，而国外的消费文化与本土文化遗产之间也很容易产生对峙与冲突。星巴克与故宫，就是这么直接地“交上了火”。星巴克在故宫里已开了6年，6年间，人们已习惯了它的存在，虽说它和紫禁城的恢宏大气总有些不协调。针对这个事件，星巴克全球总裁做出了以下的回答：“6年前，应故宫博物院的邀请，星巴克在故宫开了分店。我们是抱着对紫禁城文化历史传统的尊重和高度敏感开设这家分店的。我们一直并且会继续表达我们对当地的历史文化和社会风俗的尊重。我们也为让这家店适应紫禁城的环境做了认真的努力。”中国学者上海大学当代文化研究中心孙晓忠教授认为，当故宫失去皇权后，这个空间对内形成传统文化的象征，对外则成为中国的代名词，是当代最为中国化的符号。而星巴克咖啡店是一种外来的消费文化，它入驻故宫已经不是商业经营层面上的问题，实际上宣告着全球性的消费文化对中国传统文化空间的挪用。

文化适应是根据不同地区而对产品进行创新改进。以星巴克的浓缩咖啡为例，浓缩咖啡的味道极其浓厚，只有最纯净的咖啡味道，不会添加任何糖之类的调味剂。在欧美国家中，咖啡文化早已根深蒂固，人们很容易接受这种味道，而且为之着迷。而在中国，并不是所有人都能够接受这么浓烈的味道，所以星巴克会为品尝浓缩咖啡的顾客提供一杯白开水，缓冲那浓烈的味道。当然，如果你到星巴克看见餐牌上并没有你需要的产品时，你还可以让星巴克的员工为你调上一杯具有您个性口味的咖啡，配上一块风味独特的糕点，这正是星巴克希望带给顾客的独特体验。

以上就是我们对于星巴克从经营模式、直营模式、全球标准化策略、品牌本土化策略、当

地文化适应策略等方面做的一些分析，星巴克公司一直致力于向顾客提供最优质的咖啡和服务，营造独特的“星巴克体验”，让全球各地的星巴克店成为人们除了工作场所和生活居所之外温馨舒适的“第三生活空间”。

【思考题】

1. 你如何看待星巴克利用文化来开拓市场的举动？
2. 星巴克靠什么从一间小咖啡屋发展成为国际最著名的咖啡连锁店品牌？
3. 星巴克品牌本土化给国内餐饮业带来了哪些启示？
4. 服务行业在国际市场营销环境分析中应该注意哪些问题？

【案例二】 零售业:沃尔玛与家乐福的竞赛

一、沃尔玛

(一) 沃尔玛的发展历史

沃尔玛公司是一家美国的世界性连锁企业,其控股人为沃尔顿家族,总部位于美国阿肯色州的本顿维尔。沃尔玛主要涉足零售业,是世界上雇员最多的企业,连续多年在美国《财富》杂志全球500强企业中位居榜首。它在短短几十年中有如此迅猛的发展,不能不说是零售业的一个奇迹。

沃尔玛百货有限公司由美国零售业的传奇人物山姆·沃尔顿先生于1962年在阿肯色州成立。经过50多年的发展,沃尔玛公司已经成为美国最大的私人雇主和世界上最大的连锁零售企业。沃尔顿以“Wal-Mart”为名在阿肯色州拉杰斯市开办了第一家沃尔玛平价商店。经过短短10年的快速发展,1972年沃尔玛公司在纽约成功上市,其价值在之后的20多年间(到1999年)翻了4 900倍。在当时人的眼里这几乎是不可能的事情,但是沃尔玛做到了。1988年3月,第一家沃尔玛平价购物广场在华盛顿成立。2005年11月4日,沃尔玛对日本零售企业西友百货公司实施10亿美元援助计划,增持西友股份到56.56%。原沃尔玛全球高级副总裁兼首席运营官的埃德·克罗兹基于2005年12月15日接任西友公司首席执行官(CEO)。2008年10月22日,沃尔玛全球可持续发展高峰会议在北京召开,会议邀请了超过900名的官员和供应商代表,探讨全球变暖条件下的节能减排、减少包装的环保新举措。2010年11月19日,沃尔玛中国旗下品牌山姆会员商店在中国推出网上购物服务。为成功收购好又多商业发展有限公司,沃尔玛总共耗资约10亿美元,将好又多101家门店全数纳入麾下。

(二) 沃尔玛的经营策略

1. 顾客第一导向

“顾客第一”是沃尔玛经营的信条。在沃尔玛的商场内醒目地写着:“第一条:顾客永远是对的;第二条:如有疑问,请参照第一条。”山姆·沃尔顿曾说:“我们的老板只有一个,那就是我们的顾客。是他付给我们每月的薪水,只有他有权解雇上至董事长下至店员的每一个人。道理很简单,只要他改变一下购物习惯,换到别家商店买东西就是了。”

为了在企业经营的全过程贯彻顾客第一的经营理念,沃尔玛制定了详尽的服务规范:

(1) 三米微笑:沃尔玛规定,员工要对三米以内的顾客微笑,这既是出于服务的目的,也能起到防损的作用。员工必须认真回答顾客的提问,永远不要说“不知道”,而且原则上即使再忙,也要放下手中的工作,亲自带领顾客来到他们要找的商品前面,而不是指个大致方向就了事。沃尔玛内部有条不成文的规定,唯一允许迟到的理由就是“服务顾客”。

(2) 日落原则:在太阳下山即下班前把当天的问题解决,不要拖到第二天。

(3) 200%满意:鲜食部门的自制食品出现任何质量问题,沃尔玛都保证退货并免费赠送一份。在沃尔玛,如果顾客发现前台扫描的价格比货架标签的价格高,原则上商店必须按较低的价格售出商品。

(4) 收银七步曲：收银时要符合七个要求，包括说“您好、谢谢”等。

(5) 设立迎宾员：此为沃尔玛所独创。在沃尔玛，每时每刻都有员工站在入口处向顾客微笑致意。

(6) 设立委屈奖：面对顾客，员工要打不还手骂不还口，否则可能立刻被辞退或者受到处分。为此，公司特设立了“委屈奖”，奖励那些承受委屈的员工。

(7) 顾客也有姓名：沃尔玛倡导对顾客直呼其名。

(8) 顾客总是对的：顾客就是 NO.1(第一)，顾客就是老板。

沃尔玛在商店内力图营造顾客的主人感——“这是我们的商店”，确保顾客的所有需要都能得到满足。沃尔玛还为顾客提供了除购物外的其他服务：免费停车、免费咨询、商务中心、送货服务。

2. 天天平价

(1) 天天平价、让利顾客。沃尔玛特别重视价格竞争，长期奉行薄利多销的经营方针。沃尔玛提出：“销售的商品总是最低的价格”。为实现这一承诺，沃尔玛想尽一切办法从进货渠道、分销方式、营销费用、行政开支等方面节省资金，把利润让给顾客。这是沃尔玛与凯马特等竞争对手不同的地方。竞争对手通常制作一周特价宣传页来吸引顾客，大部分顾客也来商店寻找特价商品。这种特价的促销方式往往带来问题：顾客怀疑商店内其他商品的价格不真实；特价商品在店堂内难以发现，或已经售完。实际上，要保证所有商品的价格都比竞争对手低是不可能的，但沃尔玛始终在寻找一个较低的商品价格来满足顾客的需求，并通过各种可行的方式降低商品的价格，提供最合理的价格。

(2) 争取低廉进价。在进货中，沃尔玛避开一切中间环节，直接从工厂进货，其雄厚的经济实力使之具有强大的议价能力。早在 20 世纪 80 年代，沃尔玛就采取了一项政策，要求从交易中排除制造商的销售代理，直接向制造商订货，同时将采购价降低 2%～6%，大约相当于销售代理的佣金数额。更重要的是，沃尔玛并不因自身规模大、实力强而肆意损害供应商的利益来增加自身利润，而是重视与供应商建立友好融洽的协作关系，保护供应商的利益。沃尔玛给予供应商的优惠远远超过同行。美国第三大零售商凯马特对供应的商品平均 45 天付款，而沃尔玛仅为平均 29 天付款，这大大激发了供应商与沃尔玛建立业务的积极性，从而保证了沃尔玛商品的最优进价。

(3) 控制营销成本。为降低产品价格，沃尔玛对营销成本的控制非常严格。沃尔玛的广告开支只相当于西尔斯(美国第二大连锁店)的 1/3，每平方英尺(1 平方英尺约为 0.093 平方米)销售额比凯马特(美国第三大连锁店)高 1 倍。沃尔玛的营销成本仅占销售额的 1.5%，商品损耗率仅为 1.1%，而一般美国零售商店这两项指标的平均值分别高达 5%和 2%。营销成本的降低拓宽了沃尔玛的利润空间。沃尔玛的经营宗旨是用贩卖便宜商品来吸引顾客，用高效的管理换来低廉的管理成本。2001 年第三季度，凯玛特的管理及总务费用在销售费用中的占比是 22.7%，而沃尔玛只有 17.3%。

沃尔玛在 1981 年开始最早尝试使用 POS(销售终端)扫描收款机，提高了公司的效率和顾客付款的速度，改进了公司的库存管理。

3. 全球采购与完善的物流管理系统

(1) 全球采购。为了保证顾客获得最低价格的产品，沃尔玛实施全球采购战略，通过完善的采购渠道，每天从世界各地采购价廉物美的商品，并通过便捷的物流体系及时送到世界各地的沃尔玛商店。20世纪80年代末,沃尔玛开始利用电子交换系统EDI与供应商建立自动订货系统。该系统又称为无纸贸易系统,通过网络系统,向供应商提供商业文件、发出采购指令、获取收据和装运清单等,同时也让供应商及时准确地把握其产品的销售情况。沃尔玛还利用更先进的快速反应系统代替采购指令,真正实现了自动订货。该系统利用条码扫描和卫星通信,与供应商每日交换商品销售、运输和订货信息。凭借先进的电子信息手段,沃尔玛做到了商店的销售与配送保持同步,配送中心与供应商运转一致,提高了工作效率,降低了成本。

(2) 完善的物流管理系统。曾任沃尔玛总裁的大卫·格拉斯说过:"配送设施是沃尔玛成功的关键之一,如果说我们有什么比别人干得好的话,那就是配送中心。"沃尔玛被称为零售配送革命的领袖,独特的配送体系,大大降低了成本,加速了存货周转,成为"天天低价"的根本保证。沃尔玛补充存货的方法被称为"交叉装卸法"。这套"不停留送货"的供货系统共包括以下部分:

① 高效率的配送中心。沃尔玛的供应商根据各分店的订单将货品送至沃尔玛的配送中心,配送中心则负责完成对商品的筛选、包装和分检工作。沃尔玛的配送中心具有高度现代化的机械设施,送至此处的商品85%都采用机械处理,大大减少了人工处理商品的费用。同时,由于购进商品数量庞大,使自动化机械设备得以充分利用,规模优势充分显现。

② 快捷的运输系统。1996年,沃尔玛已拥有30个配送中心,2 000多辆运货卡车,保证货物从仓库到任何一家商店的时间不超过48小时。沃尔玛的机动运输车队是其供货系统畅通的优势保证,快速的送货,使沃尔玛各分店即使只维持极少存货也能保持正常销售,大大节省了存储空间和费用。由于这套快捷运输系统的有效运作,沃尔玛85%的商品通过自己的配送中心运输,而凯马特只有5%,沃尔玛的销售成本也因此比同行业平均销售成本低2%～3%。

③ 先进的卫星通信网络。沃尔玛投资4亿美元由美国休斯公司发射了一颗商用卫星,实现了全球联网,在全球的数千家商店通过网络可在1小时之内对每种商品的库存、上架、销售量全部盘点一遍,并通知货车司机最新的路况信息,调整车辆送货的最佳线路。沃尔玛的卫星通信网络使其供货系统更趋完美,配送中心、供应商及每一分店的每一销售点都能联网作业,大大提高了营业的效率和准确性。

④ 盘点公司。在美国,有一家专门为沃尔玛做盘点的公司,每年365天不停地为分布在世界各地的数千家沃尔玛连锁店进行盘点。盘点公司一般只派两三个人负责一家店的盘点工作,他们带来专用的盘点机,盘点机和沃尔玛的整个系统相连,自动进行信息传输和计算。对于一个营业面积达上万平方米的大型超市来说,整个盘点过程一般只需要一个晚上左右的时间就可以完成,顶多影响半天的销售。

4. *激励员工*

在沃尔玛,员工不是被称为"雇员",而是被称为"合作者"或"同事"。山姆·沃尔顿提出"关心自己的同事,他们就会关心你",培养员工"爱公司如爱家"的精神。公司对员工利益的关心并不只是停留在口头上或是提几条标语式的企业文化理论,而是有一套详细而具体的实施方案。

(1) 利润分享计划。公司保证每一个在公司工作了1年以上,以及每年至少工作1 000小时以上的员工都有资格分享利润。运用一个与利润增长相关的公式,沃尔玛把每个够格的员工的工资按百分比归入这个计划，员工们离开公司时可以以现金或股票的形式取走这个份额。

（2）雇员购股计划。员工可以通过工资扣除方式，以低于市价 15%的价格购买股票。

（3）损耗奖励计划。如果某店将损耗控制在公司提出的目标之内，该店每个员工都可获得奖金，最多可达 200 美元。结果，沃尔玛的损耗只是行业平均水平的一半。

（4）例会制度。沃尔顿说，星期六晨会是沃尔玛文化的核心。它的基本目的是交流信息，减轻每个人的思想负担，团结队伍。公司经常在星期六晨会后举行联谊活动，喊口号、鼓劲、联欢，减轻每一个员工的负担，使员工身心感到愉悦，同时也增强了凝聚力，团结了队伍。在会议上可以提建议，表扬先进，发现问题并讨论解决办法。这样，发现的问题马上在周末就可以及时解决，而不必等到下星期。员工们很容易把星期六联欢所产生的欢娱气氛带到工作中去，这正是沃尔玛所追求的“让商店保持轻松愉快的气氛”。

（5）SWAS 店中店管理。在部门管理方面，沃尔玛提倡每个人所负责的区域就是一个店，每个人就是自己店的总经理。这极大地调动起员工的积极性和创造性，提高了工作效率。

（6）草根会议和基层调查。每隔一段时间，店里都会举行“草根会议”，随意抽取各部门员工了解情况。每年，沃尔玛总部都会在全球范围内开展“基层调查”，以无记名调查表形式了解整个店的经营管理情况，调查表密封后寄至美国，由专门的调查公司进行统计分析。

（三）沃尔玛在中国

1. 沃尔玛在中国的发展

为了进入中国市场，沃尔玛做了长达 6 年的准备。早在 1992 年 7 月，沃尔玛就获得中国国务院的批准，并在香港设立办事处，专门从事中国市场的调查工作，包括中国的经济政策、官方支持、城市经济、国民收入、零售市场、消费水平、消费习惯等。这些都为沃尔玛在中国的发展奠定了坚实的基础。

沃尔玛进军中国采用深圳单点进入，然后全国铺开的方式，虽然发展速度慢，但风险较低。1996 年，沃尔玛在深圳开设了第一家购物广场和山姆会员店。一位深圳的政府官员估计，1999 年沃尔玛在深圳的 5 家分店的收入达到了 1 亿美元。沃尔玛自己说，2000 年，它在中国销售了价值超过 40 亿美元的商品。沃尔玛亚洲地区总裁乔伊·哈特菲尔德声称，在中国的分店是盈利的。

2000 年 10 月，沃尔玛公司总裁兼首席执行官李斯阁来到中国。他表示，沃尔玛将尽快在中国五六个城市增开 8 家分店。至于在其他城市扩大投资，则要看沃尔玛能否在当地尽快培养出合格的管理层。

2001 年，沃尔玛在中国开了 4 家店，分布在福州、昆明、大连、沈阳。

在布局上，沃尔玛形成了华南以深圳为中心、西南以昆明为中心、华北以北京为中心、东北以大连为中心的区域发展格局。随着各区域中心店的开业，沃尔玛在中国的发展战略已经铺开。在商业业态上，沃尔玛以购物广场和山姆会员店为主。山姆会员店是仓储式会员制商店，大包装、低价位是其经营特色，服务对象以团体、大家庭、小店铺为主。

从之后的发展看，沃尔玛在中国的扩张速度赶不上家乐福，主要原因是：从开店方式看，沃尔玛在中国采取的是配送中心建设在前、店铺发展在后的方式，这也是沃尔玛发展的标准模式。这种模式在发展初期会带来较高的营运成本，同时也会制约跨区域的店铺发展速度。

沃尔玛坚持了多年的配送中心先行的发展方式可能不会轻易在中国改变,这就意味着解决发展速度问题要通过其他途径。不容忽视的是,沃尔玛非常擅长资本运作,这在它的多次并购活动中已经表现出来了。

2. 沃尔玛在中国的本土化战略

(1) 本土化营销。沃尔玛中国公司经营的商品有95%以上是由中国本土企业生产的。近来,沃尔玛新开设的分店和最初进入中国开设的店铺已经有较大的变化,调整的范围不仅包括产品结构,还涉及经营方式,沃尔玛在深圳华侨城和大连新开设的店铺都出现了专柜(国外沃尔玛店没有专柜)。而且,沃尔玛也和中国的零售企业一样,对供应商的付款也延长了账期——给供货商的货款结算周期从以前的3～7天一举延长到2个月,这大大改变沃尔玛的商业风格。沃尔玛在中国的本土化战略已初见成效,《华尔街日报》报道:在中国登陆5年后,沃尔玛已不再像初来乍到时那样手足无措了。

(2) 本土化人才。沃尔玛明白,要真正实现其全球扩张的战略,在中国扎下根,就必须坚决实行本土化战略。沃尔玛公司一直以其良好的团队建设及对员工的有效培训著称。1996年在中国开设第一家商店之前,沃尔玛曾花了整整8个月的时间对其主管级及以上的管理层进行系统的培训。管理人员被授权灵活地处理沃尔玛的章程,以便更好地为当地市场服务。中国员工入职前的培训时间一般都不少于3个月,以使员工培训后对本岗位的知识能全面掌握。

在沃尔玛看来,中国人是最好的。在深圳的商店里,本地的经理人员举行乒乓球比赛、时装表演,销售人员叫卖产品,他们甚至有自己的歌。2003年,麦肯锡研究指出,在中国的三大城市,随着人们日益富裕,能支持250家超级中心,每家的年销售收入在2 400万美元到3 600万美元之间。

二、法国家乐福

(一) 家乐福简介

成立于1959年的家乐福(Carrefour)是大卖场业态的首创者,是欧洲第一大零售商,世界第二大国际化零售连锁集团。现拥有上万家营运零售单位,业务范围遍及世界数十个国家和地区。

1963年家乐福第一家店于法国开业,家乐福集团也是量贩店业态的首创者;1999年与普美德斯(Promodes)合并后,家乐福成为欧洲第一、世界第二大的零售商。家乐福目前主要有3种经营形态,分别是:大型超市、超市以及折扣店。此外,家乐福还在一些国家和地区发展了便利商店和会员制量贩店。以2004年为例,整个集团税后销售额726.68亿欧元,员工总数超过43万人,仅次于沃尔玛,在世界量贩集团中排名第二。

(二) 家乐福的经营策略

1. 产品概念

首先,采取高堆贱卖和一个店铺里什么都卖的原则。法国过去的经营模式一般采用家庭式的商铺形式,无论是商店的规模还是商品的品种均有限。而家乐福则一改传统的经营理念,将销售方式的单一化和出售商品的专业化改为多样化,它所销售的商品琳琅满目,无所不包,其目的是最大限度地满足各个层次顾客的需要。这样的经销模式不仅方便了现代化家庭的购物，使他们节省购物时间（一次购物能够满足一个星期甚至一个月的基本生活要求），而且使商场能够推销更多的商品，增加营业额和利润，更有效地利用了设施和空间。

其次，注重商品的销售方式。创办伊始，家乐福就大胆尝试美国零售商的经营理念，采用自选购物的方式。这也是区别于传统经营模式的一个重要标志。超市面对的消费层是大众消费，不同于专业商店或者奢侈品需要通过介绍和推荐来带动和促进销售，所以尽管它也强调营销的服务功能，但更强调购物环境和购物方式的轻松方便，让顾客在购物时感到有更大的自由空间来挑选商品，有更多的时间比较价格，是一种准确把握消费心理的营销手段。

再次，最大限度地设置收银台。家乐福为加速客流的滚动，方便顾客付账，避免排队给顾客带来的不便和不快，最大限度地设置收银台。一般情况下，营业面积为200平方米的小型零售点会设置1个收银台，而面积在2 500平方米以上的特大型超市则设置60～70个收银台。如1990年6月在巴黎南部孟里斯商业中心开的家乐福店，销售面积为15 000平方米，设收银台70个。

最后，改善和改进经营方式，为顾客提供一揽子服务。家乐福里开设有快餐店、理发店、游戏场，甚至还有赌博场，集吃喝、购物和娱乐为一体。同时家乐福还备有临时托儿所，提供冲洗胶卷、银行存款和信用卡支付等服务。为了促销，家乐福还向顾客提供简便、灵活的商品贷款。

在家乐福的完整产品概念中，还包括了实现产品的便利销售而采取的其他支持手段。由于20世纪70年代汽车工业的腾飞，超市一般将其营业地点选择在郊区，这不仅可以满足营业面积的需要，减少土地使用费用，而且还能够开设大型停车场，方便市区的顾客开车购物。所以，家乐福一般都将地址选在郊区，按照超市营销的“No parking，no business”（无停车，不购物）理论，配备大型免费停车场，每5 000平方米的营业面积设置1 000个车位。另外，家乐福加油站的油价低廉，其宗旨是：“你来‘家乐福’购物，我给您报销汽油费。”停车场实行免费自助洗车服务。

2. 价格定位

家乐福从创业之初到现在，始终坚持统一的经营原则：商品实行折扣销售，缩短消费流程，加快资金回笼，降低流通领域成本，同时加快库存周转，减少库存费用；采用购物自选方式，既方便顾客又可以减少员工开支，压缩工资费用；降低商品的利润，实现薄利多销，追求销售额和营业额，带来总利润的扩大；降低管理费用，控制管理成本，避免非经营性开支，将管理开支压缩到最低。家乐福的食品和百货的毛利率仅为4%～6%。

成本杀价和打压供货商的利润空间是家乐福降低成本、实现折扣销售的主要手段。

首先，家乐福要求所有的进场经营商家和供货商按照它的折扣方式出售商品。折扣花样繁多，有销售总额折扣和销售数量累积折扣，还有限时折扣、促销折扣。而且当家乐福实行降价促销时，即使没有参加促销的商家也要交纳一笔促销贡献分摊费。

其次，进入家乐福设置货柜的经销商必须支付一定的进场费。许多供货商为了保持市场份额和市场占有率，有时不得不以低于成本价的价格向家乐福送货和满足商场提出的各种苛刻要求。如1992年，家乐福要求在其所有超市上柜的供货商以特别贡献的名义向家乐福再返还营业额的2%。

最后，实行无商标自由产品战略。由于降价的潜力和空间越来越小，为了保持和保证廉价形象，家乐福开始实行无商标自由产品战略或者贴牌战略，开发物美价廉的无商标自由产品，或者经营贴着“家乐福”牌子的商品。这些商品的价格极其低廉，它是压缩和免去采购环节的费用而降低商品成本的结果。目前，消费者可以在任何一家家乐福超市买到贴着家乐福商标和无商标的廉价商品。

3. 促销策略

家乐福的广告是：有家乐福，我就自信。为留住客户，增加其向心力，家乐福在长期性促销方面主要采取了以下手段：方便顾客，延长营业时间；免费停车，加油打折；每天都有特价商品销售；不满意就退货；商品高堆贱卖；设置5件以下商品收银台，节省购买少量商品顾客的结账时间；大件商品免费送货上门；免费提供购物小推车和篮子，商品价格自动查询服务。

在短期促销方面，家乐福采用节日降价、限时降价、免费品尝、赠送礼品等手段。尤其是在开业促销和周年庆典促销方面，家乐福的营销专家表现出了高超的技巧。1998年家乐福在第一家量贩店创建35周年纪念活动期间，进行预算为2亿法郎、时间为一个月的广告宣传促销活动，散发了5 400万份广告传单，做了13 000个巨型广告牌，每天在69种日报上做整版广告，在收音机上播送了4 600条信息。在此期间，家乐福采取市场营销的一贯手段：悬念感——折扣商品印成宣传广告散发，但每天只在收音机上宣布哪几种商品打折，刺激消费者的好奇心，增加关心度；急迫感——降价商品的数量模糊，让人觉得并不是每个人都可以获得折扣，于是刺激了消费者的购买欲望；重复性——每天以同样的模式传播同样的信息，使物美价廉的形象在消费者心中根深蒂固。由此所产生的效果是销售额直线上升，仅在法国，营业额就增加了20%，超过20亿法郎，几乎相当于两家超市的年营业额。除去宣传、策划、组织等费用，促销期间家乐福在世界各地净赚20亿法郎。

4. 全球统一采购配送

家乐福在国际市场上的成功，是因为它不仅具有全球统一的连锁经营模式，而且拥有先进的全球采购体系和流通手段，能够做到统一采购、物流分销、仓店合一，最大限度地节约人力和物力，降低成本。这为家乐福占有市场、赢得利润打下了良好的基础，也为吸引顾客创造了有利条件。

除了采购中心驻地采购外，在世界各地举办的商品博览会现场，也活跃着家乐福销售人员的身影，他们经常举办供需双方直接见面会，致力于与供应商建立长期可靠的合作伙伴关系。在采购中，他们以中低收入消费群体的需求为出发点，以产品稳定的质量和销路、尽可能完美的性能价格比和长期有保证的货源供应为标准，大批量采购商品，降低产品的单价，获取价格竞争优势。

各国生产的产品总有一些其他国家无可比拟的优势，因此，家乐福在开设连锁店时，增设“全球采购中心”。在进入中国市场后，家乐福相继在中国16个城市开设了28家连锁店，同时也在北京、上海、天津、武汉、广州、大连和宁波等制造业发达的大中城市建立采购中心。据统计，2001年家乐福在中国采购额达35亿美元，占亚洲的直接采购额中的6成。

同时，家乐福从1985年起着手在许多生产厂商建立和发展自有品牌商品，以充分发挥品牌效应；生产商为扩大销路，也愿意将自己的产品冠以家乐福的品牌，促进了产销两旺的双赢局面。

5. 服务至上取信于民

在家乐福遇到问题，可以在入口处的接待处询问。要选择合意的商品，可找服务人员，他会耐心向你介绍各种品牌产品的性能，供你参考。购物后，如不满意可在售后服务处得到满意的服务。

家乐福有一支脚蹬旱冰鞋的服务员队伍，在商场内外穿梭往来，为顾客及时服务，并参与超市的保安工作。

家乐福对社会和消费者的承诺是多方面的：一是重视环保，以利于可持续发展。采取的措施主要有：减少包装的重量；采用可循环使用的包装物质；取消污染环境的重金属等有害物质。二是保证食品卫生，关爱消费者健康。规定销售食品的细菌标准，执行预防为主的原则，设置迅速而有效的食品收回程序。三是承担社会责任。广泛参加社会活动，包括灾害紧急援助、反贫困、助学、支持医学和科学研究等。在法国，家乐福每年参与的此类活动超过2 000 项。商品良好的性能价格比和周到的服务，使家乐福赢得了众多消费者的信任。

6. 本土化战略

在世界零售业市场竞争日趋激烈的今天，家乐福在其国际化战略中尤其注重本土化战略，善于因地制宜开拓国外市场。

土耳其的家乐福是土耳其式的，巴西的家乐福是巴西式的，中国的家乐福是中国式的……这是家乐福家族的一项基本政策，正如家乐福销售经理阿兰·蒂埃弗里指出的那样："确认当地居民的需求和希望，推荐他们期待的商品和服务，乃是我们的办店理念和根本。"譬如买鱼，法国人买鱼除了仔细看外，还要用鼻子闻；日本人爱买包装好的半成品；土耳其人总要翻过鱼鳃看；中国人喜欢买活鱼提回家里；波兰人和捷克人要求售货员当着他们的面把鱼敲死。

中国的家乐福独具特色，因为中国人不喜欢囤积太多货物，所以北京和上海的家乐福出售的矿泉水有很多是散装的，而不像其他国家大部分是 6 瓶装的纸板箱，出售的面粉和粮食也多是小包装的。

日本是个地震频发的国家，那里的家乐福的天花板不仅低，还用较轻的建筑材料制成。日本人买菜都是事先包装好的，他们不喜欢散装，也很少过秤称。波兰人酷爱伏特加酒和醋渍小黄瓜，这两种商品的货柜格外醒目。在泰国的家乐福超市里，人们会发现里面装满肥皂、牙膏和食品的小塑料桶，这是专门为那些施舍僧人的顾客准备的，他们常常购买这些商品送给僧人。

当然在为消费者提供当地产品外，家乐福还提供正宗"法国制造"的商品。

商店的地点选择是否得当，是成功的决定性因素。为了保证开业后一定能吸引当地顾客，家乐福在开设每一个新店前，都要进行长期细致的市场考察，诸如当地的生活方式、消费水平、人口增长、都市化水平、居住条件，以及人们的兴趣爱好、传统习俗、储蓄情况、宗教信仰、意识形态，甚至包括中产阶级比例和女性化程度等，所有这些都在考察之列。一个小组进行选点考察的同时，另一个小组便与当地行政部门建立联系，并着手选择商品供应商。一般情况下，这项工作要用两年的时间。

【思考题】

1. 传统国有商业企业与外资商业企业相比差距主要在哪些方面？国有商业企业如何转型？

2. 沃尔玛与家乐福的营销策略对比分析。

3. 现代消费习惯与商业的未来发展趋势分析。

4. 沃尔玛帝国会变成控制市场的超级恐龙吗？在沃尔玛控制下的商业格局将会怎样？

【案例三】《人再囧途之泰囧》营销策略

对于 2012 年的中国电影来说，投资仅 3 000 万元左右的《人再囧途之泰囧》(图 1-3-1)无疑是最大的热门话题，这部于全年最后一个月上映的影片，创造了当时国产影片的最高票房纪录，并一举将国产影片票房在中国全年电影票房总额中所占份额有力拉升至 48.46%。这对 2012 年新增 14 部进口分账大片的中国电影市场来说，意义非凡，票房神话的背后我们也要进行更多的思考。

图 1-3-1　《人再囧途之泰囧》宣传图片

一、故事：贴近观众，明确影片类型

“类型电影”是个外来概念，起源于好莱坞，是在成熟的电影商业运营模式语境中产生和发展起来的，也是电影高度工业化的必然产物。在中国，类型电影一直未有充分的发展，甚至可以说是中国电影的一个软肋，尤其是自 2002 年电影《英雄》开启了中国电影的“商业大片时代”后，类型影片发展更为边缘化，贴有多重标签、定位模糊的“泛类型化”成为国内电影的普遍状况。

作为电影高度工业化的产物，类型电影不仅在题材选择和叙事手法上有一定的相似性和较高的辨识度，也具有很强的商业性。为了获得经济利润、满足观众的娱乐需求，电影制作者会为了实现观众在观赏电影前的某种心理期待，专门去研究确定电影的市场定位和观众群品位的划分，这点也正是电影《人再囧途之泰囧》取得高票房的原因之一。

电影《人再囧途之泰囧》充分尊重喜剧片的创作方法，采用了公路喜剧片的固定模式，即两位或两位以上的主演因为强大的外因不得不结伴上路，一路上状况百出"笑"果频发，最终主演联手完成目标并有所收获。2010 年，以 800 万元成本斩获 4 000 多万元票房成为当年票房"黑马"的《人在囧途》是公路喜剧片的一次本土化尝试，《人再囧途之泰囧》则将该类型理念贯彻得更加完整。

在人物设置上，角色身份不仅贴近生活中多个阶层，在故事里也有着明确的形象定位。有了《人在囧途》的铺垫，观众对继续饰演成功但焦虑的都市精英代表徐朗，和继续充当草根代言人的王宝已不再陌生，再加上黄渤饰演的高博，三个人在身份、性格上的巨大反差，错综复杂的人物关系，不仅让故事情节跌宕起伏，三位演员的个性化出演也让观众的"心理预设"得到了满足。

在叙事手法上，游戏化情节、大团圆结局等类型特征突出，还兼有强烈的本土小品化风格。两人的泰国之旅虽然各怀目的，却因为一个没钱一个没护照而不得不紧密结合在一起，一路遭遇状况无数，从误入人妖房间，到误闯黑社会谈判现场，再到坠落山谷，一路上紧密而高潮迭起的喜剧效果充满着游戏意味。笑料与包袱更是精心设置，似小品又绝非段子堆砌的本土平民式笑料，见缝插针，不断戳中观众的笑穴。影片结尾处，王宝的梦想成真，徐朗家庭重归和睦，竞争对手化干戈为玉帛，梦想、家庭、友情等多重正面主题与观众情感一同得到升华。没有惊天动地的故事，没有宏大的历史叙事，《人再囧途之泰囧》以平民化视角又不乏轻松幽默的方式带给观众最熟悉、最朴实的情感共鸣，吸引了最大范围的观众走进影院，甘心为快乐买单。

二、档期

绝佳的上映档期为《人再囧途之泰囧》的高票房贡献不少，除了准确选取档期外，其中也不乏一些偶然性。

（一）档期之"准"

在一项"你最希望在贺岁档里看到怎样的电影"的网络调查中，有 1 196 名网友参与投票，其中有 67%的观众选择"轻松爆笑的喜剧，有喜欢的明星最好"。很显然，虽然大制作、强明星阵容的电影有一定的号召力，但在贺岁档里，更多人还是期望能进入电影院放松身心，观赏一些题材轻松幽默的电影，与节日气氛相契合，为自己释放压力。然而，在 2012 年之前的贺岁档中，更多涌现的是大投入、大制作的商业片，且涉及重大历史题材的作品似乎成了大导演们的最爱。张艺谋的《金陵十三钗》，冯小刚的《一九四二》，都瞄准了中国电影的票房黄金段贺岁档，主题的严肃沉重与"贺岁档"原本的含义相差较远。《人再囧途之泰囧》虽为中小成本制作，但明确的喜剧类型片定位，专为"贺岁档"观众们的快乐消费而定做，可谓档期之"准"。

（二）档期之"妙"

《人再囧途之泰囧》上映档期不只特意定在贺岁档，更是精密掐算首映时间。最初，《泰囧》把档期确定在传说中的“世界末日”2012 年 12 月 21 日，当时片方给出的理由是，在“世界末日”那一天，与其坐在家里等死，不如在电影院里笑死。然而，离电影上映还有一个月，片方非常敏锐地把档期提前到了 12 月 12 日，因看到《一代宗师》后撤，《十二生肖》《血滴子》《大上海》又全都把目光放在圣诞档和元旦档，均在 20 日上映，正好留出了 8 天巨大的市场空档。这段时间没有杀伤力强大的好莱坞大片上映，即便是往前一点碰上已经上映了两三周的《少年派》《一九四二》和《王的盛宴》，它们也都已过了最强劲的势头，竞争有所减弱。《人再囧途之泰囧》见势插空、紧抓时机，票房一路飙升。

（三）档期之“巧”

档期之“巧”，一个“巧”是先于 2012 年与《人再囧途之泰囧》同期上映的 3 部影片，其主题恰巧都偏严肃沉重，似乎都在为喜剧电影《人再囧途之泰囧》暖场。反映灾难的《一九四二》、重新诠释历史故事的《王的盛宴》，即使《少年派的奇幻漂流》中的梦幻影像让人陶醉，但主题之外的另一个故事仍让人不禁打寒战。几部影片相似的情绪基调让观众对娱乐的渴求没有得到满足，对笑产生了强烈的饥渴，于是一部《人再囧途之泰囧》释放了观众的热情。12 月 15 日，《人再囧途之泰囧》在上映的首个周六就取得了 9 100 万元的票房，超过《画皮 2》创下国产片单日票房最高纪录。另一个“巧”，是碰巧赶上被国人爆炒的所谓玛雅历“世界末日”，当 2012 年 12 月 21 日结束，人们发现第二天太阳照常升起后，岁末庆生的“狂欢”不期而至，作为电影市场的消费主力军，年轻观众纷纷涌进电影院，在 12 月 22 日（周六）这一天，《人再囧途之泰囧》以观影 210 万人次、票房 6 800 万元排名第一的成绩与《十二生肖》等几部影片共同创下了中国电影史上单日观影人数的历史纪录，以 1.6 亿元的票房打破了中国电影单日总票房纪录，见图 1-3-2。就像 2011 年 11 月 11 日的“光棍节”成就了《失恋 33 天》一样，“末日狂欢节”把《人再囧途之泰囧》送上了票房的巅峰。

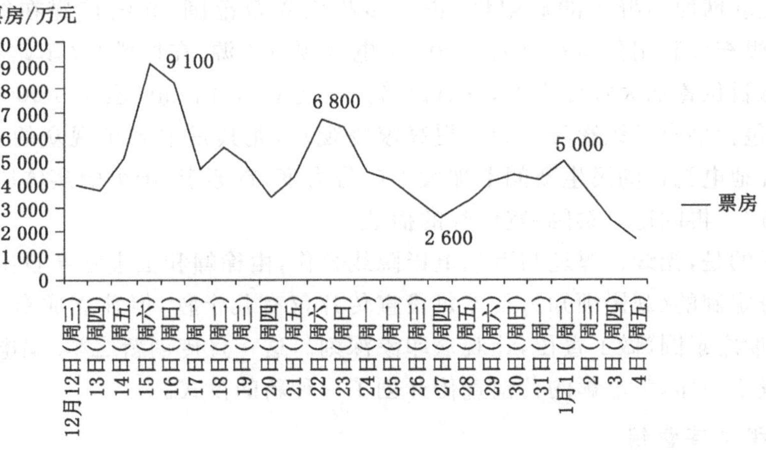

图 1-3-2　《人再囧途之泰囧》票房曲线图

三、营销

（一）导演、公司同参与

在《人再囧途之泰囧》上映前两个月，光线传媒的营销计划就已经启动。导演徐峥也参与了这次营销，不仅参与了《人再囧途之泰囧》海报、预告片的制作，在上映时间上徐峥也提出了意见，这在国产电影界是不多见的。导演是最了解自己作品的人，宣发中导演角色的参与，可以使影片宣传节奏得到控制，让不同宣传片的效果分步叠加，不断提高观众的兴趣。徐峥在接受时光网的采访时说："我们剧本的制作，桥段的安排，每一期预告片的投放，怎样传递电影的信息能让观众感兴趣，其实都是按规划一步步来的，'有备而来'就是真正把一部电影用最专业的方式去完成它的每一个环节。"

制作发行公司光线传媒在这次电影的营销中，也充分发挥了自己的主动性。光线传媒在 120 个城市拥有电影发行网络，具备电视活动＋线下活动＋院线宣发＋互联网传播等多平台的整合营销优势。《人再囧途之泰囧》的宣传是光线传媒历史上发起的最广泛的一次营销，制作费用在 2 500 万～3 000 万元之间，宣发费用也达到了 3 000 万元，等于制作公司投入了跟制作成本至少相等的营销费用。

（二）线上、线下齐布阵

网络的快速发展以及网络受众与电影观众的高度重合，使得新媒体营销日趋重要。在线上，光线传媒不仅在 360 电脑终端以及支付宝上进行了广告投放，PPTV、PPS、优酷等各大网络电视和视频网站也均有广告捆绑，还在网上发布了《人再囧途之泰囧》系列物料，包括海报 13 款 30 张，视频 40 段，全网播放超 2 亿次，创意类图片超百张，其中还包括宣传片《囧游记》等相关物料，以强化"囧神组合"的概念。之后，颜色鲜明、性格迥异的"囧神组合"，竟成了网民竞相创作的灵感来源，刮起了"全民 P 图"风，使《人再囧途之泰囧》还未上映，就受到了网络热捧，连著名漫画家陈柏言也为电影主演创作了漫画形象。此外，宣传片推出后，微博、人人网等网络社区上的不断转载，再加上从主演徐铮、黄渤等人的微博宣传，到众网友的不断推荐与转发，"病毒式营销"反响极佳。

为打破互联网使用群体的局限性，进一步扩大受众范围，光线传媒在线下也"排兵布阵"。光线传媒充分利用公司本身的 1 200 个电视频道资源，在地铁、火车站、公交车、机场、大学校园等醒目位置加大宣传力度，既有路牌广告也有短片视频，还在 3 000 家影院里做了海报，其中还包括多家县级影院。为了提高家庭观众，尤其是中老年观众的关注度，光线传媒还在全国各地电视台的民生新闻上加大了广告力度，在苏宁、国美的实体店里展示的电视机样品上也有《人再囧途之泰囧》宣传片的播放。

值得一提的是，光线传媒还与万达电影院线合作，由徐峥和王宝强亲自出马拍摄了一系列为院线量身定制的《观影须知》，虽然每段宣传片仅有几十秒，但独立成章不乏幽默，也借机为《人再囧途之泰囧》做了宣传，让观众印象深刻。这一宣传创新之举，集电影制作发行方与院线的力量于一体，为电影的营销宣传开创了一种新的模式。

（三）重视口碑营销

除形式多样、线上线下多渠道营销外，与同行其他影片习惯于大手笔投入媒体广告不同的是，光线传媒在《人再囧途之泰囧》的营销上更倾向于口碑营销。

在电影正式上映之前，片方首先在不同城市举行免费试映会，精心挑选试映族群，限定一人只发一张电影票，并在每场电影放映后现场与观众进行座谈，不断使观众加深对影片的印象，制造"一传十，十传百"的效果，为上映做好口碑的铺垫。

电影正式上映后，影片把每一位观众都变成影片的宣传员和推介员，口碑不仅通过互联网渠道发酵后一发不可收拾，线下朋友、同事、家人等身边熟人之间的口口相传也吊足了其他观众的胃口。更有不少观众第一次自己看，然后携家人、朋友再次观看，对电影进行“重复消费”，促使《人再囧途之泰囧》的票房连翻新高。

（四）其他因素

当《人再囧途之泰囧》以黑马身份从悄然无声上市，到单日票房飘红逐渐成为热议话题后，媒体的不断关注和影院的高排片量也为票房神话添了一把力。根据全国15个大城市院线的排片量统计，自《人再囧途之泰囧》上映后，口碑和高上座率让各大院线在上映第四天将其原有的30%～40%的高排片量更是提高到了50%。与此同时，各大媒体对票房的各种猜测、预期、证实，也让影片持续霸占娱乐头条1月之久。这时观众除了受制作公司的宣传影响外，好奇心和从众心理也成为消费的主要原因。

四、高票房带来的思考

综合故事、档期、营销这三个因素，可看出《人再囧途之泰囧》的票房成功并非完全靠运气，虽然一些因素是个性独属，不可复制，但它让我们看到观众对产业和市场发展的反作用越来越明显，对电影产业链各个环节的要求也越来越细化。从电影制作过程中的剧本创作、导演拍摄、演员表演等到电影营销中的角色参与、档期选择、宣传方式等，不仅要结合时代特征应时变通，更需要精耕细作，原有的泛化式、粗放式发展已逐渐不被观众与市场所接受。

与此同时，《人再囧途之泰囧》的高票房也为中国电影的发展带来了思考。随着2012年国内电影市场进一步开放，中国电影以往过度依赖扩大市场规模为主要驱动的发展模式也在2012年发生了改变，导演、明星已不再是电影票房的制胜法宝，大制作也不再具有绝对的市场号召力，“内容为王”不仅成为电影产业，更是当下所有文化产业发展的重中之重。在观众、电影制作者趋于良性的互动中，内容、风格、类型的多元化正成为观众新的诉求，只有真正触动观众的文化产品才能赢得最广泛的尊重。

【思考题】

1. 分析《人再囧途之泰囧》票房成功的原因。
2. 结合案例，谈一谈《人再囧途之泰囧》对国产电影营销有何启示。

【案例四】 张裕用心良苦做市场

烟台张裕集团有限公司的前身烟台张裕葡萄酿酒公司创办于1892年，至今已有120多年的历史。它是中国第一个工业化生产葡萄酒的厂家，也是目前中国乃至亚洲最大的葡萄酒生产经营企业。主要产品有白兰地、葡萄酒、香槟酒、保健酒、中成药酒和粮食白酒六大系列数十个品种，年生产能力8万余吨，产品畅销全国并远销世界20多个国家和地区。

一、百年张裕，历经坎坷创辉煌

1892年(清光绪十八年)，著名华侨巨商张弼士先生在烟台创办张裕酿酒公司。张裕之命名，前袭张姓，后借昌裕兴隆之吉。经过十几年的努力，张裕终于酿出了高品质的酒。1915年，在世界产品盛会——巴拿马太平洋万国博览会上，张裕的白兰地、红葡萄、雷司令、琼瑶浆(味美思)一举荣获4枚金质奖章和最优等奖状，中国葡萄酒从此为世界所公认。

改革开放后，社会经济环境为其提供了前所未有的发展机遇。张裕产品凭借其卓越的品质，多次在国际、国内获得大奖，成为家喻户晓的名牌产品。然而，名牌不等于市场，金字招牌对于张裕来说是一个极大的优势，但是，这个优势却不足以使张裕在市场上所向披靡。在向市场经济转型的头两年中，由于市场观念差，企业缺乏适应市场竞争的能力，盲目生产，等客上门，受到了市场的惩罚：1989年，张裕的产值较上一年下降了2.5%，产量下降了26.2%，6条生产线停了4条，1/4的职工没有活干，近一半的酒积压在仓库里，累计亏损400多万元，生存和发展都面临着严峻的挑战。关键时刻，张裕并没有躺在历史功劳簿上顾影自怜。在积极反思失败原因，努力摸索市场规律，下功夫钻研营销后，公司提出了“市场第一”的经营观念和“营销兴企”的发展战略，实现了两个根本性转变：一是企业由“销售我生产的产品”转变为“生产我销售的产品”，一切围绕市场转；二是由“做买卖”转变为“做市场”，从“推销”变成“营销”。这两个转变使企业的经营不再是单纯的生产和推销问题，而是以市场为导向的调研、决策、实施、监控的有机结合，在满足消费者需求的同时为企业创造最佳效益。在正确营销观念的指导下，1997年、1998年连续两年产销量、销售收入和市场占有率均高居同行业榜首；在1998年度全国产品市场竞争力调查中，张裕荣获消费者心目中的理想品牌、实际购买品牌和1999年购物首选品牌三项第一。

二、群雄逐鹿，红酒市场竞风流

葡萄酒具有多种保健养生功能。葡萄发酵时能产生十几种人体所需的氨基酸，可以缓解氧化反应、清理动脉、防止动脉粥样硬化和其他心脏疾病。同时，葡萄酒还有助于消化，并含有丰富的维生素B_1、B_2、B_6、B_{12}和多种矿物质，可以使人容颜丰润。

近几年来，随着国人饮食健康观念的增强，葡萄酒也因其本身所具有的多种保健功能备受青睐，其消费骤然升温，成为酒类市场的新宠。10多个国家的100多个洋品牌和400多个国内生产厂家的品牌在我国市场汇聚，一竞风流，市场竞争的激烈程度可想而知。国内葡萄酒生产年产量达万吨的企业已经超过20个，称得上葡萄酒生产巨头的企业只有张裕、长城、王朝3家。中国驰名商标张裕葡萄酒是消费者最熟悉又最常喝的品牌。在经历了一场与洋酒的生死较量后，国产葡萄酒尤其是国产干红凭借其优良的品质和低廉的价格取得了实质性的胜利。据统计，1996年国内干红酒的消费量近4万吨，其中国产干红超过2万吨，而洋品牌酒只有约1万吨。自1998年起，张裕、长城、王朝3家企业就占据了60%左右的市场份额，而野力、龙徽等十几种品牌则成长第二梯队，占据了剩下的绝大多数市场份额。杂牌洋酒组装厂家、小企业、小作坊则生存艰难，几乎没有市场。1998—1999年，倒闭葡萄酒厂上百家。

三、培育市场，张裕用心良苦

1998年底，张裕营销公司的市场调研部，在分析全国各地反馈回来的市场信息时发现沿海地区和中西部城市的葡萄酒的终端消费者结构存在较大差异。沿海地区葡萄酒个人消费比例很高，市场销量比较稳定；内地城市主要为公款消费（占70%以上），市场销量起伏也较大。同时对终端消费者的心理调查表明：沿海地区消费者看重的是葡萄酒的保健功能及文化品位，而内地消费者则看重的是身份标志和时尚。这表明沿海地区的葡萄酒进入理性消费阶段，步入速度减缓的市场成熟期，而内地城市则处在感性消费阶段，处在市场上升期。但因为我国葡萄酒的主要消费区域在沿海地区，故而可以推测：1999年的葡萄酒市场增长速度将放慢，张裕公司必须相应调整营销策略，加大市场培育和开发的力度。张裕很清楚：与啤酒、白酒比，葡萄酒的市场规模实在太小，整个产业的市场规模充其量不到100亿元。平均每个中国人葡萄酒年消费量只有0.3升，为世界平均水平的1/20。而国人以白酒为主的酒类消费习惯是历史发展中逐渐形成的，这是中国饮食业的一大特色，短期内很难改变，引导消费须下大功夫。假如每个中国人每年消费两瓶葡萄酒（1.5升），那么市场规模即可达到780亿元。这表明中国葡萄酒市场还存在着巨大的发展空间，关键在于市场的培育和开拓。

为了培养消费者，张裕着力于沟通。受价格因素限制，经常性的葡萄酒消费者，主要是中高收入阶层，另外，行政管理层人士也是不可忽视的主流消费群；偶尔性消费者，则以年轻人为主。张裕沟通的主要对象就是这些人，即将经常性消费者巩固下来，让偶尔性消费者逐渐转向经常性消费者，同时开拓新的大量新生性消费者。针对不同的消费层次，张裕采用了不同的沟通方式。

对经常性消费者而言，张裕通过一系列目标明确的整合传播，主要展示葡萄酒的健康、自然及其文化内涵——葡萄酒的品位和格调。它们通过在经常性消费者主要的信息来源，如高品位杂志、体育节目、酒店等方面，进行"润物细无声"的文化渗透，提高葡萄酒在这些消费者心目中的亲和力，同时通过一系列品牌策略，树立起张裕东方红酒经典形象，以"传奇品质，百年张裕"作为主题，也使对葡萄酒的系统传播取得了较好的效果。

对偶尔性消费者而言，张裕则侧重于展示葡萄酒本身的时尚色彩，通过对大众传媒的控制性传播，传达各种葡萄酒的时尚资讯，营造出一种氛围，即把葡萄酒作为一种身份的象征进行推广，使其成为时尚潮流的一部分。如在报纸上开辟醒目的葡萄酒消费专栏，在电视台黄金时间插播葡萄酒的各类专题片，举办各种葡萄酒知识讲座等。张裕希望通过日积月累的渗透式传播，让消费者树立这么一种心态：选择葡萄酒就是在选择一种更好的生活方式。事后的调查表明：很多消费者都受到了这种传播的影响，并逐渐喜欢上了葡萄酒。

从1998年起，张裕通过一个声势浩大的全国性活动，为其找到了很多新生性消费者：这就是它在全国各地举行的"中国葡萄酒文化展"。百年张裕有着深厚的文化底蕴，中西合璧的张裕在市场开拓中越来越强调一种文化认同，即强调自己的东方个性。基于中国传统文化的“中国葡萄酒文化展”，利用大量的图片和史实，详细介绍了中国葡萄酒 2 000 多年的悠久历史。

【思考题】

1. 张裕公司是在什么情况下转变观念的？在这方面你还有什么建议？
2. 如何看待葡萄酒产品的前景？葡萄酒与其他酒之间有无替代关系？
3. 张裕培育市场的做法的依据是什么？有何可取之处？还有哪些需要改进的地方？

【案例五】　安利公司的营销策略

安利公司在全球70多个国家和地区，通过人员直销的方式，销售其以先进科技生产的优质产品，不仅为那些渴望一展所长、改善生活质量的人们提供了发挥潜能、实现理想的事业机会，而且为消费者提供了品质优良的日常生活用品及安坐家中购物的便利。1995年，安利（中国）正式成立。2006年，安利（中国）获得商务部批准的直销经营许可。经过20多年的发展，目前安利（中国）经营区域已遍布全国31个省（区、市），中国也成为安利公司全球最大的市场。

一、安利的发展史

1959年，狄维士与温安洛在美国密歇根州大急流市自家的地下室创立了安利公司，为安利事业奠定了基石。

传统的零售商业需要店铺进行销售，但1959年狄维士与温安洛创立安利公司时，他们只有一项名叫乐新的产品和一个独特的直销计划——通过独立的直销员把商品卖到顾客手中，而不经由传统的中间环节和零售店销售。

安利采用人员直销的方式经营，由公司发展一个层次的直销员，并通过直销员直接将产品售予消费者，缩短了传统销售过程，对补充传统商品流通渠道、活跃市场具有良好作用。安利直销员主动了解顾客的需要，为他们介绍合适的产品，示范产品的特点和使用方法，并将产品送到顾客家中，提供亲切、方便的服务。在传统的销售过程中，一件产品卖到消费者手中，要经过批发、零售等几次倒手，而每一次倒手都会增加很多费用。通过直销来销售产品，降低了产品在流通领域的耗费，厂家可把节省下来的资金用于研究新科技，提高产品质量；通过直销员主动接触顾客，较一般企业推销减少了商业气，多了人情味，更有利于产品的销售。同时厂家可以及时收到消费者对商品的反馈意见，从而对产品进行改良。

安利公司的所有直销员均直接向公司申请加入，公司直接面对所有直销员，进行有效的监督和管理，确保直销员队伍的健康发展，保障每一位合法经营的直销员的权益。每一位直销员的资格均由公司直接核准，其行为亦受安利各项商德守则的约束，应缴的税款由公司代扣代缴，且都是依据公司统一指定的零售价格售予顾客。安利直销计划以诚取信，申请成为直销员无须缴纳加入费用，只需支付安利户籍申请书及安利户籍卡的工本费（在中国为人民币20元）即可。

安利直销制度充分体现了公平、自由、合理的原则。它具有透明性和合理性：

（1）每到月底，直销员对自己的零售利润十分清楚，体现了报酬的透明性。

（2）安利科学的分配制度在哈佛大学的教科书中可以看到，美国及世界其他国家有许多博士也是安利的直销员。世界上有300多万人几十年来一直从事安利事业。

（3）安利的成功建立在它对人们消费心理的透彻分析上。人们总希望能买到价格合适、质量好、耐用安全的产品。安利完全实现了这些。安利采用了一种100%地满足人们消费心理的营销手段。

二、安利的产品及其开发

安利的产品具有多元性、多用性、实用性、高效性、安全性和重复性。产品主要包括家居及个人清洁剂、营养补品、厨具等共470多种，产品的原料主要采用纯天然生物制品。例如，安利的营养补品，主要是从安利公司自己的农场种植的植物中提取加工的。这些植物主要包括大豆、玉米、柠檬、大蒜、樱桃等。安利公司利用原始耕作的方式种植，禁止在农场使用农药、化肥和拖拉机等，而是用有机肥、害虫的天敌和蚯蚓。安利的产品保证不含色素、合成料、防腐剂和香精，并符合相关国际标准。安利公司多次受到联合国环保组织的嘉奖。另外，安利的许多产品都是专利产品，如净水器是安利公司和美国航天局合作开发的航天飞机必备用品。

由于安利采取的是直销的方式，减少了中间商，节省了大量的流通费用及广告费，公司将一部分资金用来开发市场上没有的产品。安利公司在全世界共有57个产品实验室，450多位专家在中心工作，开发5～10年后的产品。专家们每年向总部递交3 000份研究报告。正因为安利公司对自己产品的质量有充分的信心，所以它给消费者和直销员的退货条件也是最宽松的，在规定的期限内可以无因退货。一旦某种产品的退货率超过3%，公司将停止生产此种产品。由于安利产品的质量有保证，同时产品又实用，1996年，安利产品在中国市场的退货率仅为0.8%。

安利深知产品除了要有精良的品质外，还要经济实用，方能经得起消费市场的考验，赢得顾客的信赖与支持。安利产品配方浓缩，加水稀释后，单次使用成本低于同类产品；浓缩配方更可减少50%～70%的包装废料，节省生产塑料瓶所需的石油及运输所需的燃料。除浓缩配方外，安利产品还在很多方面体现环保意识：

(1) 生物降解性。安利生产的每项清洁用品均采用具有生物降解性的表面活性剂，能分解成二氧化碳和水，不会沉积在河流及湖泊中。

(2) 停止使用氯氟碳化合物。安利于1978年开始全面停止使用氯氟碳化物，改以碳氢化合物作为喷雾产品的推进剂。这是因为考虑到氯氟碳化物上升到大气层后引起的化学反应，会逐渐破坏臭氧层，使其日益稀薄，无法有效隔离过滤对人类及地球生命有致命影响的紫外线。

(3) 停止利用动物做实验。

(4) 无磷配方。安利研制的家居清洁用品大多不含磷酸盐，避免刺激藻类的生长，保护河流和湖泊的生态环境。

(5) 有利于再生利用。安利在产品的包装上尽力遵循减少废料、回收再用的原则。美国安利回收中心对生产过程中所产生的废纸及其他废料做有效回收再生处理，切实遵循了3R(reduce——减少、recycle——回收、reuse——再利用)的环保原则。

安利不仅有一套完整严密的质量管理制度，更将其切实付诸实施。安利对影响产品质量的每个因素和环节都严格管理，以降低返工率，保证合理的成本，而不只是在成品出厂时才加以检测控制。从原材料供应商的考察和选择，至原料的验收和储藏、生产用水的再处理、混料的高度准确，乃至包装材料，安利都一丝不苟，力求做到尽善尽美。

安利的个人护理用品还需经过数天的微生物检测，与皮肤接触的产品哪怕只有一丝违反卫生指标之处，所有产品就都不能出厂。安利秉持精益求精、尽善尽美的精神，无论在美国还是中国，卓越品质，始终如一。

三、积极参与社会公益活动，树立良好的企业形象，为企业直销事业的发展创造有利的条件

(1) 1996 年 1 月，安利(中国)向上海市社会帮困基金会捐款 10 万元。

(2) 1996 年 3 月，安利(中国)向汕头市绿化处捐款，购买 185 棵亚热带名贵树种的树苗，种植于汕头市金砂公园。

(3) 1996 年 8 月，安利(中国)向南京市遭受洪水灾害的人民捐献 10 万元。

(4) 1996 年 11 月，安利(中国)赞助上海举办第二届亚洲 22 岁以下男子篮球锦标赛。

(5) 1997 年 5 月，安利(中国)向深圳市环境卫生管理处捐赠以优质不锈钢制成的果皮箱 500 个。

(6) 安利(中国)独家赞助福建省未成年人保护卡连续 3 年的制作及发行费用。

(7) 推动信息技术发展。安利(中国)提供一定数额的奖金，奖励在信息技术研究方面取得成果的大学生、研究生和广东省计算机学会会员。

四、重视直销员培训，稳健发展

安利十分重视对直销员的培训，通过举办不同的研讨活动及会议，帮助直销员开展业务。除直接培训直销员外，安利还授权各级培训人员协助公司向直销员提供销售产品及服务顾客的培训。培训人员需要对销售及服务工作有亲身体会，借以掌握有关技巧及市场脉搏，而公司亦鼓励他们以身作则，抱着实干的精神，积累销售产品及服务顾客的经验，务求在培训工作中有更好的发挥。

为鼓励培训人员做好培训工作，兼备良好管理与服务精神，安利制订了完善的计划，提高培训报酬及奖金，发给培训人员。安利特别强调培训人员的报酬与奖金是按其培训工作的成绩而决定，而不是根据培训小组的人数多少来计算。安利每年都举办各类研讨会，邀请取得不同工作成绩的培训人员出席，让培训人员交流经验心得。安利还投资人民币 5 500 万元在电脑设备上，为直销员提供良好、快捷、准确的服务。安利制定了安利直销员二十字发展方针及安利直销员十个严禁止事项，指导直销员稳步经营，守规发展。

【思考题】

1. 人们对直销这种方式褒贬不一，你的看法如何？它是否适合中国的国情？
2. 请你分析直销方式的利弊。你认为哪些产品适于做直销？
3. 从中国的国情考虑，你认为安利产品在中国的销售应采取哪些特殊的策略？

【案例六】 加多宝凉茶营销案例

一、背景介绍

凉茶是广东、广西地区的一种由中草药熬制、具有清热祛湿等功效的“药茶”。在众多老字号凉茶中，又以王老吉最为著名。王老吉凉茶发明于清道光年间，至今已有近200年的历史，被公认为凉茶始祖，有“药茶王”之称。到了近代，王老吉凉茶更随着华人的足迹遍及世界各地。

20世纪50年代初由于政治原因，王老吉凉茶铺分成两支：一支完成公有化改造，发展为今天的王老吉药业股份有限公司，生产王老吉凉茶颗粒(国药准字)；另一支由王氏家族的后人带到香港。在中国内地，王老吉的品牌归王老吉药业股份有限公司所有；在中国内地以外的国家和地区，王老吉品牌为王氏后人所注册。加多宝是一家港资公司，经王老吉药业特许，由香港王氏后人提供配方，该公司在中国内地独家生产、经营王老吉牌罐装凉茶(食字号)。

王老吉红罐凉茶在加多宝公司的营销管理下迅速成长，十几年后，王老吉红罐凉茶在中国市场超越了可口可乐，成为“中国饮料第一罐”，这也引发了两家企业对红罐王老吉商标的争夺。2008年，广药集团开始与鸿道集团交涉，认定王老吉品牌为国有资产，为防止国有资产流失，要求收回王老吉品牌的使用权；2010年广药集团启动法律程序，申诉2002—2003年期间与鸿道集团签订的补充协议无效，品牌使用权在2010年停止。经过将近两年的申诉与调解，2012年5月中国国际经济贸易仲裁委员会裁决，加多宝公司停止使用王老吉商标，王老吉品牌回归广药集团。

从某种程度上来说，王老吉品牌的出名得益于加多宝公司的营销手段，是加多宝的营销帮助使凉茶这种处于尴尬地位的饮品跻身于列强林立的饮料市场，在与可口可乐、百事可乐、娃哈哈、康师傅、统一、汇源这些品牌的竞争中占有一席之地。既然把“王老吉”的品牌推广到全国，加多宝自然也有把握在失去王老吉品牌后再迅速建立一个有价值的品牌。

二、产品概况

王老吉，是“凉茶”还是“饮料”？消费者的认知非常模糊。如果王老吉延续凉茶的品牌历史，那么可以传承“去火”的功效，但广东以外的消费者对凉茶的认知却知之甚少；如果王老吉作为饮料来定位，那么红罐王老吉的配方口感偏甜，按照良药苦口的传统思想，“去火”的药力不足。2002年以前，从表面看，红色罐装王老吉(即“红罐王老吉”)是一个活得很不错的品牌，在广东、浙南地区销量稳定，赢利状况良好，有比较固定的消费群，红罐王老吉饮料的销售业绩连续几年维持在1亿多元。发展到这个规模后，加多宝的管理层发现，要把企业做大，要走向全国，就必须克服一连串的问题，甚至原本的一些优势也成为困扰企业继续成长的障碍。

(一) 产品定位不清

在广东，传统凉茶(如颗粒冲剂、自家煲制、凉茶铺煲制等)因下火功效显著，消费者普遍当成“药”服用，无须也不能经常饮用。而“王老吉”这个具有上百年历史的品牌就是凉茶的代称，说起凉茶就能想到王老吉，说起王老吉就想到凉茶。因此，红罐王老吉受品牌名所累，很难顺利地让广东人接受它作为一种可以经常饮用的饮料，因此销量大大受限。

另一个方面，加多宝生产的红罐王老吉配方源自香港王氏后人，是经国家审核批准的食字号产品，其气味、颜色、包装都与广东消费者观念中的传统凉茶有很大区别，而且口感偏甜，按中国“良药苦口”的传统观念，消费者自然感觉其“降火”药力不足，当产生“下火”需求时，不如到凉茶铺购买，或自家煎煮。所以对消费者来说，在最讲究“功效”的凉茶中，它也不是一个好的选择。

在广东，红罐王老吉拥有凉茶始祖王老吉的品牌，却长着一副饮料的面孔，让消费者觉得它“既像是凉茶，又像饮料”，认知陷入混乱。

而在加多宝的另一个主要销售区域浙南（主要是温州、台州、丽水三地），消费者将“红罐王老吉”与康师傅茶、旺仔牛奶等饮料相提并论，没有不适合长期饮用的禁忌。加之当地华侨众多，经他们的引导带动，红罐王老吉很快成为当地最畅销的产品。企业担心，红罐王老吉可能会成为来去匆匆的时尚，如同当年在浙南红极一时的椰树椰汁，很快又被新的时髦产品替代，一夜之间在大街小巷消失得干干净净。

面对消费者这些混乱的认知，企业亟须通过广告提供一个强势的引导，明确红罐王老吉的核心价值，并与竞争对手区别开来。

（二）市场狭小

在两广以外，人们并没有凉茶的概念，甚至在调查中频频出现“凉茶就是凉白开”“我们不喝凉的茶水，我们经常泡热茶”这些看法。对“凉茶概念”进行教育显然费用惊人。而且，内地消费者“降火”的需求已经被填补，他们大多是通过服用牛黄解毒片之类的药物来解决。

做凉茶困难重重，做饮料同样危机四伏。放眼整个饮料行业，以可口可乐、百事可乐为代表的碳酸饮料，以康师傅、统一为代表的茶饮料、果汁饮料更是处在难以撼动的市场领先地位。

而且，红罐王老吉以“金银花、甘草、菊花等”草本植物熬制，有淡淡的中药味，对口味至上的饮料而言，王老吉这种口味的确存在不小的障碍，加之红罐王老吉 3.5 元的零售价，如果加多宝不能使红罐王老吉和竞争对手区分开来，它就永远走不出饮料行业“列强”的阴影。这导致红罐王老吉面临一个极为尴尬的境地：既不能固守两地，也无法在全国范围推广。

（三）概念不明

加多宝当时在电视上的广告主题并不突出，它们拍摄的广告可以用于任何的饮料，完全不能体现加多宝的特殊品牌价值。为什么前期这样的推广可以让红罐王老吉存活下来并且还有所增长？首先是国内市场并不十分健全，凉茶市场上存在很大的空白。红罐王老吉就填补了这一空白，所以初期可以赚取一定的利润，而后期要把企业做大，做成一定规模就受到了很大的限制，所以必须给消费者一个清晰的概念——为什么要买你的产品？

三、SWOT 分析以及策略

对这一阶段的红罐王老吉进行 SWOT 分析（见图 1-6-1），加多宝的主要优势有：王老吉品牌是广东地区的老品牌，具有较高的认知度，同时市场上在“降火”的功能饮料上存在空白。根据“切割”理论，单切出一片新市场——罐装凉茶饮料市场，挖掘出一种新需求——可以常饮的去火饮料，就成了王老吉红罐凉茶发展的机遇。可口可乐前期只是做一种止咳糖浆，但是经过产品定位包装过后就变成了一种碳酸饮料，整个销售的状况立马好转，以至于成为全球销量第一的饮料。产品定位对于广告效果，乃至品牌塑造都至关重要。

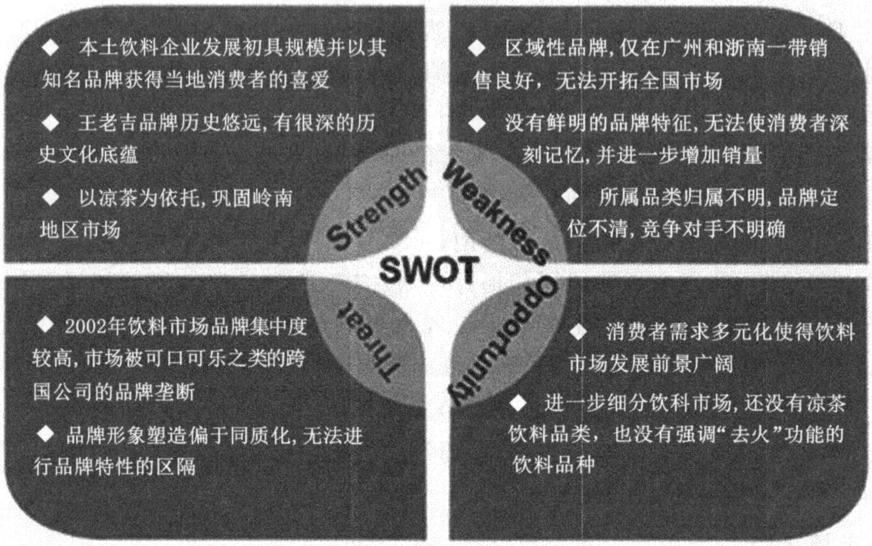

图 1-6-1　红罐王老吉 SWOT 分析图

2003 年 1 月 17 日，市场调查公司向成美和加多宝公司提交了第一阶段消费者调查数据报告。调查结果显示，红罐王老吉的现有用户存在相似的社会特征，主要是年龄上与普通饮料消费者存在差异，15～20 岁的用户明显较少。另外，调查发现广州、深圳、温州 3 个城市消费者对红罐王老吉的认知存在明显差异，具体为：

(1) 广州消费者对王老吉品牌的认知度为 97%，而对红罐王老吉的认知度为 87%，即部分消费者知道王老吉而不知道红罐王老吉；深圳消费者对王老吉和红罐王老吉的认知度一致，均为 86%；温州消费者对王老吉和红罐王老吉的认知度一致，均为 84%。这显示深圳和温州的消费者可能对王老吉品牌的认知主要源自红罐王老吉。

(2) 广州消费者中饮用过红罐王老吉的仅占 42%，比例明显低于深圳(80%)和温州(78%)。

(3) 半年内饮用过红罐王老吉的比例也存在明显差异，广州为 14%，深圳 55%，温州 59%。

(4) 对饮用红罐王老吉的场合/境况的研究发现，广州消费者最多是在身体不舒服时饮用，占了 56%，其次是口渴时饮用，占 41%；深圳消费者最多是在口渴时饮用，占 73%，其次是身体不舒服时饮用，占 37%；温州消费者最多是在亲朋好友聚会时饮用，占 72%，其次是口渴时饮用，占 51%，而身体不舒服时饮用的仅占 2%。

(5) 红罐王老吉的替代产品，即如果没有红罐王老吉，选择什么代替？广州消费者主要在其他凉茶中选择，最多的是黄振龙凉茶和夏桑菊，而深圳和温州消费者主要在可乐、茶饮料等普通饮料中选择。

当时王老吉的消费者主要在广东和浙南一带，他们对王老吉红罐凉茶的认知主要是在吃上火的食物的时候喝点凉茶可以去火，也就是王老吉成为消费者尽情享用美食的心理慰藉。在消费者对王老吉已有认知的基础上，加多宝分析市场，对市场进行细分，找出切入点；分析竞争产品，找出自身产品的优劣势，确定产品定位概念，并进行宣传推广。一方面，王老吉的直接竞品主要是可常饮的去火功能饮料，这种品类并不存在，只有类似菊花茶之类的饮品，但没有成熟的品牌；另一方面，与王老吉竞争的饮料品牌多是可口可乐、果汁饮料和茶饮料，这些成熟的饮料品牌都没有去火的功效。最终，加多宝公司将王老吉品牌定位于“预防上火的罐装饮料”。

四、广告以及品牌宣传

为打造王老吉凉茶品牌，加多宝公司可谓是大手笔，从广告投放刊例价来看，王老吉广告投入由 2002 年的 400 多万元增长到 2011 年的 30 多亿元，10 年间实现近 800 倍的增长；这些巨额的广告投入中，电视媒体成为投放的主要媒体。电视广告在内容上选用了消费者认为日常生活中最易上火的 5 个场景：吃火锅、通宵看球、吃油炸食品薯条、烧烤和夏日阳光浴。广告画面中人们在开心享受上述活动的同时，纷纷畅饮红罐王老吉。而广告语结合时尚、动感十足的广告歌反复吟唱“不用害怕什么，尽情享受生活，怕上火，喝王老吉”，促使消费者在吃火锅、烧烤时，自然联想到红罐王老吉。电视广告在媒体频道的投放上主要选择了覆盖全国的央视和上星卫视。根据投放额可以看出，2002—2011 年期间，投放量最高的是中央 1 套（综合频道），其次是中央 5 套（体育频道），再次是几大卫视，也有少量地方频道。从广告播出时间段来看，中央 1 套王老吉广告主要在新闻联播之后的 19:30—19:59 和黄金时段电视剧之后的 21:30—21:59 两个时段播出，见图 1-6-2。

2002—2011年王老吉红罐凉茶电视广告投放频道及花费

排名	电视广告投放频道广	广告投放(百万元)
1	中央1套(综合频道)	1057.9
2	中央5套(体育频道)	675.8
3	四川卫视	380.0
4	广东卫视	302.9
5	福建电视台新闻频道	302.5
6	山西卫视	267.1
7	湖北电视台影视频道	210.6
8	浙江卫视	199.4
9	河北卫视	188.6
10	河南1套(卫视)	166.5
11	湖南电视台卫星频道	165.5
12	重庆5套(娱乐频道)	154.5
13	福建东南电视台(卫视)	145.3
14	江西1套(卫星频道)	122.2
15	山东卫视	110.6

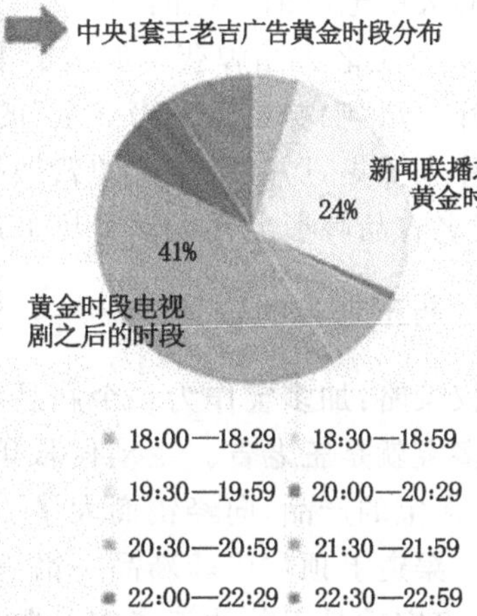

图 1-6-2 王老吉红罐凉茶电视广告投放频道及花费

加多宝沿袭了在营销策划王老吉品牌时一贯的定位思想，对加多宝凉茶进行了精准、明确的定位：正宗凉茶领导者——加多宝，大张旗鼓地宣传加多宝是正宗凉茶，直接挑战王老吉的正宗凉茶定位。加多宝冠名《中国好声音》，向外界宣传是看中该节目的正宗概念。

为了有效阻截原来的王老吉品牌，用了这样的广告语“全国销量领先的红罐凉茶改名加多宝，还是原来的配方，还是原来的味道，怕上火，喝加多宝”，并且使用与原来的王老吉广告相似的场景画面，试图让原来的王老吉消费者相信王老吉凉茶已经改名为加多宝凉茶了，加多宝凉茶就是正宗凉茶的代表。通过此种策略，加多宝集团试图留住原来为王老吉品牌辛辛苦苦积累下的老顾客。

通过这则改名广告，可见加多宝集团已经从最初的打“悲情牌”走到了与“王老吉”彻底决裂的局面，因为只有告别过去才能真正站起来。加多宝正在一步步抢占先机，相比之下，广药王老吉大健康产业公司还在为生产线烦扰，还在发布急招 3 000 名快销英才的广告，它可知对于快消品时间就是生命的道理。加多宝通过与“王老吉”官司风波、仲裁、更改广告语、清库存、亮合同、公证、专利，甚至不惜产品被查扣……最终都是在吸引媒体和广大民众的眼球的同时免费借助媒体的大量报道，将原本在大众记忆中不曾存在的加多宝捧红了！而这些动作，相对于其直接发布广告而言，达到了比预期还要好的宣传效果。一时间，仿佛人们都开始关注议论起“加多宝”。

尤其是加多宝以 6 000 万元巨资赞助《中国好声音》，让加多宝赌赢了。《中国好声音》的成功，不仅让浙江卫视迅速在众多卫视中脱颖而出，也让加多宝的名字随之传播得更广。冠名《中国好声音》只是加多宝品牌传播策略中的一个很小的部分，如果稍加留意，我们会发现加多宝几乎冠名了国内所有知名的综艺节目。甚至有人发现，某些二、三线城市的电视节目，加多宝也进行了冠名。

除了电视节目冠名之外，加多宝的电视广告可以说也是铺天盖地。加多宝看来是下了“血本”，要让加多宝凉茶迅速在市场中打响知名度。这与当初在地震期间王老吉（加多宝）捐款 1 亿元的大手笔可谓殊途同归。

2009 年 2 月王老吉品牌获得亚运会非运动饮料赞助商的资格，于是，各种形式的亚运营销随即展开。从“唱响亚运先声夺金”的亚运歌手选拔赛，到“举罐齐欢呼开罐赢亚运”的全民欢呼照片大征集，历时一年多的营销战役，始终贯穿着王老吉“亚运有我精彩之吉”的营销理念，使王老吉品牌形象在运动赛场上进一步升华。

五、与广药王老吉的较量

主动侵权策略：加多宝作为一个新品牌，它必须主动侵权，方可与原来的王老吉挂钩，让公众认知加多宝就是王老吉。主动侵权策略包括：① 产品侵权，也就是推出大量的一面王老吉、一面加多宝的产品，向经销商大量压货，以达到品牌转换认知、最后狠赚一笔王老吉产品的钱以及在渠道上顶住广药新品一箭三雕的效果。② 宣传侵权，就是故意误导消费者和公众，认为加多宝就是以前的王老吉。典型的就是其广告，“更名”一说效果甚佳。在加多宝强大的渠道上，加多宝同样通过其经销商、人海战术来宣传“更名”。有的销售在货架上贴上“更名”的告示，有的经销商反复向要购买王老吉的消费者解释“更名”并用加多宝产品取代王老吉卖给消费者。

法律是加多宝的弱项，因为其在部分行为中都有违法证据，但加多宝的策略并不是要打赢官司，而是要增加曝光度，让加多宝与广药的官司天下皆知，以达到“悲情”效果和认知效果。所以,有时候可以见到加多宝的律师、法务总监像法盲一样胡搅蛮缠,其实不是加多宝不懂法,而是策略。比如,2012 年 7 月 13 日,虽然已经收到五北京中院的裁决书,但加多宝偏要开个新闻发而会,宣称拿出从未公开的新证据,证明其可以使用王老吉商标至 2013 年 1 月 19 日。

2012 年 5 月 9 日,中国国际经济贸易仲裁委员会做出最终裁决,认定之前的两份“补充协议”无效,要求加多宝集团停止使用“王老吉”商标。一纸裁决,让加多宝苦心经营的“王老吉”品牌拱手相让。从此,广药集团拿回了“王老吉”品牌。

加多宝已经为败诉做了充足的准备。2012 年初,加多宝在原有的王老吉红罐凉茶包装上同时印上“王老吉”和“加多宝”的字样,并于二三月份亮相市场。这时,消费者会根据包装将“王老吉”与“加多宝”相联系,或者会奇怪这种改变,进而追因逐源,探寻究竟。

接着,随着官司的最终宣判,加多宝立刻将所有红罐凉茶的包装都改为“加多宝”,并将市场上原有的王老吉凉茶和双重品牌的凉茶全部收回。图 1-6-3 是王老吉红罐凉茶包装的变化。

图 1-6-3　王老吉红罐凉茶包装的变化

加多宝除了在包装上沿用原来的红罐包装和竖体排版等,还沿袭了原有产品“预防上火”的罐装凉茶的产品定位,并且在广告上略施小计,不仅选用与原来相似的广告场景,而且运用“全国销量领先的红罐凉茶改名加多宝,还是原来的配方,还是原来的味道,怕上火,喝加多宝”这样的广告语,试图让消费者相信王老吉凉茶已经改名为加多宝凉茶了,加多宝凉茶就是正宗凉茶的代表,从而延续品牌价值。

加多宝凉茶通过在各种媒体上投放广告,铺天盖地地传递“改名策略”,不仅电视广告时常萦绕耳边,而且各种户外广告、各大商超、餐饮场所也随处可见加多宝的改名广告,使消费者“信以为真”。而王老吉只能被动应对,在广告中发出“声明”:王老吉从未更名,购买时认准王老吉凉茶。但王老吉的广告投放量又远不及加多宝。

在加多宝和广药集团即将闹翻的时候,加多宝利用红罐凉茶同时印上“王老吉”和“加多宝”让消费者知道它们之间的关系,进而炒作事件本身。同时,加多宝巩固忠实消费者和忠实经销商的力量,制造舆论,赢得支持,在和广药集团打官司的过程中,使更多的民众倾向于加多宝这一边。

8 000 人的销售队伍保障了加多宝凉茶的销售执行力。这些销售人员不仅有销售指标的考核,也有终端宣传工作的考核。比如说,他们每天需要贴出多少张宣传品,需要接触多少个零售商,都是有明确的数量要求的。

5级市场90%的覆盖率让加多宝成为随处可得的凉茶产品。加多宝集团按照“特大城市—省会及沿海发达城市—地级市—县镇—乡村”将全国市场划分成5级。在县镇以上市场的终端覆盖率,可以达到90%以上。

终端人员推销、产品促销进一步在销售终端掠夺凉茶市场。加多宝还增加团购及餐饮酒吧等渠道样品赠送,并进行广泛试饮,便于快速巩固维系和恢复原有渠道,同时增开新的渠道。

在加工方式上,加多宝以建厂自产为主,从原料种植、加工生产到物流运输、销售管理全部是自己公司完成。对于原料供应,加多宝在广东增城、福建武平、河北确山、山东平邑等地建立了金银花、仙草原料种植基地,实行统一引种、统一种植、统一施肥、统一收购,形成了密闭式、一体化的绿色原料供应体系。而广药集团2013年仍采用代工形式生产红罐王老吉,广药与统一、银鹭、惠尔康等大型食品生产企业签订生产供应协议。

广告方面更是呈现一面倒的现象。GRP(Gross Rating Points,总收视率)通常是评定广告投放的关键指标,从GRP=Reach(到达率)×Frequency(接触频率)的公式中可以看到,GRP综合反映了广告的到达率和接触频率。如图1-6-4所示,在王老吉与加多宝的官司尘埃落定之后,以北京市场为例,从2012年的6月到12月,两个凉茶品牌的GRP对比悬殊,广告投放上加多宝处于明显优势。

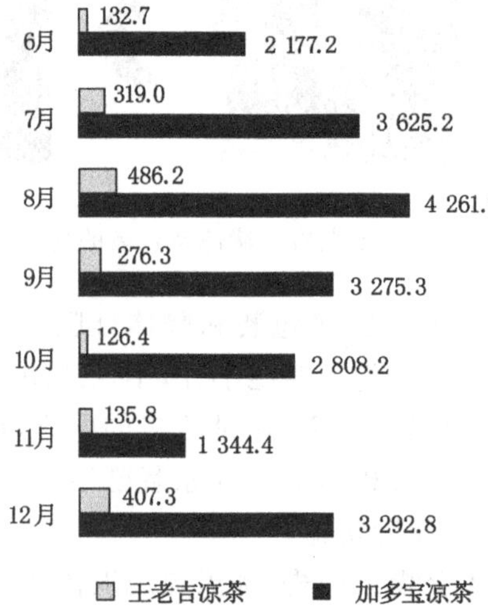

图1-6-4　2012年6—12月两个凉茶品牌GRP(北京市场)

仅2012年8月份,加多宝的广告投放额就超过了9亿元人民币,而2012年后半年的这几个月,加多宝的广告投放额均是王老吉的5倍以上,广告投放金额和广告投放持续性处于明显优势。

六、案例分析

从现有的市场销量以及占有率来说,加多宝的营销策略是成功的。值得我们注意的是,通过营销可以使本来在法律上处于劣势的加多宝反败为胜。无论何种产品,一定要紧紧抓住自身产品的优势,充分发挥自己的优势。加多宝就是紧紧抓住了凉茶市场的空白、自身营销渠道的畅通、生产渠道的稳定健全的优势，完成了对市场的控制。

加多宝对产品的定位也非常出色，一种偏功能性的凉茶饮料。在中国人的传统认识中，大家都希望降火，同时也希望得到不苦口的良药。最高明的推销手法莫过于推销给消费者他们需要的东西或者创造一种他们需要的东西。加多宝都做到了。

把握住每次重大事件的机遇。汶川地震的捐款、与广药集团的官司等，都充分增加了产品的曝光度。加多宝通过制造话题，引导媒体和公众的舆论，提升了品牌的价值。对一些具有高关注度的活动的投资显然已经得到了回报。

在与竞争对手竞争的同时，不要忘记扩大市场的份额。之前凉茶一直是在广东和浙江地区比较常见，现在已经推广到全国。虽然与广药集团是竞争对手的关系，但是也不忘一起合作推广凉茶文化，两个公司共同投资了一部推广凉茶文化的影视作品《岭南药侠》。只有把市场做大，才是共赢的出路。

【思考题】

1. 在与王老吉的竞争中，加多宝采用了怎样的竞争策略？
2. 王老吉可以从竞争对手加多宝身上学到什么？
3. 就当前的局势，王老吉应该从哪些方面着手？

第二章

消费者行为学教学案例

【案例一】 北汽新能源EU开启全民换电时代

北京新能源汽车股份有限公司(以下简称“北汽新能源”)创立于2009年,是世界500强企业——北京汽车集团有限公司控股子公司,是我国首家独立运营、首个获得新能源汽车生产资质、首家进行混合所有制改革、首批试点国有企业员工持股改革的新能源汽车企业。

北汽新能源拥有北京、山东青岛、江苏常州、河北黄骅等整车生产基地和美国硅谷及底特律、德国亚琛、西班牙巴塞罗那等海外研发中心,业务范围涵盖新能源汽车整车及核心零部件研发、生产、销售和服务等业务板块,以及分时租赁、充换电运营、二手车置换等综合服务板块,同时布局智能制造、能源管理、智慧出行、“互联网+”等多个战略新兴产业,是国内市场规模最大、产业链覆盖最广、产品线最丰富的领军企业,是我国制造业服务化转型的典范。

2014年至2018年6月,北汽新能源累计销售整车23.69万辆,2017年销售整车10.32万辆,连续5年蝉联全国第一,位列全球新能源汽车市场第一位,EC系列车型销量一举超越特斯拉,成为全球最畅销纯电动乘用车,创造了中国汽车品牌的最好成绩。

北汽新能源拥有BJEV/ARCFOX两大产品品牌,EC/EV/EX/EU/ES/EH六大系列数十款产品,在行业内率先实现了“大、中、小”“高、中、低”“3、4、5”的全面覆盖。2017年,公司产品获得了国内的第一张莱茵认证、第一张欧盟出口资质认证。2018年6月20日,世界品牌实验室(World Brand Lab)发布2018年“中国500最具价值品牌”排名,北汽新能源以301.29亿元的品牌价值名列第178位,是唯一入榜的新能源汽车品牌。

成立以来,北汽新能源不断加大研发投入,截至2018年5月底,累计申请专利3 213项、企业标准911项,主导、参与外部(国家、地方)标准制定66项,先后获得WEC世界环保组织国际碳金总奖(2014)、世界电动汽车质量金奖(2015)、亚洲质量卓越奖(2017)、中国汽车工业科学技术奖一等奖(2015)、中国专利优秀奖(2015)、国家级技术发明奖(2016)、国家级企业管理现代化创新成果一等奖(2016)、全国新能源汽车行业质量领军企业(2016)、全国五一劳动奖章(2016)等多个国际、国内大奖和荣誉称号。

2017年,北汽新能源提出“开放共享战略”,以开放式平台重塑产业结构,联合一切可以联合的力量,共同推进新能源汽车产业的可持续发展。2018年3月1日,由北汽新能源作为建设主体单位牵头组建的国家新能源汽车技术创新中心正式揭牌,将协同相关新能源企业,为国内新能源汽车创新、前沿技术研发提供支撑和保障。

“十三五”期间,北汽新能源秉持“开放共享”战略,坚持“一个卫蓝梦、两个世界级”品牌愿景和“新·无止境”品牌主张,以建成“世界级新能源汽车科技创新中心”和“世界级新能源汽车企业”为目标,致力于将北汽新能源建设成为国内第一、全球前三的纯电动汽车品牌,为长期推动我国新能源汽车产业发展、打造新能源汽车国家名片等一系列国家战略贡献力量。

作为智能绿色出行领航者,北汽新能源成为百度自动驾驶技术的Apollo(阿波罗)计划生态首批合作成员。据悉,2015年4月北汽新能源就已经和百度达成战略合作,双方整合各自资源优势,打造出了搭载“i-drive智能驾驶驱动技术”的无人驾驶汽车,首次将行业顶级黑科技——“L4级真无人驾驶”技术带入大众视野。在世界智能驾驶挑战赛(WIDC)上,北汽新能源和北京联合大学开发的EX260“京龙5号”智能无人驾驶车,斩获“领先奖”“应用奖”和“最佳信号识别奖”三项大奖，展现了北汽新能源在无人驾驶技术领域积累的实力。

2017 年 9 月，北汽新能源科技创新中心落户蓝谷，新总部占地面积 105 892 平方米，主体建筑研发中心建于 2008 年，凭借“会呼吸的玻璃幕墙”等 30 多项独具匠心的节能设计，荣获美国绿色建筑协会“绿色大楼”金奖。蓝谷改造将引入智慧能源管理和智慧园区管理，相对普通办公园区，蓝谷将实现节能 20%、节水 37%。北汽新能源致力于将蓝谷打造成新能源汽车产业的“硅谷”，建设一个集科技、生态、共享于一体的世界级新能源汽车科技创新中心，和一个集全球运营中心、研发中心、营销中心为一体的世界级新能源汽车企业总部以及首都产业新地标。

北汽新能源不仅仅是一家汽车制造和销售企业，更是一个涵盖充电、运营、置换、服务、分时租赁在内的绿色出行完整解决方案的供应商，致力于推动纯电动汽车的普及与发展。

尽管各大车企都在大力发展纯电动汽车，但能够接受纯电动汽车的消费者还是非常少。纯电动汽车的续航里程得到了提升，但充电效率不高、充电桩少是制约纯电动汽车普及的最大障碍。

为了解决消费者对于使用纯电动汽车的种种顾虑，直击纯电动汽车普及的痛点，一些专注于新能源汽车的车企脑洞大开，通过快速换电的模式解决了充电带来的不便。不过，相比于单纯的换电模式，北汽新能源在不久前发布了面向私人市场的车电价值分离商业模式。

在此模式下，消费者购买纯电动整车后，电池产权将由电池管理公司回购，消费者以租赁方式获得电池使用权。对于北汽新能源来说，启动车电价值分离模式是其“开放共享战略”和“擎天柱计划”推进过程中的阶段性成果。

一、车电价值分离模式

对于消费者来说，这样的车电价值分离模式又能带来什么好处呢？在此模式发布的同时，北汽新能源推出了一款 EU 快换版车型，该车续航达到了 300 公里，售价 12.98 万元，但其购车费用仅为 7.98 万元，相比 EU300 纯电动汽车的售价要便宜不少。

不仅如此，在车电价值分离模式下，购买 EU 快换版最低仅需 458 元/月的电池租赁费。换句话说，客户仅承担车身 7.98 万元，剩余的 5 万元通过租赁电池的方式支付。可以说，北汽新能源的该模式大大降低了消费者的购车成本。

那么，北汽新能源车电价值分离模式下，消费者的用车成本到底能够低到什么程度呢？北汽新能源推出了 3 种电池租赁的套餐，分别是 458 元包含 1 200 公里、630 元包含1 800 公里以及 1 020 元包含 3 000 公里，折合每公里电费分别为 0.38 元、0.35 元以及 0.34 元。

二、换电站多不多，换电效率如何

当然，作为一款换电版车型，北汽新能源 EU 快换版究竟能否为消费者节约时间，提升用车使用效率呢？这方面，足够多的换电站以及换电的效率是关键所在。

在换电站方面，北汽新能源在北京、厦门、兰州、广州 4 个城市投放了超过 6 000 辆换电出租车，累计建站 116 座。其中，北京建成 100 座，全部开放运营后北京城区平均服务半径将达到 2.78 公里，换电将像加油一样便利。

不仅如此，北汽新能源换电站还将面向社会实现开放共享。在车电价值分离模式下，建设一座换电站只需 4 小时，设备占地面积仅 67.5 平方米，不足 5 个车位的面积，每日最高能够服务私家车300辆。

而在换电的效率上，车辆进站之后2分46秒即可完成换电，全程仅需扫描二维码，不需任何复杂的操作，比燃油汽车加油的速度还要快。可以说，充足的换电站以及高效的换电效率，足以保障在车电价值分离模式下的车辆能够得到更高效的使用。

不得不说，在车电价值分离模式下，消费者的使用成本要比传统燃油汽车低了不少。况且消费者初期的购车成本也不到8万元，对于消费者来说基本没有太大压力。不仅如此，纯电动汽车上新能源车牌还能在不少需要摇号上牌的城市省去燃油汽车车牌的费用，同时在不少限号的城市还能够享受到不限号以及停车费优惠的待遇。

三、北汽新能源EU快换版品质如何

再来说说消费者同样关心的产品问题，北汽新能源EU快换版这款车到底如何呢？新车配备超强承载的萨博底盘，能够承载超过300千克重的电池，更能经受住超过10 000次换电过程冲击的检测。

不仅如此，EU快换版搭载的是一台100千瓦（136马力）、最大扭矩260牛·米的永磁同步电机，并搭载了大容量的三元锂离子电池组，使得其最大续航里程达到300公里。而新车还汇聚了北汽新能源众多的专利技术，比如温控系统能够保障电池寿命，降低电池风险，从而保障车辆的稳定性。

毫不夸张地说，在车电价值分离模式下，消费者不仅支付更少的成本购车，还能享受更低的用车成本。同时，换电效率也要比普通的纯电动汽车的长达近10小时的充电时间来得更为高效。不得不说，北汽新能源通过车电价值分离模式，解决了消费者对于纯电动汽车在使用上的顾虑，更是直击纯电动汽车普及的痛点。

【思考题】

1. 影响新能源汽车消费者的购买因素有哪些？
2. 从影响消费者的因素体系出发，你认为中国新能源汽车将如何发展？
3. 北汽新能源车电价值分离模式给国内新能源车带来了哪些启示？
4. 北汽新能源如何通过车电价值分离模式，直击纯电动汽车普及的痛点？

【案例二】 中国食品饮料市场调查

回望2014年，娃哈哈、可口可乐、北冰洋、健力宝，这些耳熟能详的名字不仅代表一个品牌、一个产品，更是深深烙印在人们过往的生活中，成为定义一个时代的坐标。这一年，已经不能用一个或几个产品来做代表了。中国饮料市场已经进入可口可乐、百事可乐、娃哈哈、康师傅、统一、王老吉、加多宝、雀巢等品类丰富、品牌为王的战国时代。

碳酸饮料风光不再，植物蛋白饮料异军突起。

无论是之前推出的“高富帅”系列的卖萌包装，还是2014年底在各大商场推出的“北极熊”萌展，可口可乐都在试图拉近与年轻消费者的距离，却依旧无法扭转碳酸饮料的颓势。

消费者刘女士表示，现在外出就餐很少点可乐喝，在快餐店也会将套餐里的碳酸饮料换成别的饮料，自己尽量不让孩子喝可乐。事实上，以可口可乐和百事可乐为代表的碳酸饮料，正在经历尴尬的时期——越来越注重健康的消费者正在逐渐远离它。

碳酸饮料销售低迷的同时，果汁、凉茶、植物蛋白等其他种类的饮料异军突起，迅速占领商场的货架。

随着消费者健康意识的增强，越来越多的人开始将关注点放在饮品的健康、营养和安全性上。不少饮料品牌纷纷打出健康牌和无添加牌。

2014年，汇源推出植物饮料新品“爱上小时光”系列；蒙牛在电商渠道试销其新品类植物蛋白饮料品牌“植朴磨坊”；伊利正式宣布推出伊利核桃乳产品；雀巢表示将支持银鹭全面扩充复合蛋白饮料；再加上一直专注于植物蛋白的露露、养元等企业，植物蛋白饮料市场在2015年将热闹非凡。

但是，植物蛋白饮料的健康性也存在一些争议。相关专家就曾经质疑养元推出的“六个核桃”饮品的补脑功能。这类产品能否得到消费者的深度认可，还需要时间来检验。

受经济大环境不景气、市场竞争加剧等因素影响，食品饮料行业巨头业绩出现不同程度的下滑。有媒体报道称，娃哈哈的销售额2014年和2013年同期相比下滑7%，2015年上半年下滑的幅度更大；康师傅的销售额2015年一季度和上年同期相比下滑16.56%；2015年上半年，统一的销售额较上年同期下跌2.9%，双汇的销售额较上年同期下降14.53%，可口可乐的销售额较上年同期下滑3%。

多位业内专家接受《中国经营报》记者采访时称，尽管经济不景气是造成食品饮料巨头业绩下滑的重要因素，但除此之外，市场竞争加剧、企业创新不足、缺少大单品出现以及传统渠道变化等也是巨头们业绩不断下滑的原因所在。

一、巨头业绩下滑引关注

除了大环境因素，企业业绩下降主要来自市场因素，越来越多的企业推出新产品、新概念，对原有传统的产品带来一定的冲击。

记者了解到，早在两年前，食品饮料巨头企业就开始出现下滑，而到2015年上半年这一现象更为明显，娃哈哈、可口可乐、双汇、雀巢、康师傅等企业均出现不同程度的业绩下滑。

公开数据显示，2012年，娃哈哈实现的营业收入仅为636亿元，同比下滑了5%，这是娃哈哈首度遭遇业绩下滑；2013年公司营业额完成了782.8亿元；2014年娃哈哈的销售额仅为 720 亿元，同比下降了 8%，成为业绩下滑最多的一年。

与此同时，可口可乐的业绩同样出现下滑。可口可乐公司发布 2015 年二季度财报显示，二季度全球营业收入下降 3%。而 2014 年，可口可乐营收下降 2%，净利润下降 17%。雀巢 2015 年一季度在亚洲、大洋洲及非洲地区实现 36 亿瑞士法郎的销售收入，实际内部增长下跌 2.3%。

同样，康师傅的业绩也出现了明显的下滑。2015 年一季度同比下滑 16.56%，其中方便面业务销售额下降 13.02%，饮料业务营收下滑 49.15%，茶饮料营收同比下滑 21.28%；而 2014 年，营业额同比下跌 6.43%。此外，2015 年 8 月 12 日，双汇发展(000895.SZ)公布 2015 年半年报称，营业收入同比下降 3.27%，实现净利润同比下降 9.76%。

康师傅在回应记者采访时表示，由于半年业绩还未出来，加之受"馊水油事件"影响不予回应。而雀巢公关部经理何彤表示，将注重产品创新，如雀巢咖啡最近推出了无糖咖啡，将先请杨颖代言，加强与消费者的沟通。

事实上，中国的食品工业经过 30 年的高速发展，从 2012 年增速开始放缓，从增速 20%以上，下滑到 10%以上，进入 2015 年增速下降到个位数。中国饮料行业 2011 年前保持 20%以上的增速，进入 2014 年增速下降至 13%，2015 年上半年增速较上年同期也出现了下滑。

中国副食流通协会会长何继红对记者表示，中国饮料行业进入了降速增长的"新常态"发展阶段，从整个经济形势来看正处于一个调整期，行业增速就会出现下降。除了大环境因素，企业业绩下降主要来自市场因素，越来越多的企业推出新产品、新概念，对原有传统的产品带来一定的冲击。

食品快消领域专家解观胜认为，随着人们生活水平的提高，健康意识不断增强，越来越多的消费者选择高端产品、进口产品，这些产品对过去大众化产品市场蚕食得比较厉害，使得原来主营方便面、碳酸饮料、茶饮料、咖啡等大众产品为主的企业遭遇正面挑战。

除了上述因素外，营销专家肖竹青表示，随着社会老龄化现象严重，过去喝饮料的消费者已经不再喝饮料吃泡面了，而 12～25 岁的年轻消费者数量要远远低于几年前同年龄段人群。原来食品饮料处于高速增长期，是因为消费人群在不断扩大，而现在这一人群出现了负增长。

受经济大环境不景气、市场竞争加剧等因素影响，食品饮料行业巨头业绩出现不同程度的下滑。

二、创新不足缺少大单品出现

现在短期内很难推出一个大单品，原因是消费者的个性化需求越来越明显，消费分散不再集中在某些品类，去中心化现象严重。

中投顾问食品行业研究员梁铭认为，整体上来看，饮料市场不景气是造成饮料巨头业绩下滑的原因，但各公司下滑的具体原因存在差异。康师傅业绩下滑主要是饮料业务表现不佳；娃哈哈受困于其多元化战略，过度的扩张导致主业被拖累；可口可乐主要是因为其传统主业碳酸饮料市场恢复乏力，消费放缓；雀巢的业绩下滑则主要因为其产品自身结构存在问题，并购的企业创新力不足，产品老化明显。

营销专家蒋军表示，从娃哈哈来看，它们推出的产品太多，水、茶饮料、功能性饮料、奶制品等都有，近几年甚至一度进军服装、奶粉和白酒等行业，主营业务非常不明显。继营养快线成为一个过百亿元的大单品后，不管是功能性饮料还是茶饮料，很难再出现像营养快线一样的大单品，甚至过多推出产品也带来成本的增加。

对于康师傅来说，老产品没有太大的增长，而新产品推广成功的又特别少。虽然冰糖雪梨有两三年销售不错，但消费潮流很快就过去了。而可口可乐在碳酸饮料增长乏力的同时，功能性饮料和茶饮料做得都不是很好，同样没有出现大的单品。

蒋军认为，过去做大单品非常容易，只要有一家企业推出一个销售比较好的产品，马上就有企业跟进，很快就有过百亿元的大单品出现，娃哈哈、康师傅等凭借渠道资源很快就能把某一类产品做起来，但是现在短期内很难推出一个大单品，原因是消费者的个性化需求越来越明显，消费行为发生了很大的变化，消费分散不再集中在某些品类，去中心化现象严重。过去只要做好终端即可，但现在还要做好互联网和消费者沟通，这比过去单纯推销产品难很多。

肖竹青认为，当前饮料市场分化，一些饮料替代产品的出现也影响了企业的业绩。由于消费者消费习惯和生活方式的改变，他们更愿意购买榨汁机，回家自己做果汁，还有一些消费者出门随手携带茶杯，泡茶替代饮料，甚至有很多消费者转向纯净水的消费。

“消费者选择面越来越广，而市场容量就那么大，新产品的出现势必会挤占一部分原有产品的市场份额。此外，消费档次的提升和消费结构的变化，使消费者更愿意选择附加值高的产品，但那些巨头旗下卖得比较火的往往是大众化产品，这些产品老化、创新不足，整体还依然停留在几年前的水平上，最终导致消费者选择意愿下降，进而出现业绩下滑。”解观胜说。

三、传统渠道转型面临挑战

事实上，除了大环境和市场竞争加剧之外，食品饮料的销售渠道也发生了变化，传统渠道面临着冲击。肖竹青表示，原来食品饮料的销售主要是在传统渠道内，通过批发商批发到二级商，甚至是终端零售点，过去只要给经销商一个好政策，打款进货，加上央视广告宣传，就能产生很好的销量。但现在食品饮料的销售渠道发生了明显的变化，由流通渠道开始向现代渠道转变，而现代渠道由于运营成本比较高，阻挡了饮料销量的提高。现代渠道包括国际化的卖场、连锁便利店等，在这些渠道中既要搞终端陈列，又要搞消费者互动活动，渠道的维护成本比较高，竞争加剧导致毛利下降，进而影响企业没有更多的利润去做市场覆盖，仅依靠传统的渠道是无法实现业绩增长的。

此外，肖竹青还认为，目前终端售点受房租上涨、人员成本增加等因素影响，对食品饮料的毛利需求特别高，而很多企业给到终端的老产品毛利并没有太多变化，导致一些终端售点要么转型，要么去卖其他毛利率高的产品，对传统饮料的推广意愿在下降。

南昌一家经营食品饮料多年的经销商刘先生说，快消品行业的竞争越来越激烈，而厂家给到经销商的回报越来越低，根本赚不到钱，很多经销商都不愿意干这一行，有的已经退出市场。

肖竹青认为，信息碎片化时代，仅靠打电视广告来推销产品已经行不通了，很多消费者根本不看电视，体验式营销尤为重要，而这点在传统渠道很难做到，这就需要企业投入大量人力、物力、财力来做消费者互动。

“现在渠道终端不仅包括传统的渠道终端，也包括互联网终端，很多饮料的消费者主要是年轻人，他们追求个性化，更愿意在互联网、移动终端活动。单靠传统渠道很难抓住主流消费群的眼球。因此，在以传统渠道为主的同时，把渠道延伸到互联网、PC（个人电脑）终端，推出全渠道模式进行精准营销比较重要，不过目前很多大的食品饮料企业在这方面的转型还停留在形式上，并没有真正转型成功。”蒋军说。

很多饮料的消费者主要是年轻人，他们追求个性化，更愿意在互联网、移动终端活动，单靠传统渠道很难抓住主流消费群的眼球。

【思考题】

1. 蒋军认为过去做大单品非常容易，你是怎么认为的？为什么？
2. 中国食品饮料巨头业绩下滑明显的主要原因有哪些？
3. 为什么很多大的食品饮料企业在全渠道模式进行精准营销上没有真正转型成功？

【案例三】“洗脑神药”莎普爱思

一段时间内，上市药企——浙江莎普爱思药业股份有限公司频遭质疑：先是自媒体大V“丁香医生”炮轰该公司旗下产品莎普爱思滴眼液虚假宣传误导老年白内障患者；随后，又有爆料揭露该产品惊天暴利，成本只有1.45元，2016年毛利润高达94.49%。《北京青年报》调查发现，莎普爱思眼药水市场零售价格为43.5元，比具有同等疗效的进口眼药水零售价格高3.99倍。

一、事件："丁香医生"发难"洗脑神药"

莎普爱思风波源于2017年12月2日，自媒体大V“丁香医生”公众号发布《一年狂卖7.5亿的洗脑神药，请放过中国老人》的文章，公开质疑莎普爱思在没有明显药效的情况下过度宣传产品治疗白内障的功能，并以此实现巨额盈利。文章引述多位眼科医生的说法和权威文献资料，力证莎普爱思滴眼液预防和治疗白内障是弥天大谎，是用洗脑式广告营销，坑害老年人，使其延误治疗、有失明风险，年销量7.5亿元，实际是坑人产品。文章中称“眼科医生经常开玩笑说，如果谁能研发出治疗白内障的药物，拿个诺贝尔奖也没问题”。

在该产品的广告中可以看到，有着“（早期老年性）白内障，看不清，莎普爱思滴滴滴”这样的语句，然而其中“早期老年性”5个字，呈浅黄色且字号非常小，几乎看不清，而且也没有在广告词中念出来。

在丁香医生的发文中说，“《眼科学》第8版上说：目前临床上有包括中药在内的十余种抗白内障药物在使用，但其疗效均不十分确切”。但在国内关于苄达赖氨酸的研究论文中，却有不少观点提到苄达赖氨酸具有对早期白内障的预防与治疗作用。也就是说在药效方面其实医学界是存在一定争议的，所以临床试验才是检验其药效的重要方法。

这一负面消息不仅影响了公司形象也影响了股价。尽管公司随后紧急发布公告辟谣，但是仍然导致莎普爱思股价连续下跌，盘中一度逼近跌停。

公开资料显示，丁香医生是丁香园旗下面向普通用户的一款健康科普类App（应用程序）。丁香医生内由医生撰写的科普文章和医疗常识是其核心内容，对公众预防疾病、疾病康复、个人养生等都有帮助。2014年丁香医生获得腾讯7 000万美元的战略投资，力图发展成为互联网移动医疗平台。

二、现场：3分钟不到有人点名要买

“白内障看不清，莎普爱思滴眼睛”，就是这条魔性的电视广告让大家知道莎普爱思。在位于北二环的一家医保全新大药房里，莎普爱思被摆在主通道旁边货架最显眼的位置，每瓶5毫升，43.5元。在《北京青年报》记者咨询的不到3分钟里，就有女顾客点名要买莎普爱思，导购员把货架上最后一盒眼药水递给顾客之后赶紧补货，可见这种OTC（非处方药）眼药水销量不错。

对此，该公司在财报中总结，通过对莎普爱思滴眼液进行广告宣传和开展公益活动，成功推广了“莎普爱思”品牌，提升了公司知名度。从统计数据上也可以看出莎普爱思的广告费用投入连年攀升。统计显示，莎普爱思2014—2017年前三季度广告费用分别为2.1亿元、2.4 亿元、2.6 亿元、2.6 亿元，营收占比分别为 27.1%、26.1%、26.8%和 31.9%。

三、医院：同仁医院、北京医院并无此药

治白内障神药在药店热销，那么在医院的使用情况如何呢？有记者走访了北京医院和同仁医院，出人意料的是没有找到莎普爱思的踪影，两家医院的眼科医生和用药咨询师均明确表示医院没有使用这种药品，也就是说，莎普爱思滴眼液并没有进入北京这两家大型医院的药品目录。

据了解，北京医院眼科使用的治疗早期老年性白内障的眼药水是日本进口药——吡诺克辛滴眼液，每瓶 5 毫升，单支售价 10.9 元，而具有同等疗效的国产眼药水莎普爱思的价格则是它的 3.99 倍。

四、追访：成本 1.45 元缘何卖价超进口药

同样是治疗早期老年白内障的药品，这款国产药价格为何远远超过进口药？

据了解，关键是因为莎普爱思滴眼液是一款专利药，公司拥有苄达赖氨酸防治早期老年性白内障药物专利。药品说明书上说，苄达赖氨酸滴眼液抑制眼睛中晶状体醛糖还原酶的活性，达到预防或治疗白内障的目的。那么苄达赖氨酸滴眼液成本很高吗？

调查显示，成本并不高。该公司财报数据显示，2016 年该款产品销售量为 2 800 万支左右，而全部成本（不计算销售、财务费用等）仅仅 4 076.73 万元，一瓶滴眼液的成本不过 1.45 元。因此莎普爱思滴眼液为公司提供了大量营业收入，其毛利率非常高，2016 年高达 94.49%。不过据爆料，该专利申请于 2009 年，按照我国专利 10 年保护期，即 2019 年 11 月解除保护。专利是否申请延长保护，申请又能否通过都将直接影响莎普爱思滴眼液的未来市场壁垒。

五、回应："洗脑广告"符合相关规定

就在丁香医生质疑网文在朋友圈迅速传播数小时后，"莎普爱思"官方公众号以《莎普爱思滴眼液——点滴幸福，明亮眼睛！》的文章做出回应，亮出了众多证书，并称"实验证明，莎普爱思滴眼液能达到预防和治疗白内障的目的"。

莎普爱思表示，0.5%苄达赖氨酸滴眼液对延缓老年性白内障的发展及改善或维持视力有一定的作用，疗效确切，莎普爱思滴眼液是一种安全的、有效的抗白内障药物。关于媒体报道消费者使用公司产品出现并发症、延误手术治疗等，经核查正确使用滴眼液产品未发生该情形。

对于被公众吐槽的洗脑广告，莎普爱思表示，莎普爱思滴眼液视频广告内容符合《中华人民共和国广告法》的相关规定，经过浙江省食品药品监督管理局审核批准，取得了相关药品广告批准文号；浙江省以外发布的广告，在该广告发布地的省级食品药品监督管理局也进行了备案。

而针对公司广告费用占营业收入比重较高的问题，莎普爱思表示，主要是因为公司产品较为单一。目前滴眼液产品占公司营业收入比重超过 75%（2016 年经审计数），与其他多品种经营的上市公司相比，公司选择通过广告投入提高品牌知名度，弥补公司产品品种单一的不足。莎普爱思提供的数据显示，2014 年、2015 年、2016 年及 2017 年前三季度公司滴眼液

业务营收占比分别为66.35%、72.03%、77.03%、73.91%。

针对研发费用较低的说法，莎普爱思则表示，公司研发产品周期较长，需要持续投入。另外，公司研发费用的投入是依据研发的进展逐步投入的。莎普爱思认为，与同行业相比，公司的研发费用的投入合理。根据相关报道，莎普爱思2016年广告费用高达2.6亿元，而同年的药物研发费用仅有0.29亿元。

六、关注：治疗白内障有没有特效药

家住丰台的范老太太特别纠结，她被大医院眼科王医生确诊为轻微白内障，建议立即手术，但是已经89岁的范老太太仍然下不了决心，因为她的一个老姐妹去年双眼做了白内障手术，术后恢复得非常不理想，如今双眼几乎失明。“突然就什么都看不清楚，现在她都很少出门了，当初还不如不手术呢。”范老太太说。犹豫再三，她最终还是选择了先点眼药水。“我回家跟儿子商量商量去吧。”老太太跟医生说。

针对白内障的治疗方法，一位三甲医院眼科医生指出，最主要的治疗措施是白内障手术，除此以外还可通过配新的眼镜、使周围环境亮一些、佩戴有防眩光的太阳镜及使用放大镜等方式来缓解症状。迄今为止尚无治疗白内障的特效药物。目前，治疗用眼药水仅仅适合于早期白内障患者或者暂时不适宜手术的患者，主要是给予患者心理安慰作用，并没有证明对白内障真正有效。

据介绍，白内障手术一般在局部麻醉下进行，大夫会通过滴眼用麻药或者局部注射麻药来实现局部麻醉，麻醉完成后，患者在整个手术过程中完全清醒，但是却感觉不到疼痛。手术完成后的几天内可能会有轻微眼内有异物的感觉，但不会出现明显疼痛。多数白内障手术不需要住院，但是当存在全身性的其他基础病或者身体状态欠佳时则需要考虑住院行白内障手术。

然而现实情况却是，尽管医生苦口婆心、力挺手术治疗白内障，但是仍有患者犹豫不决，尤其是八九十岁年龄段人群。有统计数据显示，70岁以上老人的白内障发病率在60%～70%，80岁以上老人的白内障发病率几乎达到100%——这意味着，只要到了一定的年龄，白内障几乎不可避免。截至2015年年末，中国拥有世界上最大的白内障患者群，约有6 000万人，占全球总数的1/3。而与此相对应的是，接受白内障手术的患者比例却很低。据统计，中国每百万名白内障患者中，接受复明手术的近1 400人。这个数据与发达国家相比，差距巨大。

不适宜手术的患者和恐惧手术的患者人群的庞大，这就给可以起到姑息治疗作用的滴眼液带来市场机会。财报显示，莎普爱思滴眼液在2014年、2015年、2016年产生的收入分别为5亿元、6.6亿元、7.54亿元，毛利率分别为94.68%、95.29%、94.6%。

七、业内：后期白内障除手术外无特效疗法

《北京青年报》记者从北京市卫计委官方网站获悉，一旦白内障进入后期，治疗方法是动手术切除病变晶体，目前并没有其他更有效的治疗方法。根据病人的需要，若视觉仍能让病人进行日常活动，则无须动手术。直至视觉的损失影响病人的日常活动，医生将会建议做白内障手术。

从手术指征上判断，白内障患者视力下降明显就可考虑手术了。对视力的要求因人而异，一般人视力不足0.3即可考虑手术，对视力有更高要求者0.5也可考虑接受手术治疗。

从医学上讲，白内障目前尚无法预防，手术已经证明是目前治疗白内障最有效，且是唯一的途径。据介绍，白内障的显微手术一般成功率非常高，有 90％以上的病人在动手术后可以恢复良好视觉。在切除模糊的晶体后，医生需用人工晶体恢复病人原有的聚焦功能。

八、最新进展：国家食药总局要求莎普爱思尽快启动临床有效性试验

针对医务界部分医生对浙江莎普爱思药业股份有限公司生产的苄达赖氨酸滴眼液（商品名：莎普爱思）疗效提出的质疑，国家食药总局在其官网发声，要求浙江省食药局按照《中华人民共和国药品管理法》及仿制药质量和疗效一致性评价的有关规定，督促企业尽快启动临床有效性试验，并于 3 年内将评价结果报国家食品药品监督管理总局药品审评中心。

【思考题】

1. 白内障患者为什么宁愿接受疗效不显著的莎普爱思而不愿接受疗效显著的手术治疗？
2. 广告宣传对消费者的说服取到了哪些作用？
3. 莎普爱思事件带给我们消费者哪些启示？
4. 针对该事件，试述消费者怎样维护自己的合法权益不受侵害。

【案例四】 金六福"福文化"之道及情景营销

金六福酒诞生在中国酒业开始注重文化的年代，在中国传统的白酒文化里，很多观念都已深入人心，如何塑造自己独特的文化成为一个值得深入探讨的话题。"金六福"从品牌命名开始就已在塑造"福文化"。多年来，以"福"为本就是金六福的文化，金六福推广的不只是产品，它更是在对中国传统文化进行传承和发扬；创造的不只是酒，更是给国人酿造幸福。金六福在消费者心中已经建立起"金六福"等于"福"的等式。

一、传承"福文化"精髓，发力民俗市场

金六福通过一系列措施让消费者在心里建立起"金六福"等于"福"的等式。

金六福酒从诞生之日起就将"福文化"注入到产品中。"福文化"大致包含"福、寿、康、德、和、孝"之意，金六福相关负责人表示，金六福在产品营销与推广时都会让"福文化"与消费者相伴相随。

金六福在包装上以中国红为主色调，再搭配不同的主题图案，让消费者"看"到金六福的"福文化"；产品在主题营销上"喊"出不同的传播口号，让消费者"听"到金六福的"福文化"；在欢乐的气氛中，消费者逐渐"融"入金六福的"福文化"，在开怀畅饮之时，消费者用味蕾细细品"味"到金六福的"福文化"。这就是传统金六福酒的"福文化"的真实内涵。从个人之福到国家之福、民族之福，从衣禄之福、平安之福到和谐之福、盛世之福，金六福让福文化不断发扬光大。

而从"好日子离不开它，金六福酒"，到"金六福，中国人的福酒"，再到"春节回家，金六福酒""中秋团圆，金六福酒"，一系列的广告语的演变也始终围绕"福文化"与时俱进。通过简单、容易记忆的广告语及营销传播手段，"福文化"一点一点地渗入到大众的心中，在消费者心中建立"金六福"等于"福"的等式。

二、升华"福文化"真核，不仅酿造白酒

"我们不只卖酒，我们更是给国人酿造幸福"，金六福"福文化"不单单只是卖酒。

一个成功的品牌，传递给消费者的不仅仅是一个企业最具有价值的高品质产品和质量承诺，更是来源于品牌本身所折射出来的人性化特征、文化特征以及品牌精神；同时又来自对消费者情感的培育和社会情感的升华。这一点上，金六福可谓行业中的佼佼者。

金六福源自天台山十万亩生态酿酒园，在其极致口感的背后，是来源于酒业航母华泽集团旗下拥有的 11 家名优白酒厂、8 个中国驰名商标、4 个中华老字号、10 位国家评酒大师的核心优质资源，以及经过 7 年时间，根据本区域的自然气候、酿造工艺等进行反复的研究、试验、勾调，才得以在保留川酒独有醇香隽永的基础上保留的极致品质。

除品质上的保证以及用心，金六福认为自己不仅要制造白酒，更要酿造幸福。"金六福"从中国传统福文化的字符，挖掘出的"祝福、吉祥、美满"，将"金六福"与消费者联系起来，它聚焦于人类本性中最富情感煽动力和最充满情感向心力的"幸福、吉祥、美满"，并着眼于超越物质满足、体验情感圆满的追求和愿景，通过富有情感煽动力的传播方式和传播渠道，将这种幸福的情感传递给广大消费者，触动人类情感深处的"幸福琴弦"，真正达到了酿造"幸

福”的“福文化”核心。

三、践行“福文化”社会公益，提升品牌核心价值

金六福推广的不只是产品，它更是在对中国传统文化进行传承和发扬。

金六福“福文化”的精髓不仅体现在产品、品牌、精神上，在公益道路上的体现，更值得称赞。作为“中国人的福酒”，金六福在社会公益事业道路上，将公益进行到底，始终作为公益事业最坚定的践行者。其中，2011年成立的国内首个由民间自发组织的解决春节回家问题的民间公益平台——春节回家互助联盟，以及金六福支教助学、扶贫救灾等慈善、公益活动等更是被众人称道。

据了解，金六福春节回家互助联盟，作为国内首个由民间自发组织的解决春节回家问题的民间公益平台，自2011年成立以来，先后联合社科院、各地商会、全国车友会、奥运明星、娱乐巨星等社会各方面力量，成功吸引超过350万名游子参与其中，帮助超过3万多名游子踏上春节回家路。金六福不仅以实际行动切实解决国人春节回家问题，更由此带动了我国公益拼车的热潮，成为国内公益拼车热潮中的标志性力量。

2014年8月，金六福99爱心基金在第一时间向云南昭通鲁甸地震灾区捐款50万元，支援灾区抗震救灾工作。据记者了解，由金六福酒携手中华慈善总会于2008年成立的“金六福99爱心基金”，至2014年已经共向爱心基金注入超过500万元善款，累计帮助数千人渡过难关。“一路上有你们，爱心燎原不止！”一位得到过99爱心基金帮助的先生曾这样评价爱心基金。

对“福文化”的表现和升华，充分展现了金六福的品牌核心价值，使金六福成为福文化的一个绝妙的载体。“让每一个消费者，在每一个幸福的时刻，在每一个期盼幸福的时刻，喝上幸福的美酒。”秉承着这样的信念，金六福将“福文化”融入每一滴酒中，伴随着馨香沁入消费者心里。

金六福“福文化”之道：我们不只卖酒，我们还酿造幸福。

除了“福文化”之道的传播，更重要的是金六福使用了情景营销。

（一）没有酒厂的白酒品牌

“每年，中国有100万对新人步入婚姻殿堂，10年，金六福见证了1 000万对新人的幸福……”拨通金六福品牌总监方焰先生的手机，首先听到的是一则关于金六福的广告——金六福的情景营销广告果然无处不在。

诞生于1998年的金六福，在无历史、无文化也无生产优势的贫瘠基础上，却凭借着独特的情景营销模式走出了一条品牌之路。

“1998年，金六福初创之时，我们经反复研究对比发现，在中国当时的白酒行业里，几乎所有品牌为自己定位的方式都是说酿酒工艺多好，酿酒历史有多长，定位方式全部是口感忠诚。口感忠诚产品有个特点，口感一定要有特色，有特点就会产生消费人群是固定的，你是山西口味，我是湖南口味，两个怎么会一样呢，就会有分别，这是白酒为什么到现在区域化品牌死不了的原因，但同样也限制了自身的发展。”

在方焰看来，金六福定位清晰，一开始就不是做产品，而是做品牌，在生产上与中国规模最大的、销售额最高的、品牌最稳定的生产厂家五粮液合作。生产交给五粮液之后，金六福人开始专心塑造和建立销售渠道，创造了一个新的白酒的定位方式。

（二）用情景忠诚缔造品牌

“品牌创立之初，我们不敢说口感。”方焰介绍，“我们就研究中国人喝白酒最根本的社会需求、心理需求是什么，很多伟大品牌的背后都是因为找到了消费者最根本的需求。经过深层的洞察，我们知道喝白酒越来越多是走向群众，送礼的时候喝，高兴的时候喝，中国人喝酒那一刹那最希望得到的是高兴，但是一直没有出符合这个市场的产品。既然知道了最大的市场是让大家喝完开心，那我们的定位是送喜庆给别人，所以我们将产品定位为中国人的福酒。”

因为品牌本身就是跟别人的定位方式不一样，金六福换了一种独特的品牌占位方式，区别于口感忠诚的品牌定位，叫情景忠诚。除夕晚上要为明年祝福，就像每个人过生日时候会悄悄地许愿，“那种美好的东西就是我们需要定位的，我们希望定位更多的情景，让这些情景真正深入到吸引力心中去，我们定位为情景忠诚。现在有个特点，结婚的人喝金六福的特别多，开始的时候大家都带着美好的愿望，我们过去做的很多广告和公关都涉及婚宴这块”。

在方焰看来：“金六福的情景忠诚最主要的是三个：两个重要的节日，中秋和春节是白酒销售最旺的季节，然后是结婚，我有喜事，最核心的是婚宴市场。”

按照消费者的心理感知模式，当情景忠诚达到一定程度之后会形成心理暗示。“金六福早期创造品牌时请了米卢，米卢的运气非常好。米卢有个特点，他有一场球踢赢之后发现自己穿的是红色T恤衫，以后每次关键比赛时他都穿红色T恤衫。你明天要签一个订单，你怕签不下来先喝一杯福酒，明天签下来了以后慢慢会形成心理暗示。形成心理暗示以后，再延伸下去就是图腾信仰，就像大家今天相信可口可乐和耐克一样，我们还在做第一步的事情——情景忠诚，所以我们还在打广告，我们还在做渠道的渗透。”

（三）节庆文化与品牌的联系

在每年的节庆市场上，都有许多白酒竞相加入其中，大打“送礼牌”和“促销牌”，这在短期内起到一定的刺激销售的作用，但金六福却没有这样做——金六福认为：这种营销方式，还只是停留在产品诉求的层面，并没有考虑到节庆文化与自身品牌文化的内在联系，充其量只是一次短期的战术性的促销活动。金六福超越产品层面，将节庆营销提升到了文化层面，通过春节回家、中秋回家等情景营销，又拨动了消费者心中的情感之弦，使消费者对金六福产生了情感认同。

“金六福”三个字的完美结合可谓至善至美，迎合了人们盼福和喜好吉利的传统习俗和心理需求，在为人们庆功、贺喜、祝寿、助兴、交友相互祝福的同时，又引导人们追求“寿、富、康、德、和、孝”的美好生活境界。

而在传统节庆的内核中，蕴含着“团圆、美满、幸福”等元素，这与金六福的“福文化”理念不谋而合，满足了消费者从文化层面对金六福的需求：金六福酒就是一家团圆的最好见证，是对美好生活的最好祝福。在这个意义上说，节庆营销对于金六福来说具有其他产品所不具备的独特性，这本身就为金六福建立了一个竞争对手所不具备和无法超越的壁垒。

著名品牌专家曾朝晖认为，金六福的品牌定位非常成功。“金六福围绕一个福字，把握不同的时机，不断变换角度、手法和载体，诠释福文化，使品牌形象不断得到提升，品牌文化定位不断得到强化和巩固。从最初的‘好日子离不开它’，到‘运气就是这么好’‘为幸福干杯’，再到‘中国人的福酒’，从赞助中国奥委会、中国奥运代表团，到庆祝‘国足出线’，再到厦门金门‘小三通’首次通航的公关活动，金六福完成了从个人之福到民族之福、国家之福的转变和提升，使品牌文化定位完全深入人心。”

【思考题】

1.“金六福”在消费者心中如何建立起“福”的等式？

2. 你如何理解金六福“福文化”之道：我们不只卖酒，我们还酿造幸福？

3. 金六福采取了哪些举措，从哪些方面体现“中国人的福酒”这一形象定位？

4. 从消费者的角度看，你认为为什么金六福能够很好地实现情景营销？

【案例五】 达芬奇家居"造假"风波

达芬奇家居1994年在新加坡开设了首家零售店，短短几年内在东南亚被公认为经销古典家具和装饰品业界的翘楚。1998年，达芬奇家居进入中国市场，以卓越的艺术眼光，严格筛选经销产品，旗下共有华丽、欧宅、现代、美式4个系列，其中华丽系列以意大利一线时尚品牌的家居产品而闻名，如Armani Casa(阿玛尼家居)、Roberto Cavalli Home Interiors(罗伯特·卡沃利家居)、Versace Home(范思哲家居)等。达芬奇家居在中国主要城市——上海、杭州、北京、成都、重庆、深圳、广州均设有分公司。青岛、哈尔滨、沈阳、南京均有合作伙伴。欧美家居业也将达芬奇家居视作在亚洲地区重要的合作伙伴。

一、创始人离任

那位在新闻发布会上情绪失控的达芬奇家居女老板，可能再也不会为了这个品牌站在大众聚光灯下哭诉了。潘庄秀华，达芬奇家居创始人之一，从达芬奇首家零售店创始之日算起，她已经与这个品牌绑定了20年时间。不过，她与这个品牌之间的关系已经悄然解除。

"自从被曝光'造假'以来，她好像一直在刻意与外界和媒体保持距离。所以，她的离职很少有外人知道。"家居界资深观察者罗意(化名)说。

2011年7月，潘庄秀华夫妇原创品牌达芬奇被指虚假宣传，并且产品质量存在问题。作为女老板的潘庄秀华在随后的新闻发布会上情绪失控，并因为其哭泣画面而"家喻户晓"。

达芬奇本是潘庄秀华夫妇一起创造的国际顶级家具代理商的品牌，第一家零售店开在他们共同成长的地方新加坡，时间为1994年。此前，夫妇二人在新加坡销售一款德国厨具。

2000年，达芬奇贸易(上海)有限公司成立，预示着达芬奇正式开始在中国内地市场落地。2008年年初，潘庄秀华正式出任达芬奇家居中国地区的首席执行官。

落地中国市场之后的11年时间，达芬奇一直宣传其产品是从意大利等欧美国家进口，并标出超高价位。知情者表示，当时其一个沙发就能标价30万元，随便一件家具都不低于10万元。

有业内知情人士透露，这期间达芬奇家居的利润一直保持业内最高水平，业绩增长迅速，一度还准备上市。

2011年，媒体曝光达芬奇家具不过是从深圳口岸出港，运往意大利，再从意大利运回上海，从上海报关进港回到国内，根本不是原装的进口意大利家具。至此，达芬奇天价秘密被戳破。虽然，达芬奇随后又力辩自己并非造假，只是报关模式不同，但是其在国内市场的信誉已经大打折扣，其意大利合作商Mantellassi品牌第四代掌门人Nicola Reme Mantellassi在达芬奇"造假"风波之后与其解除了合作关系。

罗意表示，从那件事之后，达芬奇至今都很少跟圈内人来往。

"达芬奇究竟是高档家具还是奢侈品？显然后者属性偏多。所以，他们好像也不用跟国内家居界来往，这就更减少了他们与外界接触的机会。"罗意表示。那件事之后，达芬奇的重心完全放在了寻求新的生存方式和继续开拓国内市场上。

与达芬奇在信息层面与外界隔绝相反，达芬奇在业务方面并没有停歇。相关信息显示，2011—2013 年达芬奇已有多家分店开业，另外，该企业在 2012 年被北京首旅集团以资产置换的方式控股。

"这些也在一定程度上说明了达芬奇在遭遇恶劣环境之后，还有复生的能力。"另一位不愿具名的知情人士透露。

不过，在罗意看来，自那以后，潘庄秀华的身份就彻底发生了变化，从一个创始人、老板变成了北京首旅集团的一个打工者。

另有业内人士认为，被首旅集团控股之后，潘庄秀华跟新任董事的行事风格也大不相同，二者之间的磨合存在问题，所以，潘的退出，也是业内预料之中的事。

二、首旅接牌

经历过"造假"风波之后的达芬奇并没有因此沉溺，在家居界，达芬奇的动作其实一直不断。

"进口家具在国内其实一直都以价格不菲和神秘文化而存在，在中国，高端消费群体追求这些东西的越来越多。所以，达芬奇等高端进口家具商们的生存空间很大。"相关知情人士透露。

与上述人士对达芬奇有着同样看法的还有北京首旅集团。相关资料显示，首旅集团业务涵盖餐饮、酒店、交通、旅行社、商业以及景区等多个领域，成员企业包括首汽集团、如家酒店连锁、北京饭店、燕莎友谊商城、西单商场、全聚德等。

在控股达芬奇之前，首旅集团并未涉足过家居行业。不过，首旅集团相关人士此前透露，首旅集团未来要开发高端旅游酒店业务等，这些方面需要与达芬奇这样的家居企业合作。

罗意表示，这个做法很好，目前中国的豪华酒店、豪华会所等领域都是使用的国外顶级家具品牌，用名牌家具装饰酒店也成为一个时尚卖点。达芬奇拥有众多欧美名牌家具在中国等国家和地区的独家代理权。

2012 年年底，北京首旅集团宣布正式入股达芬奇家居，不过入股的方式并不是资金注入，而是按照资产置换的方案，成为达芬奇（香港）公司的控股股东。而达芬奇（香港）公司是达芬奇（上海）公司的母公司。完成资产置换之后，首旅集团以 33.8% 的股份成为达芬奇家居的最大股东。

首旅集团的入主还给达芬奇家居带来了人事上的震动，即达芬奇原董事长潘东尼辞任，该职务被原首旅集团总裁刘毅接任。不过潘庄秀华依然担任达芬奇总裁一职。

因为首旅集团的国企身份，此次控股让这个中外合资企业一夜之间被注入了大量国有资产，变身为国企。

对于此次首旅集团的入主，外界人士还注意到首旅集团拿来置换股份的资产。有知情者透露，当时用来跟达芬奇家居置换的资产，大多是对首旅集团利润贡献不大的资产。不过关于这笔资产的相关细节，业内人士大多表示不太清楚。

在首旅集团入主之前，有知情人士表示，达芬奇在"造假"风波之后，公司销售情况严重受挫。2011 年全年其业绩出现赤字，原本的上市计划也因此推迟。至 2012 年年底，其业绩尚未完全恢复。

所以，有业内分析人士认为，达芬奇为首旅增加了新的卖点，首旅的入主被看作是达芬奇在国内市场找到了靠山。在达芬奇家居看来，首旅集团拥有非常强大的经营管理资源和市场资源，可以帮助达芬奇开拓新的销售领域。

《家具连线》市场观察员谢锐标表示，其实换血之后的达芬奇发展得确实还不错，并认为双方合作之后，较好的合作方式有点像 TOTO 卫浴，在高端领域，专注工程项目的开发。

“双方都有资源，并且，达芬奇目前零售店数量也在增加，零售领域和工程领域可以相得益彰，这样发展得会比较快。”这样表示。

罗意也表示，中国涌现的大量别墅群对高端进口家具的需求非常旺。不过，一个时期内中国正处于房地产市场疲软和反腐风暴迭起的特殊时期，高档别墅群的需求暂时有所下滑。

“不过影响也不是特别大，因为中国富豪以后会越来越多，这部分的下滑很快会重新挽回。”罗意表示。

三、模式之变

事实上，经历过资本换血、高层变动之后的达芬奇，无论是其内在资本还是外在发展模式已然不是以前的达芬奇了。

谢锐标说，在达芬奇经历“造假”风波之前，其经营一直是靠直营店。据他了解，当时的达芬奇在全国的直营店不超过 10 家。

而现在的达芬奇已经完全不一样了。他在江苏看到一家新开业的达芬奇店面，是一家加盟店。

“这说明达芬奇现在开放了经销商加盟的模式。”谢锐标说。

不少业内人士认为，转战零售市场是高端进口家具未来的发展方向。有数据显示，中国千万级富豪人数已超过 100 万，他们追求生活品质，注重文化内涵，所以，未来高端进口家具零售市场会越来越大。

另有相关数据统计，近年来进口家具销售量增长了数倍，主要来源国的前三名分别是意大利、德国和美国，约占总进口额的 70%；其中意大利占 24.48%，德国占 23.59%，美国占 20%。高端进口家具市场中，范思哲、阿玛尼、芬迪等国际一线时尚品牌越来越常见。

不过，罗意认为，达芬奇家居开放经销商零售模式，可能主要有两方面考虑：一是想把盘子做得更大；二是转嫁经营风险和压力。

“毕竟进口家具的投资金额太大，而且很难在原有基础上扩大规模，人力和财力达到一定规模之后，再发展是不太现实的。”他说，所以达芬奇此举也可以帮助自己拓展发展空间。

不过，重新开拓了零售店模式的达芬奇家居发展得也不是特别顺利。2014 年 5 月，达芬奇家居还经历了店员患上“白血病”事件，让达芬奇家居再次陷入舆论危机。

据经历此事的知情人士介绍，达芬奇这位患病员工谭某，2013 年 3 月进入达芬奇家居广州旗舰店，工作为“展厅文秘”，主要任务是负责在客人参观过后，按照设计师的要求，把家具、饰品恢复原状，所以每天都只能留在展厅里。

半年之后，谭某发现身体状况越来越差，到医院检查后，被确诊为急性髓系白血病(M5)。

最初，谭某及家人根据谭某进入到该店之后的身体反应，将其患白血病的原因锁定为其所工作的达芬奇家居广州旗舰店的环境问题，因为该店 2013 年 10 月才刚刚装修完，尚有一些气味。但是，因为取证期间受到该店店员阻挠，所以没有得到完整的数据。

对于此事，达芬奇家居广州店负责人曾对外表示，因为谭某是在工作期间患病，所以会给予她一定的人道主义帮助。

参与报道此事的一位媒体人士说，该店最终给予谭某的捐助额度只有 2 万元。之后，达芬奇家居再没有就此事做出回应。

再次经历风波的达芬奇家居信誉再度受挫，外界对此次的舆论反应多为其人道主义不人道，另外对其产品质量再度产生怀疑。

业内人士表示，此事肯定会对刚刚恢复一些销售的达芬奇再度造成打击，不过程度没有 2011 年“造假”风波那么严重。因为达芬奇不是上市公司，外界无法查看其财报，所以，对于其销售具体影响程度无法判断。

2014 年 6 月，潘庄秀华退出，达芬奇家居在其操控之下由外资企业转为中外合资，危急之下又投奔国有企业。也许她的选择是对的，但是加入国企大家庭之后，达芬奇的发展方向她无法再掌控。

如今的达芬奇家居，发展模式也许已经脱胎换骨，已经完全不是最初外界所接触的达芬奇。但是，前面的信誉疤痕如果不能完全恢复，未来的走向就会多一分未知。

【思考题】

1. 中国消费者购买伪洋品牌的心理动机是什么？
2. 北京首旅集团为什么要入股达芬奇家居？
3. 潘庄秀华夫妇经历了怎样的成功与失败？

第三章

商务谈判与沟通教学案例

【案例一】 中国入世谈判案例

2001年11月10日，世界贸易组织(WTO)第四次部长级会议做出决定，接纳中国加入WTO。它意味着历经15年的奋争与期待，中国终于昂首跨入WTO的大门。

15年，相对于人类历史长河实在是极短的一瞬间，而对于所有参与或关注这场马拉松式谈判的人来说，15年又是一次十分漫长曲折甚至带有戏剧性色彩的征程。15年来，伴随着“复关”和“入世”谈判，中国现代化、市场化进程又向前迈出了一大步，社会面貌和经济生活发生了沧桑巨变，中国也成为21世纪全球经济舞台上举足轻重的一员。

此刻，我们有必要检视一遍这15年的风雨足迹，梳理一下那曾经有过的重重心结：中国为什么要加入世界贸易组织？“入世”谈判为什么如此艰难？这些问题不但能够帮助我们加深了解中国加入世界贸易组织的原因，而且更有助于我们从中学习谈判的一些知识和技巧。

一、中国为什么要“入世”

世界贸易组织与世界银行、国际货币基金组织并列为现今全球最具广泛性的三大国际经济组织。世界贸易组织的前身是“关税与贸易总协定(GATT)”，其主要职能有三：制定并监督执行国际经贸规则；组织各成员进行开放市场的谈判；建立成员之间的争端解决机制。因而WTO也被喻为“经济联合国”。

尤其是冷战结束后，经济、科技全球化进程加快，逐渐成为世界经济发展的主流。绝大多数国家虽然社会制度、意识形态、发展水平各有不同，但都相继选定了市场经济之路，并纷纷投身于新技术革命。跨国公司打破国界的生产经营活动，实现了资源在全球范畴内的优化配置。信息技术、知识经济日新月异，大大缩短了时空距离，你只要轻点鼠标就可以拥抱世界。世界贸易组织(WTO)奉市场经济为圭臬，在推进全球化中扮演着主角。20世纪80年代中期以来，是否参加GATT的多边贸易体制，成为衡量一国是否负责任地加入国际社会、该国经济是否与世界经济衔接的重要尺度。而WTO成员间的贸易额占世界贸易总额的95%以上，投资额占全球跨国投资总量的80%以上。获得WTO的一个席位，等于拿到了国际市场的多张通行证。

中国需要WTO。经济全球化对发达国家和发展中国家在收益和风险上并不均等，但发展中国家若不想长期落后、被动挨打，就必须顺应潮流，积极融入经济全球化的浪潮。加入WTO，中国不仅有分享经济全球化成果的权利，还能够参与制定相关“游戏”规则，在建立国际经济新秩序中把握主动权，并且可以利用WTO争端解决机制在国际贸易战中占据有利地位。另外，正如著名经济学家吴敬琏教授所言，市场经济是一种开放经济，中国肯百折不挠地争取入世，从根本上讲是国内市场化改革必然导致的抉择。从更深广的层面上来看，WTO是中国加入的最后一个重要的国际组织，这是我们自立于世界民族之林的一次重大政治经济行动，也是我们全面重返国际经济舞台的显著标志和强烈信号。

当然，WTO也需要中国。作为世界上最大的发展中国家，中国拥有占世界1/5多的人口，经济总量和进出口贸易总值均跃居世界第七位，外汇储备达到2 000多亿美元，排在世界第一，吸引外资连续8年居发展中国家之首(以上数据为2001年的统计值)。显然，没有中国的加入，WTO将有失完整，不能真正体现其世界性。“入世”后，中国巨大的需求潜力将转化为现实的购买力，为全球提供一个最诱人的大市场，这是中国将要对人类做出的突出贡献。

二、谈判为何长达 15 年

毫无疑问，中国的“入世”谈判是多边贸易体制史上最艰难的一次较量，在世界谈判史上也极为罕见。自 1986 年 7 月 10 日中国正式向 WTO 的前身——GATT 提交“复关”申请起，国内外无数次预测这场谈判的时间表，但谁也不曾预料到，由于谈判逐步被“政治化”及其本身的艰巨性、复杂性、特殊性和敏感性，这一谈就是 15 个春秋。中国代表团换了 4 任团长，美国换了 5 位首席谈判代表，欧盟换了 4 位。从 1987 年就担任 GATT(后改为 WTO)中国工作组主席的瑞士人吉拉德说，当初履新伊始，有人戏称他这个主席也许得干 10 年，吉拉德不以为然地大笑，岂知到头来竟干了 14 年半！

中国“复关”和“入世”谈判大致可分为 3 个阶段：第一阶段从 20 世纪 80 年代初到 1986 年 7 月，主要是酝酿、准备复关事宜；第二阶段从 1987 年 7 月到 1992 年 10 月，主要是审议中国经贸体制，中方要回答的中心题目是到底要搞市场经济还是计划经济；第三阶段从 1992 年 10 月到 2001 年 9 月，中方进入实质性谈判阶段，即双边市场准入谈判和围绕起草中国“入世”法律文件的多边谈判。

1994 年年底，因以美国为首的一些发达国家成员漫天要价、无理阻挠，中国复关未果。1995 年 1 月，WTO 取代 GATT；同年，中方决定申请“入世”，并根据要求，与 WTO 的 37 个成员开始了拉锯式的双边谈判。从 1997 年 5 月与匈牙利最先达成协议，到 2001 年 9 月 13 日与最后一个谈判对手墨西哥达成协议，直至 2001 年 9 月 17 日 WTO 工作组第十八次会议通过中国“入世”法律文件。这期间起伏跌宕、山重水复，而最难打的硬仗，莫过于中美谈判，其次是中欧谈判，其中美谈判进行了 25 轮，中欧谈判进行了 15 轮。

中国“入世”谈判的整个历程，充分体现了以江泽民同志为核心的中国第三代领导集体的高瞻远瞩和正确决策。江泽民总书记亲自给这场谈判确定了 3 条原则：① WTO 没有中国参与是不完整的；② 中国必须作为发展中国家加入；③ 坚持权利和义务的平衡。这些原则对入世谈判具有重大而深远的指导意义。

备受瞩目的中美谈判范围广、内容多、难度大，美国凭借其经济实力，要价非常高，立场非常强硬，谈判又不时受到各种政治因素干扰。对此，党中央、国务院以大局为重，审时度势，运筹帷幄。朱镕基总理等在最后一轮中美谈判中亲临现场，坐镇指挥。我方代表坚持原则，经过 6 天 6 夜的艰苦谈判，这场最关键的战役取得双赢的结果，于 1999 年 11 月 15 日签署了双边协议，从而使我国“入世”谈判取得突破性进展，为谈判的最终成功铺平了道路。

那么，我国的“入世”谈判为什么会谈得这么细、这么苦、这么久？

我国外经贸部首席谈判代表、中国代表团团长龙永图坦率地说，谈了 15 年，我们在原则问题上坚持了 15 年。如果我们都答应的话，谈判早就结束了。谈判过程之难，时间之长，正说明我国为维护自身根本利益所付出的巨大努力。另一方面，谈判多打几个回合，也为国内产业和企业争取了固本强体的缓冲期。

面对一个又一个 WTO 的成员，中方力争的焦点是什么？

外经贸部部长石广生说，经过 20 多年的改革开放，尽管我国综合国力和企业抗风险能力日益增强，但总体上国内产业素质和企业竞争力与国外相比差距甚大。所以，我们的“入世"谈判核心就是市场开放的速度和力度必须与我国的经济发展水平相一致,这是我们的底线。双边谈判的核心问题是确保我国以发展中国家的身份加入,多边谈判的核心是确保权利与义务的平衡,具体内容包括关税、非关税措施、农业、知识产权、服务业开放等一系列问题,而农业和服务业又是双方相持不下的难点。

寸步不让的意志比拼,唇枪舌剑的讨价还价。15 年的每一场谈判,中方"从来不打算减少 1 美元,从来没想少说一个字来求得妥协"。经过艰苦斗争,美欧等发达国家不得不同意"以灵活务实的态度解决中国的发展中国家地位问题",中方最终与所有 WTO 成员就我国加入 WTO 后若干年市场开放的领域、时间和程度等达成了协议。双边谈判的结果是平衡的,符合 WTO 的规定和我国经济发展的水平。最终的结果是:第一,我国赢得了过渡期和市场开放的主导权;第二,我国在经济可以承受的范围内做出了必要的灵活反应;第三,迫使谈判对方在谈判中满足了我方一些最根本的要求,例如,美国承诺给予我国永久正常贸易关系(即最惠国待遇),放弃一般保障条款(即在我国加入 WTO 后美国随时可与我方中断 WTO 关系的条款),同意放宽高技术对华出口限制等。从长长的"入世"谈判清单上也不难发现,中方代表为国内产业发展赢得了宝贵的调整时间和必要的保护手段。

既是谈判,双方必定有得有失,天下没有免费的午餐。在取得长远好处的同时,我国也要按照 WTO 规则承担相应的义务。这不能视为简单的让步,遵循规则是每一个负责任的成员的义务。倘若要说让步,那么加入 WTO 的所有成员都曾做出了让步。让步是为了进步,我们对国际社会的开放,换来的将是国际社会对我们更大的开放。中国入世做出两项庄严承诺:承诺遵守国际规则办事,承诺逐步开放市场。这不但有助于消除"中国威胁论",为我国对外开放营造良好的国际环境,也有助于增强国外投资者的信心,不断完善投资环境,使中国经济成为世界经济的有机组成部分。

在这里,我们不该忽视曾为中国入世谈判呕心沥血、牺牲自我的人们,正是他们坚决捍卫国家民族的根本利益,才使这场谈判画上了圆满的句号;也正是他们的无私奉献和锲而不舍,才使这场谈判的结果显得格外来之不易。15 年的谈判,几代人为之奋斗,有的业已作古,有的两鬓染霜。壮志未酬寻常事,风烟踏尽自从容。中国代表团几经更替,薪火相传,一串长长的名单后面,是一份沉甸甸的记忆,是一个个鲜活感人的故事。面对不同的对手,他们"寸利"必争;面对某些非议,他们默默承受;面对谈判久拖不决的压力,他们从不放弃任何一点努力;面对谈判结束后来自各方的赞誉,功不可没的他们报之以平常心……中国代表团前秘书长李仲周曾赋诗言志:"磨难莱蒙(注:即日内瓦湖,此处指 WTO 总部)终不悔,感时当在国荣昌。"代表团最后一任也是时间最长的一任团长龙永图笑言,他为复关和入世谈判去 WTO 总部不下 50 次,按航空公司的里程奖励计划,他们从航空公司拿到的免费机票有厚厚一叠,按里程算,足以飞往月球。

2001 年 11 月 10 日掀开了中国经济的崭新一页,按照正常程序,我国在 2001 年年底正式成为 WTO 的一员。"青山遮不住,毕竟东流去。"一个敢于向全球开放自己的国家,永远不会沦为世界经济的孤岛。站在 WTO 的门槛上,面对未来十年、百年,我们满怀憧憬与信心:在竞争中发展,在风浪中搏击,是发展中国家实现经济腾飞、后来居上的必由之路。中国的目标绝不仅仅是加入世界贸易组织,而是在经济全球化浪潮中找到更有利的位置,拥有更重要的发言权,获取更快速、更健康的发展。

让历史铭记这风雨 15 年。

让我们续写更辉煌的明天！

【思考题】

1. 生活和工作都离不开谈判，举出你身边的例子，说说商务谈判的重要性。
2. 为什么说商务谈判是科学性与艺术性的统一？谈谈你的理解和认识。
3. 简述商务谈判的基本原则。
4. 如何正确理解商务谈判的成功？

【案例二】 谈判带来价值

有一对夫妇，收入并不高，却非常追求生活的格调。有一天，在翻阅杂志的时候，看到了一只作为广告背景的古玩钟，他们立刻被它迷上了。

“亲爱的，这难道不是你所见过的钟里面最漂亮的吗？把它摆在咱们的客厅里一定很美！”妻子说道。

“确实非常漂亮！”丈夫完全赞同妻子的观点，“只是不知它卖什么价钱，广告上没有标价。”

这对夫妇太爱那只钟了，他们决定去寻找它。鉴于家庭的经济状况，他们决定以500元作为钟的最高价格，只要不超过500元，他们就买下来。功夫不负有心人，经过3个月的寻找，他们终于在一个古董展销店发现了目标。

“就是它！”妻子兴奋极了。

“没错，跟杂志上一模一样，真是美极了！”丈夫显然没有忘记自己钱包的状况，“一定要记住，我们不能超过500元！”

他们走进展厅，发现古老的挂钟的标价是750元。

“算了，咱们回去吧，咱们说过不能超过500元的。”妻子说道。“话是这么说，”丈夫并没有死心，“我们可以试着让他们降点价，我们已经找这么久了，好不容易找到了，怎能轻易放弃呢？”

他们商量了一阵，决定由丈夫出面和售货员商谈。他们都知道500元成交的希望非常渺茫，丈夫甚至认为，既然已经寻找了这么长时间，那只挂钟又确实漂亮，如果能有600元买下来，也可以。

丈夫整整自己的领带，挺起胸脯走到售货员面前，说道：“我看到你们一只小挂钟要卖，我也看到了它的标价。现在我告诉你我想干什么，我要给你的钟出一个价，只出一个价。我肯定你会感到震惊！”他停顿了一下，观察效果，然后鼓起勇气宣布：“我的出价是250元。”出乎他的意料，钟表售货员没有被吓倒在地上爬不起来。他连眼睛都没眨一下：“给您，卖啦！”

居然在1秒内做成生意，售货员感到很满意地说：“老板整天教导我们要满足顾客的需要，并以此作为发展长期顾客的前提。你们很有诚意，我以这么低的价格卖给你们，虽然这次没赚到什么钱，但只要你们满意，觉得我们店是不会欺骗顾客的，那以后就是我们的长期顾客了，没准还会介绍别的顾客来呢。这次老板肯定会表扬我啦！”

听到售货员的回答，丈夫第一反应是什么？兴高采烈吗？他决不会对自己感到满意的。“我真傻，我应该只出150元。”他的第二个反应是：“是不是我的耳朵出毛病了？要不就是这只钟有毛病！”

尽管如此，他还是把钟挂在客厅。挂钟美丽极了，与客厅的环境也非常和谐，但他总感觉这里面有什么不对头。每天晚上，他和妻子都会想起来看看钟是不是还在走。他们一天到晚忧心忡忡，以为这只挂钟很快就会散架，因为那该死的钟表售货员居然以250元的价格把这只钟卖给了他们。

【思考题】

1. 为什么夫妻以比愿意支付还低的价格买下那只钟，还会有那样痛苦的感觉，问题出在哪？

2. 售货员有什么问题？

3. 你认识到了什么谈判要点？

【案例三】 你是哪种谈判者

一、测试题目

下文设置了12个场景，设身处地想一想，在该场景中你会如何选择。

场景1：你让秘书晚上加班两个小时完成工作，可她说她晚上有事。

黑桃：这是她自己的问题，她自己想办法解决。你是她的上司，她没有权力讨价还价。

红桃：那就算了，你自己加班把工作做完，反正你算明白了，谁都是不能指望的。

方片：你询问她有什么要紧事，她说她的孩子独自在家，于是你建议说你愿意给她介绍一个临时保姆，费用由你来出。

梅花：你退了一步，让她加班一个小时，而不是两个。

场景2：你在和上司谈判加薪问题。

方片：你先陈述自己的业绩，然后把自己真实期望的薪水数目说出来。

黑桃：你强硬地说出一个数目，如果他不答应你就准备辞职。

梅花：你提出一个很高的数目，然后准备被他砍下一半——那才是你真实期望的数字。

红桃：你等他说出数目，因为你实在不愿张口。

场景3：多年来你一直在男友的父母家度过除夕夜。

红桃：你觉得很委屈，可有什么办法？生活的习俗就是如此。

梅花：好吧，但大年初二或初三他一定要陪你回你的父母家。

方片：你利用春节假期安排了一次国外旅行，这样一来，他就无法要求你回他父母家过除夕了。

黑桃：你整个除夕晚上都闷闷不乐。

场景4：忙了整整一个星期，你终于可以在周末好好休息了，可这时男友建议你们和他的朋友一起去跳舞。

红桃：他难得想跳舞，你不愿意让他失望。

黑桃：反正你不会去，他愿意去的话就自己去。

梅花：你建议把跳舞改成聚餐。

方片：你说你很疲倦也很抱歉，然后建议下个星期再一起约朋友去跳舞。

场景5：你10岁的侄子总让你给他买这买那，这次他想要个小摩托车。

梅花：你说你最多给他买辆儿童自行车。

黑桃：你断然拒绝，没什么可商量的。

红桃：你让步了，这样他就不会再缠着你了。

方片：好吧，但他应该先去学驾驶。

场景6：你的男友拒绝和你分担刷碗的家务。

方片：你耐心地解释说你希望他分担一些家务。

梅花：如果他一周能刷一次碗，你就很满意了。

红桃：他不愿意就算了，还是由你自己来刷。

黑桃：你不能容忍一个不做家务的男人，要不他答应，要不就走人。

场景7：你在餐厅用餐，邻座的客人在吸烟，烟都飘到了你这边。

黑桃：你大声提出抗议："现在的人怎么都这么不自觉！"

方片：你微笑着对他解释说烟味呛到你了。

梅花：你请求侍者给你换张桌子。

红桃：你默默忍受着，可一晚上都不开心。

场景8：凌晨3点，你的邻居家里还在开派对。

红桃：你用棉球把耳朵塞住。

黑桃：你打电话给110报警。

方片：你马上去他家敲门，说你需要睡眠。

梅花：你也去加入他们的派对。

场景9：和男友从电影院走出来，他想吃泰餐，而你想吃日本菜。

梅花：今晚吃日本菜，下次吃泰餐。

黑桃：就吃日本菜，否则就各自回家！

红桃：好吧，那就吃泰餐吧，如果他真的这么想吃。

方片：既然你们都想去异国情调的餐厅那不如去吃印度餐。

场景10：你约一个朋友一起看服装秀，演出已经开始了，她还没有到。

梅花：你自己进去看。

黑桃：你把她的票卖掉了，这能给她一个教训。

方片：你不停给她的手机打电话询问她到哪里了。

红桃：你一直等着她。

场景11：你的同事在会议上吸烟。

红桃：你什么也没说，因为担心他会记恨你。

黑桃：你对他说他至少应该学会尊重别人。

梅花：你对他说应该尽量少吸一些烟，这对他的健康有好处。

方片：你建议休息一会，让想吸烟的人吸一支。

场景12：你新买的洗衣机坏了。

梅花：你气愤地打电话给厂家，要求退货或折扣。

红桃：你自责是不是自己没有按照程序操作。

方片：你给消费者协会写信，状告厂家。

黑桃：你去售后服务部大吵大闹。

二、测试结论

（一）方片最多

你是具有合作态度的谈判者。

你认为在所有的人际关系中，冲突是不可避免的。你知道如何控制自己的情绪，面对对方的提议表示尊重，尽量避免争吵、个人攻击和威胁。你的倾听和善解人意是实现你自己目的的最有力手段。

你的目的：找到乐观的、让大家都满意的解决方案。

结果：你能找到最佳途径，既解决了问题，又多交了一个朋友。

（二）梅花最多

你是一个妥协派的谈判者。

你认为只要事情能够得到解决，双方都应该做出让步，就像在市场上讨价还价的时候，只能谋取一个中间数值。根据谈判对方的性格特点，你轮番使用胡萝卜和大棒，有的时候强硬，有的时候和解，你的偶像是所罗门国王。

你的目的：在双方利益的中间找到一个妥协点，有时更靠近你，有时更靠近他。

结果：这个方法可以帮助你解决一个问题，但无法从根本上解决。其结果很可能是你和对方都不满意，你们都没有达到自己的目的，只是找到了一个暂时的解决办法而已。

（三）黑桃最多

你是个控制型谈判者。

你喜欢飞舞的盘子和摔得啪啪响的门，或者说，你喜欢赢！对你来说，一切谈判都是力量的较量，只有坚持到底才能获胜。你一定要求对方让步，拒绝听新的建议，为了维护自己的利益，你可以用牙咬，用指甲抓，不惜使用威胁和暴力。

你的目的：在力量的较量中取胜。

结果：当然，你有的时候会赢，可更多的时候，你的态度会使你的谈判对手更加抗拒，并在未来长时间里与你对抗。

（四）红桃最多

你是个顺从型的谈判者。

你实在太好说话了，在所有的谈判中你都会让步，因为你害怕冲突，愿意让对方满意，以维持你们的关系。为此你不惜牺牲自己的利益，忽视自己的意愿，在心中默默咀嚼失望和苦涩。

你的目的：不要让对方发怒，只要满足了他的条件，你就能获得安宁。

结果：不仅你自己感到郁闷，对方也会进一步提出条件，而不是像你设想的那样感激你的善良。

【思考题】

1. 通过谈判风格测试，你认为符合你的性格特点吗？
2. 你在现实生活中采取的谈判风格与测试结果相同吗？
3. 你打算维持还是改进你的谈判风格？

【案例四】 中日农业加工机械进口谈判

中国某公司与日本某公司在上海某著名的国际大厦，围绕进口农业加工机械设备，进行了一场别开生面的竞争与合作、竞争与让步的谈判。

谈判一开局，按照国际惯例，首先由卖方报价。首次报价为1 000万日元。

这一报价离实际卖价偏高许多。日方之所以这样做，是因为他们以前的确卖过这个价格。如果中方不了解谈判当时的国际行情，就会以此作为谈判的基础，那么，日方就可能获得厚利；如果中方不能接受，日方也能自圆其说，有台阶可下，可谓进可攻，退可守。由于中方事前已摸清了国际行情的变化，深知日方是在放“试探气球”，于是中方直截了当地指出：这个报价不能作为谈判的基础。日方对中方如此果断地拒绝了这个报价而感到震惊。他们分析，中方可能对国际市场行情的变化有所了解，因而己方的高目标恐难实现。于是日方便转移话题，介绍起产品的特点及其优良的质量，以求采取迂回前进的方法来支持己方的报价。这种做法既回避了正面被点破的危险，又宣传了自己的产品，还说明了报价偏高的理由，可谓一石三鸟，潜移默化地推进了己方的谈判方案。

但中方一眼就看穿了对方在唱“空城计”，因为，谈判之前，中方不仅摸清了国际行情，而且研究了日方产品的性能、质量、特点以及其他同类产品的有关情况。于是中方运用“明知故问，暗含回击”的发问艺术，不动声色地说：“不知贵国生产此种产品的公司有几家？贵公司的产品优于A国、C国的依据是什么？”此问貌似请教，实则是点了对方两点：其一，中方非常了解所有此类产品的有关情况；其二，此类产品绝非你一家独有，中方是有选择权的。中方点到为止的问话，彻底摧毁了对方“筑高台”的企图。中方话未说完，日方就领会了其中的含意，顿时陷于答也不是、不答也不是的境地。但他们毕竟是生意场上的老手，其主谈人为避免难堪的局面借故离席，副主谈也装作找材料，埋头不语。过了一会儿，日方主谈神色自若地回到桌前，因为他已利用离席的这段时间，想好了应付这一局面的对策。果然，他一到谈判桌前，就问他的助手：“这个报价是什么时候定的？”他的助手早有准备，对此问话自然心领神会，便不假思索地答道：“以前定的。”于是日方主谈人笑着解释说：“唔，时间太久了，不知这个价格有否变动，我们只好回去请示总经理了。”老练的日方主谈人运用“踢皮球”战略，找到了退路。中方主谈人自然深谙谈判场上的这一手段，便采取了化解僵局的“给台阶”方法，主动提出“休会”，给双方以让步的余地。中方深知此轮谈判不会再有什么结果了，如果追紧了，就可能导致谈判的失败。而这是中日双方都不愿看到的结局。

此轮谈判，从日方的角度看，不过是放了一个“试探气球”。因此，凭此取胜是侥幸的，而“告吹”则是必然的。对交易谈判来说，很少有在开局的第一次报价中就获得成功的。日方在这轮谈判中试探了中方的虚实，摸清了中方的态度，同时也了解了中方主谈人的谈判能力和风格。从中方角度来说，在谈判的开局就成功地抵制了对方的“筑高台”手段，使对方的高目标要求受挫，同时，也向对方展示了己方的实力，掌握了谈判中的主动权。双方在这轮谈判中，互道了信息，加深了了解，增强了谈判成功的信心。从这一意义上看，首轮谈判对双方来说都是成功的，而不是失败的。

第二轮谈判开始后，双方首先漫谈了一阵，调节了情绪，融洽了感情，创造了有利于谈判的友好气氛。之后，日方再次报价：“我们请示了总经理，又核实了一下成本，同意削价100

万日元。”同时，他们夸张地表示，这个削价的幅度是不小的，要中方“还盘”。中方认为日方削价的幅度虽不小，但离中方的要价仍有较大距离，马上“还盘”还很困难。因为“还盘”就是向对方表明己方可以接受对方的报价。在弄不清对方的报价离实际卖价的“水分”有多大时就轻易“还盘”，往往造成被动，高了己方吃亏，低了可能刺激对方。“还盘”多少才是适当的，中方一时还拿不准。为了慎重起见，中方一面电话联系，再次核实该产品在国际市场的最新价格，一面对日方的二次报价进行分析。

根据分析，这个价格，虽然日方表明是总经理批准的，但根据情况来看，此次降价是谈判者自行决定的。由此可见，日方报价中所含水分仍然不小，弹性很大。基于此，中方确定“还盘”价格为 740 万日元。日方立即回绝，认为这个价格很难成交。中方坚持与日方探讨了几次，但没有结果。鉴于讨价还价的高潮已经过去，因此，中方认为谈判的“时钟已经到了”，该是展示自己实力，运用谈判技巧的时候了。于是，中方主谈人使用了具有决定意义的一招，郑重向对方指出：“这次引进，我们从几家公司中选中了贵公司，这说明我们成交的诚意。此价虽比贵公司销往 C 国的价格低一点，但由于运往上海口岸比运往 C 国的费用低，所以利润并没有减少。另一点，诸位也知道我国有关部门的外汇政策规定，这笔生意允许我们使用的外汇只有这些。要增加，需再审批。如果这样，那就只好等下去，改日再谈。”

这是一种欲擒故纵的谈判方法，旨在向对方表示己方对该谈判已失去兴趣，以迫使其做出让步。但中方仍觉得这一招的分量还不够，又使用了类似“竞卖会”的高招，把对方推向了一个与“第三者竞争”的境地。中方主谈人接着说：“A 国、C 国还等着我们的邀请。”说到这里，中方主谈人把一直捏在手里的王牌摊了出来，恰到好处地向对方泄露，把中国外汇使用批文和 A 国、C 国的电传递给了日方主谈人。日方见后大为惊讶，他们坚持继续讨价还价的决心被摧毁了，陷入必须“竞卖”的困境：要么压价握手成交，要么谈判就此告吹。日方一时举棋不定，握手成交吧，利润不大，有失所望；告吹回国吧，跋山涉水，兴师动众，花费了不少的人力、物力和财力，最后空手而归，不好向公司交代。这时，中方主谈人便运用心理学知识，根据“自我防卫机制”的文饰心理，称赞日方此次谈判的确精明强干，中方就只能选择 A 国或 C 国的产品了。

日方掂量再三，还是认为成交可以获利，告吹只能赔本。这正如本杰明·富兰克林的观点所表明的那样，“最好是尽自己的交易地位所能许可来做成最好的交易。最坏的结局，则是由于过于贪婪而未能成交，结果本来对双方都有利的交易却根本没能成交”。

分析：谈判的成功原因，最主要在于，中方在谈判之前，就为谈判投入了大量的精力，进行市场调查、搜集信息、分析预测，从而为谈判做好了充分的准备工作；同时在谈判过程中，为了准确还盘，对变动不定的市场行情仍时刻注意调查了解，从而在谈判前和谈判过程中都能做到胸有成竹，应付自如，进而为掌握主动权打下了坚实的基础。也正是在上述基础上，谈判过程中的手段、技巧、策略运用得及时、高超和有效。从谈判一开局，中方运用信息的力量，成功地扒了对方筑起的“高台”，进而适时地使用“给台阶”的方法，提供了使对方让步的机会；到第二轮谈判中，又慎重而恰当地“还盘”，一步到位。其后中方对日方坚持讨价还价的情况，采用了欲擒故纵、“竞卖”等策略，陷对方于被迫与 A 国、C 国竞争的被动局面。最后再用出手不凡的一招，借“泄密”之法向对方亮出关键性的王牌。上述环节紧紧相扣，谈判手段运用巧妙，一气呵成，最后取得谈判的圆满成功。从表面上看，日方卖给中国的产品价格的确低了一些，但是由于他们与中国的近邻，运费和风险都比售往“别国”小得多，也就是说他们的利润并未减少。当然谈判的结局与日方的谈判目标从形式上看不相符，这是由于日方在谈判之初报了一个过高的价格作为谈判基础造成的。日方的成功之处在于他们既设计了一个谈判“高台”，又为这个“高台”设计了下来的台阶。另外，日方在这场谈判中不由自主地陷入“竞卖”的境地，使之在客观上处于谈判的劣势地位，不压低价格是谈不成功的。日方是精明的，他们宁肯低价出手，获得利润，也决不维持高价，让竞争者取胜。于是日方在谈判的时钟说“到了”的时候，及时调整了谈判的目标，勇敢地选择了成交。总之，中日双方都是该谈判无可非议的胜利者。

【思考题】

1. 商务谈判的经济功能是什么？
2. 谈判实力理论的原则是什么？

【案例五】 中法计算机技术交易谈判

中国K公司与法国G公司就计算机制造技术的交易在北京进行谈判，K公司接触一些厂家后，认为G公司的技术很适合需要，有意与其合作。G公司也认为R公司的技术不错，有竞争性，同意与K公司谈判。

经过技术交流后，中方专家表现的赞许态度使法方感到极为自信、自得。当进入商务条件谈判时，G公司主谈人杜诺先生的态度变得非常强硬，而且不大尊重K公司主谈人邢先生，对邢先生的说理和友善的态度全然不当回事。意思是，我就这条件，同意，就签合同，不同意，就散伙。对此合同，K公司邢先生不能说同意，更不能说散伙。怎么办呢？

邢先生设计了一个方案：让助手继续与杜诺先生谈判，把参与人员减少了一半，原则是能往前谈就往前谈，谈不拢也陪着杜诺先生谈。一天过去了，杜诺先生没见到邢先生，问其助手："邢先生去哪儿了？"助手答："无可奉告。"第二天上午谈判仍无大的进展。杜诺先生要求见邢先生。助手答应下午安排。

下午邢先生见了杜诺先生问："谈判进展如何？"杜诺说："不大。"并问邢先生："为什么不参加谈判？"邢先生一笑说："我有我的事。"杜诺问："我们的交易怎么办？"邢先生说："我的助手有能力与您谈判所有问题。""可到目前为止进展不大呀！"杜诺先生说。邢先生回答："原因一定不在我助手这方面。"杜诺一笑，说："我希望您能参加我们的谈判。"邢先生说："我也乐意，等我安排好时间再说。"并说："我还有事，希望您与我的助手合作愉快！"随即告辞。

随后的谈判，中方再调整谈判时间，一天改为半天，半天时间还安排得靠后。这样断断续续又过了两天，杜诺先生要求与邢先生面谈。

邢先生与杜诺见面了。杜诺先生抱怨："K公司不重视与G公司的谈判。"邢先生认为："不对。K公司一直很重视本次谈判，尽管工作很忙，也未中断过与G公司的谈判。"杜诺先生反驳说："如果重视，为什么您本人不参加谈判了？贵公司参加谈判的人都没有决定权，而且时间安排也不紧凑。"邢先生说："有可能您的问题太复杂，他们一时难以答复。时间不紧凑是误会，我们可是忙得很，没闲着。"杜诺先生追问："您忙什么？有什么比与我们公司谈判更重要的吗？"邢先生诡秘地笑了："杜诺先生，这可是我公司内部的安排，我得服从啊！"杜诺先生沉默了一会儿，很严肃地对邢先生讲："我公司来京谈判是有诚意的，不论贵方有多忙，我希望应先与我公司谈。"邢先生答道："是呀！我最早是与您谈的，不正反映了我方的重视么？""可贵方现在没有这么做。""可当我与贵方谈时，贵方并未注意我方的意见，我公司也不能浪费时间呀！""我希望邢先生给我讲实话，是不是贵公司正在与别人谈。"说着在黑板上画了一幅图：一个大楼写着K公司的名字。楼内有一个乌龟，背上写着E公司。后门等着一个乌龟，背上写着W公司。然后他笑着问邢先生："是不是这样？"邢先生乐了，说："您的消息真灵通。"杜诺先生马上严肃起来，庄重地说："邢先生，不管事态是否如此，我公司强烈要求给我们机会，我本人也希望与您本人直接谈判。"邢先生收住笑容，也认真地回答："我理解贵方的立场，我将向上级汇报，调整我的工作，争取能与您配合谈判该项目。"

双方恢复了谈判，一改过去的僵持，很通情达理地进行了相互妥协，最后达成了协议。

分析：在K公司与G公司的谈判中，谈判僵局的产生是由于中方的赞许态度使G公司在谈判中错误地认为中方只能与G公司合作，别无选择，从而迫使K公司故意制造僵局，成功打破G公司不顾中方立场、观点，企图迫使中方就范，而使谈判陷入的僵局。中方的处理原则是冷静思考的原则，当G公司代表表现得非常无礼时，中方代表选择冷静应对的原则，而不是与对方产生激烈冲突。谈判僵局的产生根源在于对方的谈判失误和偏见，中方已无退路。中方K公司成功地运用了硬碰硬的方式，通过减少谈判人员，拖延谈判时间，暗示正与其他公司接触，迫使对方认识到问题的严重性，使对方做出让步，打破了僵局。

【思考题】

1. 谈判前的环境分析包括哪几方面？
2. 信息准备的内容有哪些？其基本要求是什么？
3. 谈判决策的依据是什么？
4. 谈判决策的内容有哪些？
5. 商务谈判的目标包括哪些层次？

【案例六】 国际商务谈判的原则和惯例

罗杰·汤普勒的资本总额不足14万美元，在长岛开了一家小小的家电公司，经营日本的电视机、收录机。20世纪80年代初，他见放音机好销、中国内地从事“三来一补”业务的劲头正旺，于是动起不花本钱的念头。经向江苏某外贸公司征询，他与常州一家无线电厂挂上了钩，于是三方就来件装配贸易进行谈判。

“我有1万台立体声放音机原件，每台的价格是30美元，每台我可以出2美元装配费，要求在2个月内拿到全部成品。”汤普勒首先开盘。

“按我国组装费的平均价格，每台放音机装配费应在3美元左右。我们希望在这个水准上达成交易。”无线电厂厂方代表当即还盘。

“这一笔生意应该是长期合作的良好开端，希望双方不要有太多的计较，是否都做一些让步，以每台2.4美元达成协议如何?”外贸公司代表不偏不倚地开出中间价。双方都表示“同意”，在价格上算是意见基本一致了。接着谈判付款方式，三方立刻出现了分歧：

“我方在加工价格上首先做了让步，作为对等条件，你们在支付方式上也要有所变通，先付汇后收汇。”汤普勒坚定地提出要求。

“你是说我方先付原件费用，你在装配完毕之后再付整机费，其中的差价就是加工费?”外贸公司代表问。

“是这样的。”汤普勒答。

“按国际惯例，加工方是不能动用外汇的，通常对来件不计价或者计价而不结算，待加工完毕后一并结算。”外贸公司代表拒绝了对方的要求。

“我并没有要求你们最终的结果是动用外汇，只是要你们先付后收，在交易完成以后你们不仅没有动用外汇，反而增加了外汇。因此我的要求并不过分，何况我们是第一次合作，对你们能否准时加工完毕、加工质量如何心中都没有底，总不能先让资金停滞在原件上吧?”汤普勒颇似坦诚地说道。

“请放心，我们保证准时交货，保证整机质量可靠。”厂方代表插言道。

“如果真是这样，履行合同就没有任何问题了。既然不存在问题，你们为什么不能在收到原件时付汇，在完成装配后收汇呢？假如你们对我有所担心的话，可以不用托收方式，只以国际贸易最可靠的信用证方式。由你们开信用证收原件，我开回头信用证收整机，贷款由双方的开证银行保障支付，这还能出现什么差错吗?”汤普勒头头是道地说。

“从一般道理上看是不错的，但两份信用证之间有个衔接问题。就是说，在我方信用证的有效期内，您应及时开出回头信用证，使我方付出的外汇不致脱空。”外贸公司代表说。

“希望我们按常规做成来件加工生意。”厂方代表认为外贸代表有些过分，于是打圆场。

“您既然会及时开回头信用证取货，完成交易就不至于出现意外，我方因此可以先付后收。按惯例，这笔生意的原件进口和成品出口方都将是我们公司。无线电厂为加工方，您是原件出口和成品进口方。我方将委托银行开出远期信用证，请您委托银行开即期回头信用证给我公司，您若要取出我方远期信用证所载30万美元款额，必须在开出32.4万美元即期信用证后。请您见谅，这种约束性条款是外贸合同中必不可少的。”外贸公司代表慎重地说道。

"这样做实在太烦琐!"汤普勒颇为不屑地说道。

"补充这一限制性条款只是例行公事,请汤普勒先生别介意。我们双方会合作得很愉快的!"厂方代表赶紧缓和谈判气氛。

合同签毕,我外贸公司一星期后开出有效期为90天的信用证。汤普勒接到通知之后,立即背靠背地转开信用证给日本厂商,购进1万套原件运往常州。他等于用中方的外汇额转手做这笔来件加工生意。常州某无线电厂提前10天,保质保量地完成了装配任务。货到长岛销售一空,汤普勒轻松地赚进20万美元。他与日方结算完毕,补上2.4美元的加工费,才向中方开出回头信用证,完成加工业务的结算。

合同履行顺利,汤普勒二次来华,提出续订10万台立体声放音机装配的新合同。我某外贸公司见生意规模扩大为原来的10倍很是高兴,该无线电厂更是欣喜异常,但都没有想过其中有什么蹊跷。于是三方立即举行第二次谈判。

外贸公司代表坚持一切不变,按前次合同条款续订。汤普勒强调"首次合同履行得很好,证明双方都有成交的诚意,没必要把前次的限制性条款写进新合同"。外贸公司代表指出:"生意就是生意,合同条款必须完备,写进限制性条款不影响彼此友好往来,与双方相互信任也没有关系。"

本次交易货与款分3批流通:第一批货为1.4万台,第二批货为3.4万台,第三批货为4万台。合同开始履行,第一批货与款的交付颇为顺利,双方准时交接货物、及时开出信用证,结算得一清二楚。谁知正在此时日本立体声放音机的原件大幅降价,每台跌至20美元,汤普勒却依然要中方外贸公司按30美元一台开远期信用证。我方没有及时了解市场变化,依照合同开了104万美元的远期信用证。汤普勒收到后,以20美元一台背靠背地向日本厂商开信用证,暗中扣下34万美元的原料差价,但由于我方信用证载明的限制条款终于使这笔差价仍然不得动用。汤普勒垂涎这笔巨资,决定要把障碍扫除,于是第三次来华谈判。

"你们在信用证上写明附加条款的内容,长岛银行看了就不肯给予资金融通,使我大笔资金压在原件进口上,经营生意非常困难。为了合同的后续执行,我要求取消信用证上的附加条款。"汤普勒欲施偷梁换柱之计,如此这般地说道。

"您提出此项要求,等于修改合同。"外贸公司代表当即指出对方的真意。

"是的,如果不能修改,只能中止合同。对于后面的8.4万台装配业务,我将另找对象。"汤普勒语气坚定地说。

"取消限制性条款,有可能使我方的收汇脱空。"外贸公司代表说明拒绝的理由。

"你的担心实际上是不存在的。首先,我的原件握在你们手里,用你们的话说叫'跑得了和尚跑不了庙'。有货物在手,你们还担心什么?其次,我收到成品就能获得利润,我是绝不会放弃这种唾手可得的好处的。"汤普勒振振有词地说道。

"附有限制性条款是国际加工合同的惯例,也是我国的通常做法。这一点是不允许改变的。"外贸公司代表据理力争。

"我知道这些道理,仅仅是要求一点点灵活性,其实取消限制性条款对你方并无妨碍,但我可以从长岛银行获得资金融通,这有利于合同的履行,它的结果是对双方都有好处!很遗憾,你们不肯谅解我的经营困难。对不起,我们之间的交易只能就此结束,我将通知长岛银行退回你方的信用证。"汤普勒态度十分坚决地发出最后通牒。

眼看谈判即将破裂,常州某无线电厂代表赶紧要求"休谈半天,明天再做最后答复"。送走汤普勒，无线电厂代表与外贸公司代表紧急磋商。外贸公司强调不宜取消限制，而且银行方面也认为风险太大。无线电厂则要求给外商适度的松动，理由是第一笔合同完满履行，第二笔合同的首批业务也顺利兑现，已证明外商有一定的可信度，不应再有过多的顾虑。对此外贸公司代表说不出反对的充分理由，于是在厂方急于获利的促动下，中方一致同意汤普勒修改合同的请求。

此后我方认真履行修改后的合同，准时开出不附限制条款的 104 万美元远期信用证。汤普勒立即从长岛银行取走 34 万美元的原件差额。不久，立体声放音机在国际市场上大幅降价，汤普勒的 3.4 万台卖不出去了。他居心叵测地不再开回头信用证，伪称“在美国运输有困难，请暂缓发货，等第三批 4 万台装配完毕再一起发出”。我方不知其中有弊，依然按时开出 4 万台原件的远期信用证 140 万美元，汤普勒又取走 40 万美元的差价，从日本买进原件后发往中国，携带两批原件差价溜之大吉。

分析：国际商务往来活动的惯例是经过对长期实践经验教训的总结而形成的，有其合理性和原则性。若交易的一方要规避惯例交易，其必然是事出有因。若再三提出不按惯例行事，则更是要大打问号，其中必有陷阱。对此，另一方必须谨慎从事，更应坚持按惯例行事，予以拒绝，并且要坚持到底，切不可为对方的花言巧语、苦肉计、最后通牒、眼前利益等打动，而放弃原则。汤普勒的得逞，正是由于他千方百计排除了国际惯例中“限制性条款”，而我方没能予以拒绝，虽然谈判成功了，但这种成功不仅没能给己方带来利益，还造成了自己的巨大损失。

【思考题】

1. 影响开局气氛的因素有哪些？
2. 简答实质磋商阶段调整谈判方案的策略。
3. 报价应坚持什么原则？怎样报价？
4. 让价时应坚持哪些原则和策略？
5. 成功结束谈判需要哪些准备？

【案例七】 中日红豆出口谈判

日本国内红豆歉收，日本一家公司急需从中国进口一批红豆。中国有相当多的库存，但有相当一部分是前一年的存货，我国希望先出售旧货，而日方则希望全是新货。双方就此展开谈判。

谈判开始后，日方首先大诉其苦，诉说己方面临的种种困难，希望得到中方的帮助。

“我们很同情你们面临的现状，我们是近邻，我们也很想帮助你们，那么请问你们需要订购多少？”

“我们是肯定要订购的，但不知道你方货物的情况怎么样，所以想先听听你们的介绍。”

我方开诚布公地介绍了我方红豆的情况：新货库存不足，陈货偏多。价格上新货要高一些，因此希望日方购买去年的存货。虽经再三说明，日方仍然坚持全部购买新货，谈判陷入僵局。

第二天，双方再次回到谈判桌前。日方首先拿出一份最新的官方报纸，指着上面的一篇报道说：“你们的报纸报道今年的红豆获得了大丰收，所以，不存在供应量的问题，我们仍然坚持昨天的观点。”

但中方不慌不忙地指出：“尽管今年红豆丰收，但是我们国内需求量很大，政府对于红豆的出口量是有一定限制的。你们可以不买陈货，但是如果等到所有旧的库存在我们国内市场上卖完，而新的又不足以供应时，你再想买就晚了。建议你方再考虑考虑。”日方沉思良久，仍然拿不定主意。为避免再次陷入僵局，中方建议道：“这样吧，我们在供应你们旧货的同时，供应一部分新货，你们看怎么样？”日方再三考虑，也想不出更好的解决办法，终于同意进一部分旧货。但是，究竟订货量为多少？新旧货物的比例如何确定？谈判继续进行。

日方本来最初的订货量计划为 2 000 吨，但称订货量为 3 000 吨，并要求新货量为 2 000 吨。中方听后连连摇头：“3 000 吨我们可以保证，但是其中 2 000 吨新货是不可能的，我们至多只能给 800 吨。”日方认为 800 吨太少，希望能再多供应一些。中方诚恳地说：“考虑到你们的订货量较大，才答应供应 800 吨，否则，连 800 吨都是不可能的，我方已尽力而为了。”

“既然你们不能增加新货量，那我们要求将订货量降为 2 000 吨，因为那么多的旧货我们回去也无法交代。”中方表示不同意。谈判再次中断。

过了两天，日方又来了，他们没有找到更合适的供应商，而且时间也不允许他们再继续拖下去。这次，日方主动要求把自己的总订货量提高到 2 200 吨，其中 800 吨新货保持不变。

中方的答复：刚好有一位客户订购了一批红豆，其中包括 200 吨新货(实际那位客户只买走 100 吨)。这下，日方沉不住气了，抱怨中方不守信用，中方据理力争：“这之前，我们并没有签订任何协议，你本人也并未要求我们替你保留。”日方自知理亏，也就不再说什么，然后借口出去一下，实际是往总部打电话。回来后，一副很沮丧的样子，他对中方说：“如果这件事办不好，那么回去后我将被降职、降薪，这将使我很难堪，希望你们能考虑我的难处。”

考虑到将来可能还有合作的机会，况且刚才所说的卖掉 200 吨也是谎称，何不拿剩下的 100 吨做个人情。于是中方很宽容地说：“我们做生意都不容易，这样吧，我再想办法帮你弄到 100 吨新货。”

日方一听喜出望外，连连感谢。最后，双方愉快地在合同上签了字。

分析：谈判的过程是双方或多方坐在一起进行相应利益的商谈，是希望能够达成一个对双方或多方均有利的协议。事实上也不存在谈判结果仅仅有利于某一方或几方的情况。最初我方根据实际情况希望日方购买旧货红豆，但日方拒绝，为了使谈判进行，进而完成此次交易，我方做出一定的让步：同意提供部分新货。日方也做出相应让步，同意按我方提议购买（即新货、旧货同时购买），并提出3 000吨的总购货量，其中有2 000吨的新货。我方只同意提供800吨新货。在第二次谈判中，对方迫于形势的压力，做出让步，同意800吨新货，并提出总购货量2 200吨。我方告诉日方已售出200吨新货，不能满足800吨新货的要求。对方开始表达不满，我方随即答应再找100吨弥补，做出让步。从这一过程可看出双方的让步都是谨慎而小心的，每次让步对于对方来说都不是轻易得到的。通过这种让步技巧，双方得到了各自的利益。

【思考题】

1. 如何在谈判开局阶段营造高调气氛？
2. 如何选择商务谈判的报价策略？
3. 商务谈判成交阶段的目标主要有哪几个方面？

【案例八】 美日客机采购谈判

日本航空公司决定从美国麦道公司引进 10 架新型麦道客机，指定常务董事任领队，财务经理为主谈，技术部经理为助谈，组成谈判小组去美国洽谈购买事宜。

日航代表飞抵美国稍事休息，麦道公司立即来电，约定次日在公司会议室开谈。第二天，3 位日本绅士仿佛还未消除旅途的疲劳，行动迟缓地走进会议室，只见麦道公司的一群谈判代表已经端坐一边。谈判开始，日航代表慢吞吞地喝着咖啡，好像还在缓解时差带来的不适。精明狡猾而又讲求实效的麦道方主谈，把客人的疲惫视为可乘之机，在开门见山地重申双方购销意向之后便迅速把谈判转入主题。

从早上 9 点到 11 点，3 架放映机相继打开，字幕、图表、数据、电脑图案、辅助资料和航行画面，应有尽有，欲使对方置身于神奇的迪斯尼乐园之中，使之不由自主地相信麦道飞机的性能及定价都是无可挑剔的。孰料日航 3 位谈判代表自始至终默默地坐着，一语不发。

麦道的领队大惑不解地问："你们难道不明白吗？你们不明白什么？"

日航领队笑了笑，回答："这一切。"

麦道主谈急切地追问："'这一切'是什么意思？请具体说是从什么时候开始'不明白'的？"

日航助谈歉意地说："对不起，从拉上窗帘的那一刻开始。"日方主谈随之咧咧嘴，用连连点头来赞许同伴的说法。

"笨蛋！"麦道领队差一点脱口骂出声来，泄气地倚在门边，松了松领带后气馁地呻吟道："那么，你们希望我们再做些什么呢？"日航领队歉意地笑笑说："你们可以重放一次吗？"别无选择，只得照办。但麦道公司谈判代表重复那两个半小时的介绍时，已经失去了最初的热忱。是日本人开了美国人的玩笑吗？不是，他们只是不想在谈判开始阶段就表明自己的理解力。谈判风格素来以具体、干脆、明确而著称的美国人，哪里会想到日本人有这一招呢？更不知道自己在谈判伊始已输了一盘。至此，日方成功地利用第一次沟通障碍限制了对方的进攻，打乱了麦道公司的阵脚。

紧接着谈判进入交锋阶段，老谋深算的日航代表忽然显得听觉不灵，反应迟钝，显得甚至无法明白麦道方在说些什么，让麦道公司代表十分恼火，觉得是在跟愚笨的人谈判，他们早已准备好的论点、论据和推理根本没用，选择的说服策略也无用武之地。几天下来，麦道方已被搅得烦躁不安，只想尽快结束这场与笨人打交道的灾难，于是直截了当地把球踢向对方："我们的飞机性能是最佳的，报价也是合情合理的，你们有什么异议吗？"

此时，日航主谈似乎由于紧张，忽然出现语言障碍。他结结巴巴地说："第……第……第……""请慢慢说。"麦道主谈虽然嘴上是这样劝着，但是心中却不由得又恨又痒。"第……第……第……""是第一点吗？"麦道主谈忍不住问道。日航主谈点头说是。"好吧，第一点是什么？"麦道主谈急切地问。"价……价……价……""是价钱吗？"麦道主谈问。日航主谈又点了点头。"好，这一点可以商量。第二点是什么？"麦道主谈焦急地问道。"性……性……性……""你是说性能吗？只要日航方面提出书面改进要求，我们一定满足。"麦道主谈脱口而出。

至此，日航一方说了什么呢？什么也没有说。麦道一方做了什么呢？在帮助日方跟自己交锋。他们先是帮日方把想说而没有说出来的话解释清楚，接着问出对方后面的话，就不假思索地匆忙做出许诺，结果，日航制造的第二次沟通障碍，有效地遏制了麦道在价格磋商阶段的进攻，使麦道把谈判的主动权拱手交给了日方。

麦道轻率地许诺让步，日航就想得寸进尺地捞好处。这是一项价值数亿美元的大宗贸易，还价应按国际惯例取适当幅度，日航的主谈却故意装作全然不知，一开口就要求对半削价。麦道主谈听了不禁大吃一惊，看对方是认真的，不像是开玩笑，就想既然已经许诺让价，为表示诚意就爽快地让吧，于是便说："我们可以削价5%。"双方差距甚大，都竭力为自己的报价陈说大堆理由，第一轮交锋在激烈的争论中结束。这是日方制造的又一次僵局。经过短暂的沉默，日方第二次报价：削减10%，麦道方还价是5%，于是又唇枪舌剑地辩驳，尽管口干舌燥，可谁也没有说服谁。麦道公司的主谈此刻对成交已不抱太大希望，开始失去耐心，提出："我们双方在价格上差距很大，有必要为成交寻找新的方法。你们如果同意，两天后双方再谈一次。"

日航谈判代表这时不得不慎重地权衡得失，价钱还可以争取再低一点，但不能削得太多，否则将触怒美国人，那样不仅丧失主了动权，而且连到手的5%的让价也捞不到，倘若空着两手回日本怎么向公司交代呢？他们决定适可而止。

谈判重新开始，日航一下子降了2%，还价8%；麦道公司增加2%，只同意削价7%，谈判又陷入僵局。经过长时间的沉默，麦道公司的主谈决意终止交易，开始收拾文件。恰在这时，口吃了几天的日航主谈突然消除了语言障碍，十分流利地说道："你们对新型飞机的介绍和推销使我们难以抵抗，如果同意降价8%，我们现在就起草购买11架飞机的合同。"（这增加的1架几乎是削价得来的）说完他笑吟吟地起身，把手伸向麦道公司的主谈。"同意！"麦道的谈判代表们也笑了，起身和3位日本绅士握手："祝贺你们，用最低的价钱买到了世界上最先进的飞机。"的确，日航代表把麦道飞机至前所未有的低价位。

分析：在这场谈判中，日航利用两次沟通障碍成功地遏制了麦道的进攻，日航赢得了谈判的主动权，并迫使麦道轻易让步。首先，在谈判的开始阶段，面对咄咄逼人的谈判对手，日方以沉默相对，可谓此时无声胜有声，让对手摸不清他们的态度。这样日航谈判代表已先胜一筹。其次，日航主谈在摸底阶段的3次恰到好处的"口吃"，故伎重施，再一次利用沟通障碍遏制了对方的攻势，令谈判对手在焦急、无奈中又带有几分怜悯，在不知不觉中将谈判的主动权交给了日航代表。日航主谈3次口吃的巧妙之处还在于打乱了对方的谈判节奏，使对方情绪受到干扰，阵脚大乱。最后日航主谈在关键时刻，及时消除"语言障碍"，在最有利于己方的价位上一锤定音，及时让步，打破了第三次由于双方利益差距形成的僵局。

【思考题】

1. 商务谈判语言有何基本特征？
2. 陈述技巧主要体现在哪些方面？
3. 商务谈判过程中的提问有哪几种方式？
4. 在商务谈判过程中答复问题时应注意哪些事项？
5. 商务谈判中行为的作用体现在哪些方面？
6. 报价有哪些技巧？还价时应注意些什么？
7. 在商务谈判中让步应当注意哪些原则？

第四章
广告管理与策划教学案例

【案例一】 奥洛菲2015年中国广告调查报告

一、宏观环境分析

（一）化妆品市场发展迅速

2011年销售额突破2 000亿元，市场规模全球第三，市场销售额每年保持15%的增速。

（二）寡头竞争态势

宝洁、欧莱雅、联合利华、资生堂等国际巨头形成了寡头竞争之势。仅剩的低端市场由3 000多家本土中小企业瓜分。

（三）未来市场发展趋势

趋势一："80后"成为化妆品消费主导。

趋势二：天然化妆品备受青睐。

趋势三：渠道下沉系统加压。

趋势四：化妆品广告争夺激烈。

趋势五：网络市场将成另一主战场。

二、消费者分析

化妆品的消费者群体主要集中在15～44岁之间的女性，尤其是25～34岁，中国女性在化妆品和护肤品上的消费平均约占她们收入的10%～15%。

由此可见，化妆品的消费主流是处于中青年阶段并具有一定经济实力的女性。求实、求便利、攀比炫耀是女性消费者重要的心理特征。作为中青年人，她们同时又具有追求时尚、突出个性、注重情感和直觉的特点。

（一）从消费者心理角度来看

非理性消费情况突出，93.5%的18～35岁的女性都有过各种各样的非理性消费行为。

对美的追求水不停歇。

强调个性化消费。

（二）从消费者年龄角度来看

20～30岁这个年龄段的女性消费者最容易产生从众行为，以购买保湿、美白类的产品为主。

40岁以上的女性较理智，不易受到别人的影响，对他人或专家的推荐及指导意见有个人的理解和选择，主要选择具有抗皱功能的产品。

3. 从消费者变化趋势角度来看

消费者渐趋理性。

"80后"成为化妆品消费主导：她们有思想、有个性，有品位、有旺盛的消费力，同时也让化妆品企业的产品开发阴晴不定。她们整日与电脑相伴，出门就是开车，甚至就连买东西都是要求快递到家。她们不相信广告，同时她们也有自己的偶像与追求。

品牌与产品附加值成为消费者选择时关注的重点。消费者越来越重视化妆品价格的变化,她们购买化妆品的主要关注点转为重视化妆品品牌、服务等附加值等方面。

三、产品分析

(一)概念

行业差异市场的产品战略,打造独特的产品品类,“无添加”系列,将科技与美与时尚结合,旨在让消费者形成高科技护肤——奥洛菲的联想。

(二)产品利益点

无添加,无刺激,零负担。

原料天然珍贵,选日本出云汤温泉水,添加精油及多种植物精华养护肌肤。高科技美容,24小时深度保湿,高效供氧,促进肌肤微循环,提升肌肤活力。

(三)品牌调性

时尚、科技、国际化。

(四)价格

相对主要竞争对手,奥洛菲的价格只有它们的1/3左右。

(五)包装

奥洛菲的产品包装线条简单、气质迷人,但是比较没有特色。

(六)经营模式

在一线市场保持领先,然后在二、三线市场开始精耕细作。

四、竞争对手分析

(一)一般竞争者:碧欧泉——欧式风情

(1)品牌状况。

欧洲三大著名护肤品牌之一,强调“简单的奢华”,体现简洁而自由自在的美。

(2)产品特点。

温泉配方,无刺激。产品均富含矿泉有机活性因子,融合多种有效的活性成分,强调天然有效的自然机制。

(3)目标消费群体。

碧欧泉适合年龄通常在20～40岁。

(4)营销策略。

差异化—合理营销终端—集约化使用理念—品牌效应。

(二)一级竞争者:水芝澳H2O——美国高科技美容

(1)品牌状况。

美国著名化妆品牌,发挥“以水为本”的革新理念。

(2)产品特点。

以“水”闻名及高度保湿的超卓功效,好像肌肤每天喝了八杯水一样,因而得到“八杯水”

的尊称。它成分天然，不含油脂，能即时滋润皮肤，更可保持皮肤水分平衡。

(3) 营销策略。

以 25～35 岁，收入在 3 500 元以上，学历本科及以上的女性消费群体为主要销售对象。网络精准营销。

（三）一般竞争者：FANCL——日式安全无添加

(1) 品牌状况。

FANCL 是日本最大的无添加护肤品牌，世界尖端的科研技术，独占世界的无添加领导地位。

(2) 产品特点。

FANCL 是倡导"身心无添加"的先锋，核心理念是"无添加"，提倡"植物美容"。

(3) 营销策略。

直营百货模式，"无添加"营销稳步"下潜"，直营掌控。

（四）二级竞争者：兰芝——韩国年轻时尚

(1) 品牌状况。

韩国最大化妆品集团，是令当今韩国年轻时尚女性"着迷"的化妆品品牌，消费群定为自信、自爱的现代女性，她们沉着冷静却又不乏热情，自然快乐又精致，职业优雅中带着自由奔放。

(2) 产品特点。

兰芝的产品主要强调原料的稀有珍贵，以及高科技的护肤理念。

(3) 营销策略。

坚持百货，守护品牌形象，公关意识，直营模式，网络营销。

【思考题】

1. 广告调查的作用是什么？广告调查的内容有哪些？
2. 一级数据和二级数据哪种收集起来成本更高？
3. 在什么情况下调查结果具有效度却缺乏信度？
4. 哪种调查方法成本最高？为什么？
5. 通过上述材料总结奥洛菲现阶段的营销情况，并为奥洛菲制定简单的推广策略。

【案例二】 耐克锁定女性市场

世界上恐怕没有一个公司能像耐克公司那样成功地利用过去几十年的健身热潮赚取利润，耐克因此成为高性能运动鞋市场上的领导者并跻身于世界著名品牌之列。耐克超越了所有的竞争者，成为世界上最大的运动鞋类和运动服饰的销售者。2002 年其销售额达到将近 100 亿美元。其口号“想做就做(Just do it!)”紧紧抓住了耐克品牌专业、活跃的特性，已成为体育界醒目的广告用语，并且在有世界上最伟大的运动员亮相的广告中被人格化。

在美国市值 156 亿美元的运动鞋类及运动服饰市场上，耐克是不折不扣的领导者。但一段时间内，由于此行业的发展几近停滞，耐克和竞争者一直在寻找企业新的增长机会以及可以吸引新买主和提高公司市场份额的市场区域。女性市场正是被耐克锁定的市场区域之一。这个销售额正迅猛增长的市场一直以来就是耐克公司的致命弱点。从整个行业来看，女式运动鞋的销售额占据总销售额的 1/3，女式运动服的销量更是超过了全行业的 50%，而在耐克公司，其年收益中仅有 20%是由女性产品贡献的。虽然公司多年来一直在出售女式运动鞋和运动服饰，但是耐克更倾向于被看作一个迎合男性运动者需求的品牌，这一形象更是通过一些超级明星如迈克·乔丹、皮特·桑普拉斯、兰斯·阿姆斯特朗、泰格·伍兹而建立起来。这些努力造就了耐克公司在男性市场上的绝对统治地位——它占据了男性市场 50%的市场份额。

在公司历史中的大部分时间里，耐克公司一直以男性顾客为中心。它既没有像对待男性顾客一样去对待女性顾客，也没有给予她们太多的关注。

但是耐克有时候也发现与女性顾客建立联系是正确的。1995 年公司举行了一个名为“如果你让我运动”的活动，引起了许多女性的共鸣。这个活动的特色在于它的一系列广告展示了一些女运动员谈论运动怎样改变了女性生活，内容包括运动使青少年怀孕减少以及运动增加了女性进入大学接受教育的机会，等等。此次活动以及接下来的一系列以顶尖女运动员，如赛跑选手玛丽恩·琼斯为主角的广告帮助耐克成为市场领导者，但这一次主要是在女性市场的高性能运动鞋细分市场上。

2001 年，耐克发起一个名为“耐克女神”的战略性倡议——一项以改变公司与女性之间交流状况为目的的全公司范围内的活动。这个新战略能够吸引更广阔的女性细分市场并且充分利用女性顾客与男性顾客在对运动的感知、购买衣服和鞋子的方式以及对各个著名运动员的看法等方面的差异。耐克希望能够更多地满足女性对于充满活力的生活方式的渴望，而不是任何关于她们自己成为专业运动员的幻想。

在开始它的新女性运动时，耐克花费了大量的时间去倾听女性的看法并了解她们如何在生活中找到平衡点、她们喜欢的穿着、购物的地点和方式以及能打动她们的事物等。耐克的设计师和研究员为了寻找新的健身风潮，仔细考察了各个流行趋势的发源地如伦敦的 Third Space 健身俱乐部。研究的一个重要结论是：对于绝大多数的女性来说，高性能并不体现在运动本身，而在于它能使健身活动和她们充满活力的生活方式相调和。耐克逐步加快其产品的开发并引入更绚丽的运动鞋设计方案，比如在脚后跟处有系带和带有花边拉链的 Air Max Craze 慢跑鞋。另外一种新的产品种类——Air Visi Havoc，就是以那些不常在运动场上看到的面料比如人造蛇皮、浅蓝色缎面和红色网眼为特色。

“耐克女神”还包括了各种亲近女性消费者并与她们更好地沟通的新途径。耐克背离了自己依赖大名鼎鼎的代言人并且生产出一系列以他们的名字命名的产品的传统战略，它采取了一个不同以往的视角来看待女性、运动和流行方向的转变。正如耐克公司的美国女性市场品牌总监 Jackie Thomas 所说：“女性钟爱的是耐克具有进取心和竞争性的品牌特征。”

女性与男性的区别在于她们不会将运动员视为英雄。没有一个女人会认为仅仅因为她穿了由琼斯代言的运动鞋，“就有可能跑得跟玛丽恩·琼斯一样快”。这项新的广告运动包括平面印刷品广告和电视广告。其内容都不是对超级明星的详述，而是反映一些参与运动的普通女性——从游泳者到年轻的击剑手再到瑜伽女修行者。

同时，耐克还建立了一个专为女性开设的新网站：nikegoddess.com。网站提供一些著名运动员和平凡女性的简况，她们正在努力应对挑战，平衡紧张的生活。网站的内容还包括产品信息、健康小贴士、城市简介等，以帮助出游的女性保持健康、体验有趣的人和事。耐克还创办了公司的第一本杂志目录(magalog)——《耐克女神》(一种介于杂志和商品目录之间的出版物)，以提高品牌的知名度并加强与活跃在当今世界舞台上的女性的交流。

一位分析家指出：多年以来，在耐克公司内部一直有一个“耐克是以男性为主并为男性设计的品牌”的共识。但是，如果耐克想要继续发展，这个建立在活跃的广告以及男性对运动的幻想基础上的公司也将不得不开始与女性消费者建立联系。“耐克女神”的目的就是要在 5 年之内使耐克在女性市场上的销售额翻一番。这就要求耐克改变它的销售、设计以及与女性进行沟通的方式。不过看来耐克似乎正从这个挑战中获得发展。恐怕没有人会忘记这一点，耐克其实就是古希腊胜利女神的名字。

【思考题】

1. 2001 年，耐克发起一个名为“耐克女神”的战略性倡议——一项以改变公司与女性之间交流状况为目的的全公司范围内的活动。这个战略实施到现在已有十几个年头，根据你的观察(当然要做一些调查研究的功课了)，这个定位成功了吗？试用所学的广告定位理论论证你的观点。

2. 一股代表着女性运动的潮流小旋风正在女性消费市场中风起云涌，为了更好地鼓励和刺激消费者的运动激情，各大运动品牌可是从来设有手软。假设你是耐克公司的广告经理，你将会如何策划一场广告活动？

【案例三】 我们在广告上的投入真的重要吗

正如你所能想到的，营销商可能会常常担心它们在广告上的花费是否能够产生效果。由于经济衰退，实际上每一个行业都在缩减广告预算。简而言之，营销商想知道为它们的品牌做广告是否值得，它们应该为此付出多少代价。

一些人认为在媒体广告上的花费几乎或者完全没有作用——至少对于消费者对品牌质量的感知而言。由《品牌周末》杂志所委托的一项研究中，普林斯顿大学的一家研究公司总结说："消费者关于质量的评价与公司花费在 *Friends* 杂志、调频广播或者 fox sports. com 上的广告时间和金额不存在相关关系。"Total Research 公司的调查结果显示：在美国 10 个广告宣传力度最大的品牌中，没有一个位于质量最好的前 100 位品牌之列——尽管它们花费了 35 亿美元的广告开支。另一方面，被认为质量最好的 10 个品牌在广告上的花费仅仅约合 1.5 亿美元。排名前三位的广告媒体客户——麦当劳、汉堡王和 Circuit City——也没有在这 100 位质量最好的品牌之列(列前三位的是 Waterford Crystal、Craftsman tools 和探索频道)。

当问到引起这种状况的原因时，一些咨询顾问认为广告或许并不如最初想象的那么有效，或者总的来说缺乏可信性。另一些人认为广告的作用太微小，不足以塑造一个品牌。口碑或消费者的经历，对于塑造一个品牌的质量认知而言，往往具有更大的价值。

但那些断定广告对塑造品质形象毫无作用的人也没有建议公司停止使用广告。他们赞同广告虽然目标性不强，但却是有效的(如果设计并投放得好的话)，特别是在吸引关注和强化产品信息方面。进一步来讲，Brand Keys 咨询公司主席罗伯特·帕斯科夫提出，广告目标随产品种类而定。他举例说，"质量对于汉堡包来讲就没有它对于水晶玻璃那么重要"，如果是为了追求趣味，"Waterford (一种高级水晶玻璃)肯定是最差的"。

一些赞同帕斯科夫观点的人认为强调品质只是广告的众多目标之一，并且主张公司不要用投资收益法来衡量广告的价值，或者说，如果它们使用这种方法来衡量往往是错误的。这样导致的结果就是一些公司可以轻易地缩减甚至完全取消广告开支。正如通用磨坊公司的财务副总监基思·伍德沃德所言，大部分经理都希望看到在销量或收入方面的直接回报，但"这种直接的回报不是广告所能带来的"。他建议引入新的评价标准。

伍德沃德认为品牌价值很重要，但是在广告投资问题上还应该考虑其他的目标。诸如发展机会、历史表现、相对竞争增长率、过去的广告收效规律等因素都应该纳入考虑范围。

伍德沃德认为尽管没有绝对的标准来测量广告的投资收益，但通用磨坊有一些不错的见解，而且广告是的确有效的。

杜邦公司的卡罗尔·吉也同意这种观点。作为一名国际品牌经理，吉认为从终端消费者处找到广告功效的线索确实很困难，"但是如果我们仅向直接客户做广告的话，那我们一夜之间就能成就我们的商品"。一方面很多咨询顾问和专家赞同创造品牌的关注度和强化品牌形象的必要性和可测量性，另一方面许多人却不赞成在计算投资收益回报率时引入其他因素。而实际上，品牌收入、销售额甚至股价增值都曾被纳入考虑范围——尽管它们各自都具有一些局限性。

在这个问题上，广告代理商也提出了他们的观点。除消费者关注度以外，诸如评价、品牌区分能力和其他的消费者反应等因素也被提及。他们认为，通过广告促使消费者拨打某个免费电话、访问某个网站或者去了解关于某一品牌的更多信息等也都是相当有价值的广告目标。

专家和咨询顾问可能就广告的真实价值甚至其真实目标没有达成一致的看法，但是他们一定赞同以下这几点：其一，广告的直接效用很难被评估；其二，在评估广告效用时需要一个多样化的目标体系；其三，我们事实上并不能够通过对广告功效的评定来表明投资回报率是正的。

【思考题】

1. 广告预算考虑的因素有哪些？

2. 试述制定广告预算的主要方法。

3. 案例中提道："一些人认为在媒体广告上的花费几乎或者完全没有作用——至少对于消费者对品牌质量的感知而言。"你赞同他们的观点吗？说说你的意见。

4. 案例的另一处说："但那些断定广告对塑造品质形象毫无作用的人也没有建议公司停止使用广告。"你赞同他们的观点吗？说出你的意见。

5. 试联系某一公司的实际情况，讨论下面的观点：

"专家和咨询顾问可能就广告的真实价值甚至其真实目标没有达成一致的看法，但是他们一定赞同以下这几点：其一，广告的直接效用很难被评估；其二，在评估广告效用时需要一个多样化的目标体系；其三，我们事实上并不能够通过对广告功效的评定来表明投资回报率是正的。"

【案例四】 星巴克"第三空间"文化体验广告创意模式分析

作为一家"出售体验式文化"的公司,创始于1971年的星巴克一向声称"我们卖的是文化而不是咖啡"。它的"资本",绝非仅仅局限于物质资本,它拥有将消费者卷入其中的强大文化资本,"体验"成为其消费过程的重要组成部分。这种高度强调消费者与环境互动的做法,使得消费者的权力越来越大,于是在星巴克,人们认为它们的产品不只是咖啡,更是咖啡店里的体验文化。文化、精神和环境的体验是星巴克直抵消费者内心的关键,星巴克将人们的滞留空间分为家庭空间、办公空间和其他空间,选择了一种"非家、非办公"的中间状态,致力于抢占人们的"第三空间"。

奥地利人克里斯蒂娜·米昆达曾提出"第三空间"的概念,她认为,城市应该有"一种人们可以时时到此从容地呼吸,对灵魂深度有重要意义"的场所。而这个场所应该是"充满情感的家外之家",如城市的公共艺术中心、博物馆、市民广场等。聪明的星巴克沿用了这一概念,将自己定为一种"非家、非工作"的空间范围——"您的邻居"。第三空间是充满温情却又脱离柴米油盐、文案公务的一个去处。作为家庭空间(第一空间)的延伸,它具备了家的人情味;作为逃离工作空间(第二空间)的选择,它具备放松身心的实在功能。星巴克将落脚点放在区别于第一、第二空间的另类场所,其店面选址也紧扣这一原则,围绕高档小区周边或者干脆驻扎在高档小区内部,靠近商务办公区且注意保持适当距离。在这里,你无须挂念琐碎的家事,也不必担忧繁忙的公事,它舒适得像自家客厅的延伸;在这里,你可以展开想要的社交活动,也可以静静地享受属于自己的闲暇时光。星巴克创始人霍华德·舒尔茨指出,星巴克不是提供服务的咖啡公司,而是提供咖啡的服务公司。

一、星巴克的广告策略

星巴克的广告创意模式从来不采用漫天飞舞、恶俗重复、巨额促销的轰炸策略,而是另辟蹊径,以口碑营销——消费者人际传播和门店带动的方式培育其目标客户群体的增长。在营销实践中,广而告之从来不是品牌传播的不二法门,而利用大众媒介进行广告营销更非扩大品牌影响力的唯一形式。在很长一段时间内,消费社会带来的幻象将如此清晰的想法淹没殆尽。

星巴克采用"不战而屈人之兵"的广告策略,使受众在口口相传的广告传播过程中臣服。星巴克让顾客彼此创造价值,在群体影响的时代,来咖啡厅的每个人既可以被看成顾客,又可以被看成带来新顾客的营销人员,群体的交织和牵制会产生更大的黏性。与一些品牌不惜增加版面、延长广告时间开展营销的传统套路相区别,星巴克很少投放广告。星巴克每年的广告支出仅为3 000万美元,约为其营业收入的1%。广告支出主要分布在推广新口味产品和店内新服务上。事实上,鲜做广告宣传的星巴克似乎从来不缺少创意,只是它们更看重"口口相传"的效应,看似缓慢而烦琐,却也稳固与长久。在20世纪60年代,那些习惯喝咖啡的人去街边买咖啡,从来都是满满一大杯,里面还有许多糖和奶,而今,星巴克的服务生必须要做到随时为客户调制1.9万多种不同组合搭配的咖啡或者茶饮,除此之外,还要有大小杯、冷热温之分。这说明星巴克在面对后稀缺性经济时代的挑战时,将个性化服务作为品牌传播的一个重要环节,"进来一个,抓住一个;抓住一个,巩固一个;巩固一个,发展一批",于细节处彰显个性，而非在广告中张扬鼓吹。

现实中，受众对自己需要接触的媒介产品的了解往往不是媒介机构通常所假设的那样专业，他们一般不会完整了解需要选择的产品，这就使他们与需要达到的信息了解程度不匹配，但受众会尽可能地获得有关信息与外界评价。尽管如此，这依然是一种“理性的无知”状态。事实上，即使对一些耳熟能详的产品，受众对产品信息的收集过程也有先天局限性。这种局限性不单纯是专业知识的匮乏和耗费时间造成的，主要是受众不愿意付出较大的成本来获取媒介产品信息，而宁愿通过一些简单的渠道得到相关资讯。这个时候，广告乘虚而入，一举成为受众在内心对产品做评判的最重要标准，因此一旦某个媒介产品被“意见领袖”或大部分受众肯定时，就会带来“马太效应”，后续的力量非常强大。而星巴克的传统广告投放量远低于同行，门店销售带动的口碑营销是其主要营销手段，而 POS 机系统对消费者特征分析所提供的数据则是其调整经营策略的主要依据。对此，舒尔茨的观点是：“如果将星巴克当作一个商业案例来看，你会发现，我们的经营模式完全不同于一般的消费品牌。在过去 10～20 年间出现的大部分消费品牌，都是依靠传统的市场营销和广告手段树立起来的，而星巴克却选择口碑营销，将更多的资金配置在人员培训上，并非用在广告上。你可以循序渐进，一次一个顾客、一次一家商店或一次一个市场来做。”

在星巴克的文化世界里，咖啡就像一个容器，这个容器里承载的是星巴克独特的格调。咖啡的消费行为在很大程度上是基于感性文化层面的消费。因而，文化、情感的沟通需要咖啡店所营造的环境文化具有足够大的感染力，并可由此产生良好的互动体验。精心布置的咖啡教室体验、温暖亲切的“第三空间”感觉，这就是风靡全球的星巴克式体验。这种以服务为重心，把商品作为一种道具，给消费者提供一种消费环境，在情境里通过参与、互动，给顾客留下了一段独特、美好的回忆，最后达成忠诚购买的过程被归纳为体验经济。体验经济是 1998 年美国人约瑟夫·派恩和詹姆斯·H. 吉尔摩在其著作《体验经济》中首次提出来的。随后，体验式消费、体验营销开始在全球各大产业中扩散。体验经济是指企业以服务为重心，以商品为素材，为消费者创造出值得回忆的感受。“很多理论虽然在品牌框架中也强调产品，但实际上都在有意或无意地淡化产品，强化品牌是产品以上层面的东西。”作为已经成熟的行业，咖啡产业拥有成熟的市场，甚至连咖啡产品本身的同质化程度都很高，体验服务成为创造形象差异的工具。与此同时，星巴克的广告创意模式也正是在“体验”上抓取“创意点”。

二、完美物化消费的广告创意——“第三空间”里的格调

体验文化、精神和环境的体验成为星巴克直抵消费者内心的关键。星巴克将人们的滞留空间分为家庭空间、办公空间和其他空间。星巴克选择了一种“非家、非办公”的中间状态。倘若说麦当劳在空间定位时围绕“家”的氛围大做文章，力求与人们的重要生活空间——家庭保持欢乐融洽的关系，那么星巴克则将目光瞄准“第三空间”。现场音乐演奏或自主产权音乐背景、最新资讯杂志、风格化店面装饰连同咖啡教室一起成为宣扬咖啡文化的全套设施，让喝咖啡变成一种花式体验。

在星巴克的店堂，总可以发现令人惊喜的设计元素，它既保留全球统一的概念，又不失因地而异的风格变迁。古巷里的星巴克绝不会趋同于 CBD（中央商务区）中的商业化设计。苏州平江河畔的星巴克，借助“小桥流水”的娇羞之态，静默绽放在平江路这样一条文脉舒展

的小街巷，它的店铺设计不张扬，用不突兀来表达对这座城市无声的敬意。起伏的屋面设计一方面融合了苏州粉墙黛瓦的惯常形态，一方面隐喻着"STAR-BUCKS"(星巴克)品牌故事中波涛滚滚的海浪。这种风格化的设计体现的正是国际品牌与当地文化结合之后的巨大魅力。该店堂在设计中，深度发掘姑苏文化与咖啡宗教的内在联系，充分考虑到中国传统建筑需要重点考虑的线条问题，在三角形线条疏密、方向渐变中强调整体律动和光影变幻。当日光透过木格缝隙跃进咖啡馆，浓淡不一地洒在桌台上时，会带来雕刻时光的美好联想。无论顾客是否欣赏艺术，星巴克利用风格带来的现场美，都会让其成为情感的代言物。至此，卖出的就不仅是咖啡，更是"咖啡文化"，是象征梦想的体验。顾客或围坐在浪漫红烛边，或散靠在书柜壁画前，伴着似有还无的音乐，在叉碟轻碰、杯盘交错的氛围中，细品一款款各具情韵的咖啡。透过风格传递美感，当顾客看到、听到、触摸到的东西和谐地糅合在一起时，他就会被这种格调体验吸引。这实际上就是出售文化——让附加值最大化。星巴克的做法是：将每一粒咖啡豆的生命力发挥到淋漓尽致，而贩售咖啡的一条特色路径就是让热气腾腾的咖啡连同"第三空间"里的格调体验一起环绕着顾客。

由自己开发、拥有自主知识产权的音乐是星巴克广告传播模式中不得不提的一个要素。利用音乐刺激人最原始的感触，达到文化迷情是星巴克擅长的做法，许多爱上星巴克的人也会爱上它的音乐。音乐作为最没有"知识鸿沟"效应的世界语言，涉及体验和感受，而这种体悟正是星巴克创意广告模式的核心部分。生活在都市里的人们，日复一日地混迹于钢筋水泥之中，浮华的表象，喧闹的人群，忙碌的节奏，各色的卡债，逃脱和暂避的心情常会不合时宜地冒一下头，这种时候，星巴克"第三空间"里的音乐就像一块磁石，将顾客吸引进来，送上一剂精神的慰藉。利用自主音乐强化消费者对星巴克环境的迷恋和忠诚度，成本不高，识别度却不低，是对环境传播学一次很好的运用。处在星巴克文化环境中的人们更像一个特定的社群，而在此中展开的人际传播行为很多时候是通过非言语行为进行的。在人际传播学领域的研究中，大多数传播学者达成的共识是，在正式的面对面交往中，信息的社会内容大约只有35%是由语音来传递的，而剩下的65%甚至更多则是通过非言语行为来完成的。虽然这一比例的具体数字在不同情境传播中会有所变化，但非言语传播的主导地位却没有改变。

在星巴克所营造的"第三空间"中，基于消费者对闲适、平静感觉的追寻，其传播环境需要相对安静，过多的言语交流可能会打破这种美好，而星巴克播放的巴洛克音乐总是以其强烈跳跃的节奏、起伏多变的复调法，撩拨起人们内心的律动，被催醒的是都市人或被深埋、或消失殆尽的少年情怀。非言语传播包括传播情境中除却言语之外的一切由人类和环境所产生的刺激，这样的刺激恰当地涵盖了星巴克咖啡文化中的格调体验：风格凸显的门市建筑，醇香弥漫的咖啡香气，浪漫迷情的自主音乐，款款有别的特调饮品，柔软舒适的闲坐一隅。星巴克用视觉、嗅觉、听觉、味觉和触觉向人们展示全方位的格调体验，于无声中诉说其完美物化消费的广告创意。

三、渲染人文关怀的广告创意——"第三空间"里的服务

体验星巴克真正的价值在于"体验文化"。星巴克用卷入式参与为其产品创建识别度，将其从同类产品中分离出来。重视深度接触、感官体验和行动参与是星巴克在体验营销中的差异化战略。何为深度接触？在星巴克，对咖啡师有一种被称为"传奇服务"的考核机制，

传奇服务是基于顾客对各项服务属性的观察。举例来说，服务人员与客人的对话要尽量避免使用简单的“是”或“不是”；又如熟悉顾客的点单习惯、记录其口味选择；除此之外，服务人员需要能够在耐心介绍每款咖啡不同的口感、香气的同时，大胆地与顾客进行眼神接触。其目的是考量服务能否给顾客留下深刻印象进而促使顾客二次消费并起到口碑传播的效果。星巴克的每一位服务人员都需要接受专业系统的培训才可能走上岗位，如咖啡知识、咖啡制作、营销方法。星巴克特别重视同客户之间的沟通，甚至苛刻地要求每一位服务员都能够预感客户的需求。星巴克顺利地适应了消费需求由产品转至服务、由服务转至体验的市场节奏，成功地创立了一种以“星巴克体验”为特点的“咖啡宗教”。行动参与可以拉近产品与顾客之间的距离，例如“咖啡教室”，通过亲力亲为的实在参与完成消费者的全情参与，人们可以从星巴克的体验中找寻梦想、故事、传奇和生活方式。

以顾客体验为价值诉求的美国“星巴克”所渲染的氛围是一种崇尚知识、尊重人性的文化。公司以真心对待员工，员工以真心对待客人。通过气氛的感染带动顾客的体验是星巴克制胜的法宝，世界各地每个城市的星巴克咖啡，陈设不见得一样，建筑形式也各不相同，但都在传达一种轻松、温馨的氛围，提供的是雅致的聚会场所、创新的咖啡饮用方式和过程，从而把星巴克咖啡之旅变成了一次难忘经历，将普通人变为咖啡鉴赏家，让 4 美元一杯的高价咖啡显得合情合理。几乎没有做任何广告，星巴克就成为世界名牌，其利润约等于该行业平均利润的 5 倍。“星巴克体验”巧妙地从生活与情境出发，塑造感官体验及思维认同，以此抓住消费者的注意力，改变消费行为，为产品找到新的生存价值与空间。星巴克 CEO 舒尔茨在接受采访时自信地说：“我对经济状况保持谨慎乐观的态度。虽然失业和债务都处于高水平，但消费者仍然照常消费，我们今年的美国业务将和去年一样好。”“星巴克计划今后 5 年在美洲至少新开 3 000 家连锁店。”

四、培养信任依赖的广告创意——“第三空间”里的情感

星巴克经久不衰的成功秘密在于：添加在咖啡豆中的一剂独特配料——人情味儿。这一难以复制的成功基因自始至终伴随着星巴克的成长。星巴克将其作为核心价值观的起源并以此来积累企业的无形资产。一种持久稳定的依赖关系是在顾客和合伙人心中共同建立起来的。从这个角度来定义星巴克，它可以被表述为是一个公司合伙人之间，合伙人与顾客之间形成的一类精神联盟和一损俱损、一荣皆荣的利益共同体。在星巴克，员工被亲切平等地称为“合伙人”。在星巴克的体验文化中，P 与 E 之比并非传统市盈率解释下的 price/earnings（市价/盈利），而应该是 promise/emotion（承诺/情感）。由此我们可以理解其饮品部副总裁米歇尔·加斯所倡导的企业文化需要以情感关系为导向、以信任为基础的理念。他还特别强调情感关系的价值，认为应该将公司的客户、供货商、联盟伙伴和员工合伙人视为一家公司的核心资产。

在这样一个产品丰裕的时代，如何第一次打动用户，如何让用户对产品更有期待，还是要回到如何让用户产生情感共鸣这一出发点。受众内心一般只喜欢接受与其以前的知识与经验相吻合的内容，“匹配效应”提醒营销机构在品牌建构时务必尽量去扩大传受双方彼此共享的“经验域”。一旦受众做出选择某一个产品的决定，经过时间的洗礼，他们会对某产品非常忠诚，持续地接触这一产品，并把它推荐给自己的朋友。这是一种亲密的类似日久生情的关系。顾客单次在某家门店逗留的时间越长，购买的可能性就越大，购买的数量也多半会

增加。很多情况下，消费者光顾某一门店的次数多寡取决于他们对消费环境的满意程度。这种关系可以被描述为 intimacy（亲密）、commitment（承诺）、partner（伙伴）、attachment（依恋）、inter dependence（互相依赖）、only love（唯爱）。

这一动态过程大致可表述如下：

（1）知情期：

① 区别于同类产品；

② 受众行为带有偶然性；

③ 营销手段起作用；

④ 最低级的时期。

（2）接纳期：

① 产品与广告逐渐分离；

② 双方面的接纳；

③ 受众行为从偶然走向习惯。

（3）忠诚期：

① 广告具有独立性；

② 广告受众主动放弃替代产品；

③ 具有强烈感情色彩的专一；

④ 优先行为。

星巴克利用“攻心为上”的营销手法，将情感培育作为连接受众与品牌的重点。这一过程会呈现周期性变化。在知情期，顾客选择星巴克很可能是偶然行为，如刚巧路过门店、被朋友邀约至此、看到醒目的活动海报等。此时顾客对品牌的印象很模糊，属于关系播种阶段，因而体验营销起重要作用，让顾客真实感受星巴克的独特，才能提高品牌识别度。而在接下来的接纳期，顾客与星巴克彼此接受并强化信赖关系，进而进入关系培育阶段。顾客受传统广告影响的概率逐渐减小，品牌依赖程度提高，最终形成信任关系，顾客饱含感情色彩地选择固定品牌。值得注意的是，这三个时期的上升是一个动态过程，随时可能终止关系升华。从咖啡店铺到咖啡宗教，星巴克用最朴实的理由证明了良好的客户关系、伙伴关系同看得见的资产一样重要。星巴克努力与消费者建立感情纽带，让消费者知道，星巴克在乎你。

每位消费者都有各自不同的情感归属体验和价值认同观念。星巴克成功的精髓在于对消费者群体心理以及自我意识进行准确把握，将广告信息传达与消费者认同的形象、情感、生活情境结合起来，赋予其特定的象征和情感，进而向消费者传递一种生活方式和价值观，促使无形广告成为其专属文化下的象征符码。在这一系列的连接过程中，对产品和消费者之间特定关系的全新发现和诠释是星巴克广告传播模式的关键。

五、结语

星巴克广告创意的成功之处在于重视“文化体验、口碑传播”这一核心理念。体验经济中人们进行经济交换的对象相对于传统经济已然发生了变化：传统经济学研究的是产品和服务的问题，属物化消费范畴；体验经济中提供给消费者的是“体验过程”，属感性消费范畴。顾客在体会到星巴克的独特之处后，告诉其周围的人，这种人际传播的广告方式看似古老，但确有独到过人之处。人类因梦想而伟大，广告因文化而持久。让顾客在体验后说“好”是任何广告创意都无法比拟的。利用文化为广告模式源源不断地输送附加值，和消费者一起演绎体验经济发展趋势下的浪漫之旅将成为广告竞争浪潮中的首选之策。

【思考题】

1. 在本案例中星巴克运用了哪些广告策略？
2. 星巴克“第三空间”文化体验广告创意运用了哪些创意思维方法？
3. 经典的广告创意理论有哪些？本案例中运用了哪种创意理论？
4. 请对案例中星巴克的“第三空间”文化体验的广告创意进行分析和评价。

【案例五】 4G时代通信运营商的媒体选择策略

移动互联网对社会发展的影响广泛而深刻，其程度远远超越设计者的想象。以新闻媒体为例，移动互联网使新闻的传播方式从 newspaper 和 news TV（报纸新闻和电视新闻）时代快速向 news phone（手机新闻）时代演进，纸张和电视逐渐不再是承载新闻传播的主要载体，越来越多的阅读者把手机作为获取新闻的第一渠道。

阅读方式的小小变化对媒体业的影响却是天翻地覆的。同样，对每年广告宣传支出费用近百亿元的通信行业而言，洞悉其变化规律，及时调整媒体选择策略，使广告宣传经费“四两拨千金”，发挥最大的传播影响力，是一件十分必要的事。

一、4G 时代媒体变化趋势

（一）平面媒体影响力急剧下降

2013 年 8 月 5 日，《华盛顿邮报》董事会主席唐纳德·格雷汉姆宣布将《华盛顿邮报》出售给电商巨头亚马逊公司的创始人贝佐斯，价格为 2.5 亿美元。不久后，《纽约时报》董事长索尔兹伯格表示，未来将停止出版印刷版报纸，主推网络版报纸订阅业务。这两个消息再次给全世界众多媒体带来极其强烈的冲击。

尽管传统的平面媒体凭借其敏锐的新闻嗅觉，很早就有着强烈的危机意识，但《华盛顿邮报》被收购事件，仍旧加剧了传统媒体业对于生存问题的忧虑。相当多早就推出网络版和手机客户端的平面媒体，触网后一直未找到清晰的商业模式，支撑其运营的主力依旧是平面广告收入。用户阅读习惯的快速变化，使纸媒订阅户数快速下滑，广告收入捉襟见肘，党报尚且能依存其特殊定位继续维持，而商业类纸媒倍感生存压力。

（二）电视媒体在重大突发事件新闻报道中占据主动

随着 1962 年美国第一颗通信卫星“电星一号”发射成功，世界上任何地区发生的新闻都能通过卫星进行电视直播，电视开始以强硬的姿态呈现着每个足以改变历史进程的事件。1963 年，肯尼迪遇刺身亡后 10 分钟之内，美国三大电视网全部中止了下午正在播出的游戏和肥皂剧节目，随后电视台全天候播放遇刺事件的最新消息，其后 4 天，电视成为全美国人生活的中心，如同吃饭、睡觉一样重要。过去曾经是最不被看好的、最不受重视的媒介，此刻变得让人们无法回避。

2008 年 5 月 12 日汶川大地震，同样证明电视媒体在重大突发事件发生时的影响力。大容量、长时间的报道占据各家电视台的黄金时段，巨大的灾难将人们从其他事件中拉出来，无数的观众，静坐在电视机前，急切地想了解灾区的最新信息。

（三）广播媒体影响力渐呈 V 形反转

塞翁失马，焉知非福。在传统三大类型媒体中，广播最早遭遇“大众传播”方式的挑战。曾经一段时间内，在经济越发达、电视普及程度越高的区域，广播的下滑速度越快。幸运的是，广播媒体似乎已经逐渐摆脱大众传播观念的桎梏，找到了在“小众传播”（或特定人群传播）中的生存之道。

以成都地区的广播媒体为例，作为常住人口 1 400 万的特大城市，成都有数量众多（频道多达十多个)且非常活跃的广播频道,近两年来,广播广告的价格和收入都呈较快的上升趋势,一些热门频道和热门节目广告时段十分抢手。广播媒体走出困境,原因有三。

一是细分特定人群。车上人群、校园人群、老年人群、残疾人群,是广播媒体的主要针对人群,每类人群特色十分明显。在车上人群中,司机关心交通,乘客偏好新闻和音乐;校园人群偏好音乐和情感交流,收听集中时段为午休时间和深夜;老年人群与残疾人士关心健康和社会新闻。

二是连锁式运营。成都广播频道的运营团队基本为专业的全国性广播运营团队,如台湾和香港团队主打运营音乐频道,深圳团队主打运营交通频道,北京团队主打运营新闻频道。专业化团队、连锁式运营,不仅提高了效率、节省了成本,而且能有效地将线上线下活动、不同城市间的活动整合互动。凡有知名艺人来演出,电台均能邀请其接受访问,提供签名照奖品等,对粉丝群有极大的吸引力。

三是包装本土名牌栏目和主持人。本土名牌主持人容易让受众产生亲近感和自豪感,且更加方便参加线下互动活动,增强受众黏性。

(四) 网络媒体胜负取决于手机客户端

电脑时代,虽有门户之争,但只要"百度一下",便能简单快速地接入媒体门户,众多网络媒体有较大的平等角逐空间。智能手机时代改变了受众寻找新闻的方式,哪怕仅仅"百度一下"都变得烦琐多余,谁最快捷谁即占据主动。

手指一动的小小变化,王者地位发生乾坤大挪移。传统媒体费九牛二虎之力耕耘的内容田,却轻而易举地变为网易新闻、搜狐新闻、腾讯新闻等互联网企业的盆中羹,广告主当然随风而动。

二、对通信运营商广告宣传选择的影响

在媒体业已受到移动互联网巨大冲击、媒体传播方式正在发生极大变化的时代,通信运营商广告宣传的媒体选择,有必要进行重大调整。基于媒体影响力的变化,建议通信运营商采取不同的方式与各类媒体展开合作。

(一) 平面媒体:创新路径,扩大合作

为了适应变化,平面媒体可谓绞尽脑汁。著名的《纽约时报》最多时一期版面达到 1 572 版,一份报纸重量超过 4.5 千克。可惜的是,这依然无法扭转其衰势。

越来越厚的平面媒体,越来越少的读者群,平面媒体不再受到通信运营商广告部门的青睐,还给新闻危机处理部门带来了痛苦。负责新闻危机处理的部门恐怕都有深刻的体会,但凡出现负面报道,消息扩散的速度总是超出预料。平面媒体的报道由于其白纸黑字的正式性,更会加重影响。更糟糕的是,新闻的习惯是相互追逐,随后往往还会有更多的媒体加入,进行深入挖掘、持续报道。原有的媒体保护模式已被打破,如何寻找新的媒体合作之道?

一些媒体已经走在前面。以四川媒体为例,四川日报报业集团多年前便着手建立平面、网络、视频、手机客户端为一体的"全媒体中心",其网站"四川在线"由报社和通信公司共同投资打造,形成紧密合作关系;集电视台和报社优势为一体的成都传媒集团则与通信公司共同打造了"爱城市"本地手机客户端、"高清影视"iTV 平台,分别拥有 60 万和 200 万付费用户群体,商业模式已逐渐清晰。

（二）电视媒体：抓住热点事件，彰显社会责任

2013年4月20日，四川芦山发生特大地震。震后第7天，四川省政府召开专项新闻发布会，安排交通、通信、电力3个行业介绍抢险救灾情况，每个行业给7分钟时间，四川卫视实况转播发布会情况。省交通厅、省通信管理局新闻发言人按照事前所准备的新闻稿进行了情况介绍。当轮到电力公司时，观众一下被电视屏幕所吸引。原来，他们紧急制作了一部前6天电力行业抢险救灾的专题片，新闻发言人成了专题片的解说员，生动的图像，胜过千言万语。此后，四川省委省政府表彰抢险救灾先进单位和个人，电力行业受表彰人员数倍于通信行业。

原来，电力行业与通信行业在宣传上采用了迥然不同的模式，其主要特点是：高度重视企业社会责任宣传。电力系统从集团总部到县分公司，都配备专人负责图像视频拍摄，电力生产传输所在，即宣传人员所在；电力抢险救灾所至，即宣传人员所至。生产与宣传合二为一，从不脱节。芦山地震期间，仅央视上报道电力行业抢险救灾的新闻就多达75条。正是由于高度重视社会责任宣传，垄断属性更加突出的电力行业营造了远胜通信行业的良好舆论环境。

（三）广播媒体：特定人群，特色宣传

校园产品、音乐产品、面向学生用户群的各类应用，有比音乐频道、电台《夜间悄悄话》栏目性价比更佳的投放选择吗？价廉物美的家庭套餐、针对老年和特殊人群的通信产品，有比电台新闻频道和本土名嘴栏目更适合的宣传方式吗？

广播媒体，因此清晰的受众群体和较好的性价比，成为细分市场产品宣传必不可缺的选择方式。

（四）网络媒体：注重策划，深度采访

网络媒体在“丰富”和“深入”上有着其他媒体无法比拟的优势。不受版面限制、不受时间限制，网络媒体可以就某一内容开展最为深入的挖掘、最为丰富的报道、最为便捷的互动。

运营商既可以选择采编力量强的主流网络媒体，策划大容量、长时间的系列宣传采访，如四川电信曾与人民网合作，先后开展了“走进中国电信看两会”“宽带中国，光网四川”等系列采访活动，又可以选择有影响力的论坛，进行业务宣传与解答、服务咨询与引导，还可以与知名网站共同策划线上线下相结合的客户俱乐部活动。

与网络媒体合作的考验是，如何在浩瀚的网络世界中把握主动，不被淹没。在企业内部发现、培养一群热爱网络传播、热心论坛交流的坛主、意见领袖，值得尝试。

（五）手机客户端：精心选择，重点投放

占领客户端是每一个App（应用程序）的梦想。然而，App千千万，挤上手机桌面的不过数十个，用户常用的更是寥寥无几；一些App想尽方法装载上手机，其结果却是被打入冷宫。

越是残酷的搏杀，最后的胜者就会享有越大的利益。中国是全世界智能手机用户最多的国家。在新闻App领域，排名前三的腾讯、搜狐、网易新闻客户端用户总数超过4亿，其商业广告价值不言而喻。

2013年9月10日，iPhone 5s和iPhone 5c上市发布，网易新闻客户端首页首图一早就被iPhone新品广告占领。当天，有关两款产品上市的信息在网易新闻客户端不断充实、变

化，很快形成内容十分丰富的专题信息，全天占据网易新闻首页。可笑的是，数日后，各省区市的通信运营商开始在本省区市平面媒体、电视媒体上以重金投放 iPhone 5s 和 iPhone 5c 合约机有售的广告，这令人大为不解：为何不搭便车，在上市当日就发布在营业厅开展预售或预登记的消息？

从这一小小的案例可以看出，作为直接掌握智能手机通信传输管道的运营商，尚未深刻地意识到智能手机时代对媒体宣传的影响，也并未学会更好地与优质 App 合作进行宣传。

【思考题】

1. 简述 4G 时代五大媒体变化趋势，将本案例中介绍的几种主要媒体进行比较，以熟悉各自的特性。

2. 广告活动中应如何选择广告媒体？你认为 4G 时代通信运营商应如何选择广告媒体？试以中国移动为例进行分析。

【案例六】“动感地带”广告效果调研

一、测评背景与目的

动感地带(M-Zone)是中国移动通信集团有限公司继全球通、神州行之后推出的第三大移动通信品牌,2003 年 3 月份正式推出。它定位在“新奇”之上,“时尚、好玩、探索”是其主要的品牌属性。动感地带不仅资费灵活,同时还提供多种创新性的个性化服务,给用户带来前所未有的移动通信生活。

动感地带这一全新的客户品牌采用新颖的短信包月形式,同时还提供多种时尚、好玩的定制服务。它以 STK 卡为载体,可以容纳更多的时尚娱乐功能。动感地带将为年轻一族创造一种新的、即时的、方便的、快乐的生活方式。它为年轻人营造了一个个性化且充满创新和趣味性的家园。它代表一种新的流行文化,用不断更新变化的信息服务和更加灵活多变的沟通方式来演绎移动通信领域的“新文化运动”。动感地带用创新的手段拓展了通信业务的外延,将无线通信和时尚生活融为一体,将引领令人耳目一新的消费潮流。

在移动公司的成功运作下,动感地带迅速走红,受到了广大青年人的热烈欢迎,用户数量迅速突破 1 000 万,成为中国移动吸引年轻人的一块金字招牌。从此,中国电信业进入了品牌竞争时代。

总体看来,动感地带的成功,最终要归功于一个完整细致的广告策划以及对策划的彻底贯彻。

此次广告效果测评主要针对动感地带推出的一系列广告,区域性地评估其广告效果,洞察其广告在大学校园中的影响,了解顾客的需求与期望,检验移动投放的广告是否符合顾客需求、期望,从而更好地为下一步的广告提供参考,为公司制定切实有效的广告投放战略、提高广告传播的效度,提供客观有效的资讯及建议。

二、测评内容

测评内容包括动感地带的广告传播效果(核心)、广告社会效果等。

(1) 广告传播效果主要考虑以下几个指标:到达率、注意度、记忆率、理解度、喜爱程度等。

(2) 广告社会效果通过问卷设计特定内容(比如其广告在引领社会时尚方面所起作用等)来定性衡量。

(3) 媒体的传播效果包括电视、网络、报纸杂志等媒体,测量其广告传播的准确性和检验宣传是否到位。

(4) 最后是受众相关的个人资料,包括月收入、消费习惯等内容。

三、测评结果与分析

(一) 个人消费分析

(1) 大学生群体的消费习惯及生活方式。

首先,在调查中发现大多数学生的收入主要是来自父母给予和兼职打工所得,而且收入主要集中在 300～700 元之间,呈一种正态分布的情况。收入情况见图 4-6-1。

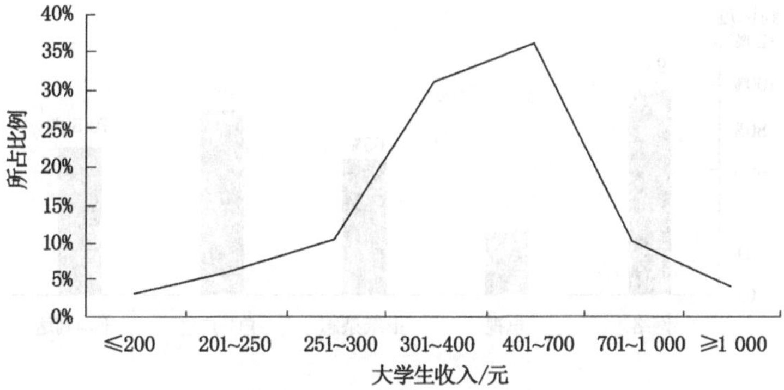

图 4-6-1　大学生收入分布情况

其次，大学生的日常生活除了学习之外，主要时间用于上网、逛街、体育锻炼等活动，这3项所花的时间占据了80%左右的业余时间。

最后，大学生经常接触的媒体主要集中在网络、报纸、杂志、户外路牌等项目上，而电视媒体由于特殊的原因在高校中并不受青睐(无有线电视网络等原因)。

(2) 总体上，在大学生话费构成中，近33%用于家庭联络等国内长途，34%用于同学联系和社交领域等本地通话，另33%用于节假日问候等短消息服务。手机用户中有7成人有固定联系群体。

① 每天手机通话时段分布。

白天上班时间是通话高潮，一半以上的用户集中在这个时间段，其次是傍晚、晚上8～11点，中午11点后通话者所占比重极低，不足0.5%。(注：要注意研究并制定必要的方案以提升话务量)。

② 话费支付方式。

话费支付水平偏低，93%的手机用户话费与个人支付有关，由于大学生总体收入水平较低，移动通信对于普通大学生而言还不是生活必需品，购买手机的人不少是出于沟通需求和某种心理需要。

③ 话费额度。

将近半数的人每月电话费在51～100元，将近2/5的人在50元以下，100～200元的占5%，200元以上的人只有1%。轻量消费者占主体。

(二) 广告传播效果(核心)

广告传播效果是指广告发布后对目标受众所产生的心理影响，主要包括到达度、注意率、记忆率和理解度等几大指标，下面将从这些方面针对调研情况逐个进行分析。

(1) 到达度：在测量到达度时我们主要分为4类媒体即网络、电视、报纸杂志、户外广告。从数据分析中我们发现网络媒体在高校校园中的到达度是最高的，达到了98%，其次是户外广告达到了88%，报纸杂志是65%，最低到达度的是电视媒体，仅为31%，见图4-6-2。经过调查我们发现，高校宿舍中的电视拥有率很低，因此影响了电视的到达度，这大大区别于居民生活中电视处于强势媒体的地位。

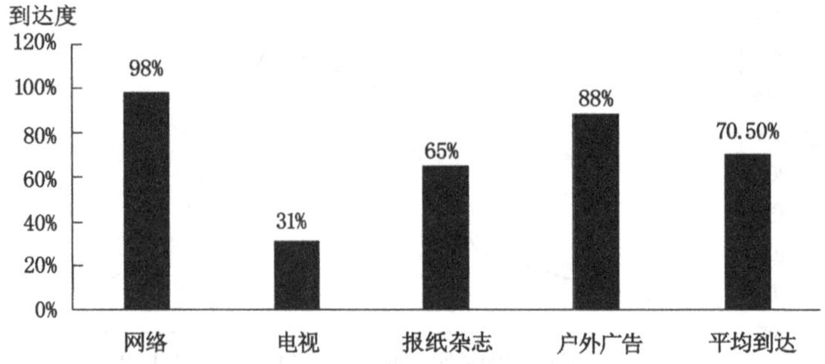

图 4-6-2　各类媒体的到达度

(2) 注意度:调查结果显示有 82%的调查对象接触过动感地带的广告和宣传,仅有 18%的人没接触过类似的广告宣传。可见,在高校中动感地带的广告还是具有较大的覆盖规模,基本上涵盖了大部分的目标受众,收到了较好的宣传效果。在看过广告的人中,对其注意度进行媒体划分,如图 4-6-3 所示。

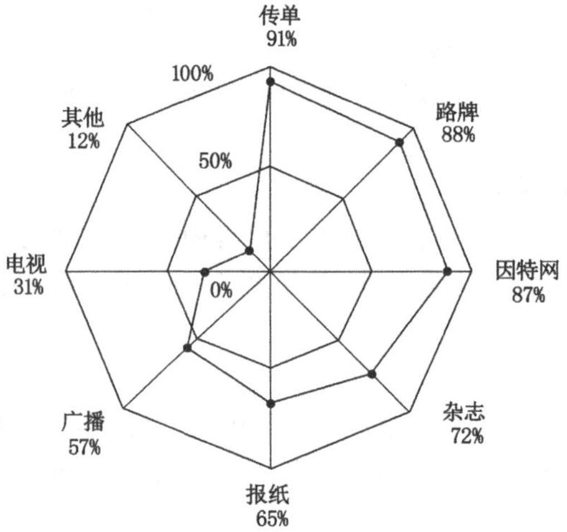

图 4-6-3　大学生对不同媒体的注意度

由图 4-6-3 可以看出,因特网、路牌、传单等媒体处于引起受众注意的强势媒体地位,电视和广播不能很好地吸引大学生们的注意。这点在进行广告策划时应该引起我们足够的重视。

(3) 记忆率:调研结果显示,调查中有 69%的人记得动感地带广告的形象代言人——周杰伦的名字,其中有 86%的人表示对周杰伦印象深刻;另外有 85%的人能够准确记住至少一个动感地带的广告词,比如:"我的地盘,听我的"。这样经过累积的广告记忆率高达 89%,说明动感地带的广告推广是十分成功的,至少在高校来说是这样的。

(4) 理解度:在理解度方面,有 54%的人能准确理解动感地带广告的含义,完全领会其意图;12%的人只能对广告的内涵做出片面的解释;剩下 34%的人则对广告的理解十分含糊,不能领会其意义。这从侧面说明了动感地带的广告在深入推广方面还有待挖掘,在广告设计方面要继续改进,使更多的大学生能够体会广告的含义。

(5) 喜爱程度:既然动感地带的广告算是比较成功的,那么受众对它的广告的喜爱程度是多少呢?调查结果显示,有83%的人由于种种原因表示喜欢动感地带的广告,只有16%的人不喜欢,其余的1%的人则没有做出表态。在喜欢动感地带广告的人群中94%的人表示喜欢广告的风格,90%的人喜欢它所选择的代言人,认为周杰伦充分表现了年轻人个性化的一面,也有69%的人喜欢它的广告词。不喜欢动感地带广告的人群中有96%的人认为其广告过于张扬。

(三) 广告社会效果

广告社会效果是指广告信息传播后,对受众所产生的社会影响,包括法律规范、伦理道德、文化艺术等方面。在日常生活中,动感地带广告对社会受众所产生的影响是随处可见的,由于动感地带的广告强调个性化,突出一种张扬的性格,从某种程度上迎合了年轻的大学生消费群体,因此可能导致某些受众去模仿广告中的行为。例如,模仿形象代言人的动作,以及把动感地带的广告语当作口头禅的行为。

四、结论与建议

从以上的分析中可以发现,动感地带的广告效果还是比较好的,从各大广告效果的指标体系显示的结果就得到很好的验证,同时也验证了外界对动感地带广告的好评。

(一) 结论

动感地带的目标群体主要集中于15～25岁的年轻人,主要由高中生、大学生和刚刚毕业的年轻人构成。他们心中都有自己的“意见领袖”,注重个性,追求时尚,对新生事物很感兴趣,思维活跃,而且对移动通信服务中的娱乐休闲和社交的需求很大,有着强烈的品牌意识,并容易相互影响。

周杰伦在动感地带的品牌语境中具备强烈丰富的内涵。可以清楚地看到,周杰伦的状态正是动感地带目标受众群体所向往达到的状态,周杰伦这个肖像符号准确地传达出了深刻的内涵,使目标受众群体在接受周杰伦这个肖像符号的同时遵循一定的逻辑进行信息的自我传播,最终形成对动感地带品牌内涵的高度认同。

在品牌意义的传播过程中,动感地带的品牌口号“我的地盘,听我的”作为对品牌肖像符号的一个音响效果补充,对品牌形象的完整塑造起着重要的作用。“我的地盘,听我的”强烈地凸显了年轻人张扬的个性,对目标受众群体产生了深层次的心理影响,这样的对话是很震撼的。目标受众群体有一种找到知己的感动,对品牌产生了极强的认同感和归属感。这种肖像符号(周杰伦)与语言符号(“我的地盘,听我的”)的“贴身”契合产生的传播力量是巨大的,传播效果自然不必多言。自此,周杰伦真正成了一个与动感地带紧密相连的品牌符号。所以动感地带取得极大的成功与其合适的广告设计是分不开的。

(二) 建议

首先,我们认为动感地带在学校进行广告推广时,应该更加注意媒体的针对性,不能生搬硬套普通生活社区的推广方式,因为高校中的学生其生活的习惯和方式与普通居民存在很大差异。比如我们在分析注意度时,所看到的大学生对电视较少关注,见图4-6-4。

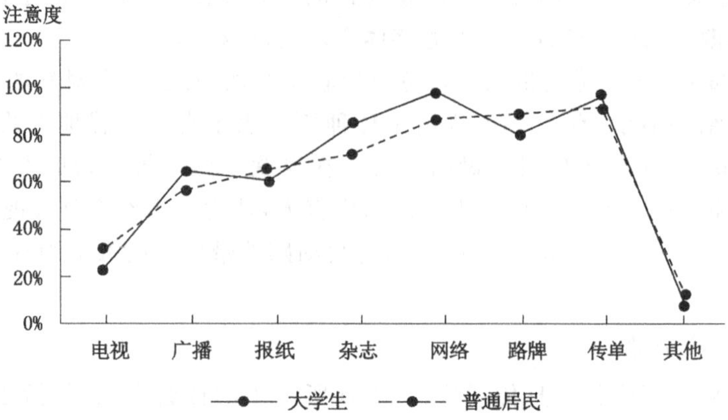

图 4-6-4　大学生与普通居民对媒体的注意度对比

我们应该选择最受关注的媒体进行广告推广才能使图中的两条折线更加贴近，从而使动感地带的广告发挥更大的效力。

最后结合调研报告我们认为应该注重体验经济的方式。作为体验经济的一种，中国移动在打造动感地带品牌时，应注意和把握以下几点：

第一，体验经济的特点是消费者参与。动感地带本身参与性很强，这种方式抓住了积极活跃的因素，一下子成功了。对于其他的客户定位，也应该牢牢把握住消费者的参与点、热情点，找好切入点。

第二，个性化。中国移动推出的动感地带和过去大规模生产不同，很多服务都是针对15～25 岁年轻人的定制化服务，体现出个性的张扬和新奇等，这些都属于定制化服务产品的特征。未来动感地带的发展中，个性化的张扬应该继续保持下去。

第三，体验经济是一种感性记忆，而且是难以忘怀的。比如在市场买水果很便宜，参加采摘活动时水果就很贵，这是因为采摘这个活动本身有意义，产生难以忘怀的记忆，从而提高了水果的价值。这就说明感性记忆是非常重要的。动感地带开展的一系列的活动，如请周杰伦作为代言人、赞助“音乐盛典”、举办“街舞大赛”等，都是一种烘托造势，使消费者产生难以忘怀的体验的手段。营销重要的特点是要通过长久的设计、故事的编排令受众产生难以忘怀的记忆。将来的工作可以围绕这些方面来开展，以产生更好的效果。

【思考题】

1. 广告效果有哪些类别与特征？
2. 广告效果测评的内容有哪些？
3. 什么是广告传播效果？广告传播效果有哪些特性？如何测评广告传播效果？

【案例七】 美国药品广告监管模式对我国的启示

一段时间内，我国违法药品广告不时见诸媒体，不仅使公众深受其害，而且使监管部门陷入监管困境。究其原因，主要是我国违法广告监管的情况比较复杂，涉及的环节较多，药品广告监管体制及模式存在一定的问题。美国不仅允许非处方药(OTC)做广告，而且允许处方药直接面向消费者做广告，其监管任务更为繁重。但美国拥有良好的药品广告环境，其监管模式值得我们借鉴和学习。

一、美国药品广告的监管模式

（一）监管机构

美国药品广告的监管主要由两个部门负责，分别为隶属美国政府的联邦贸易委员会(Federal Trade Commission，FTC)和隶属美国卫生与人类服务部的美国食品药品监督管理局(US Food and Drug Administration，FDA)，FDA 主要负责监管药品标签和处方药广告，而 FTC 主要负责监管除处方药广告外的所有广告。除 FDA 和 FTC 外，美国还有行业自律组织维护药品广告的环境。

（二）FTC 和 FDA 在药品广告监管领域的沟通与合作

FTC 与 FDA 一致表示，需要明确各自的法定权限和工作程序，确保两个机构的雇员及其他资源在保护消费者方面都能够发挥最大的作用。这就意味着需要在法律允许的范围内，由两个机构联合制定协调方案，并随时进行信息交流。因此，FTC 和 FDA 开展了以下沟通合作工作：

(1) 在药品广告监管方面达成了两个谅解备忘录。1954 年，FDA 和 FTC 达成了“工作共识协议”，FDA 主要负责相关产品标签的监管，FTC 负责对除标签外的广告的监管；为了配合监管职能调整，1971 年该协议修订，使 FDA 成为处方药广告监管的主要职能部门。1958 年 1 月，为了进一步协调两个部门的工作，双方达成了“联络协议”，且于 1971 年进行了修订并沿用至今。该协议规定，每个部门指定一名联络员作为主要联络者以利于信息沟通，从而保证公众收益最大化；联络员要定期召开会议，讨论两个机构的相关事项。

(2) 在实际工作中的具体沟通合作。一直以来，FTC 和 FDA 都遵照上述两个谅解备忘录进行沟通与合作，以解决两个部门的药品广告监管争议。如在传统食品、膳食补充剂、非处方药广告方面，FTC 和 FDA 成立了三个工作小组，以便于信息共享。FTC 和 FDA、美国司法部的消费者诉讼办公室也通过召开常规电话会议来协调某些管辖范围重叠领域的工作，如药品广告领域的战略计划。FTC 对广告监管具有很丰富的经验，FDA 对药品具有很专业的知识，而在药品广告监管领域，既需要 FTC 的经验，又需要 FDA 的知识。此外，FTC 对非处方药广告的监管和 FDA 对处方药广告的监管之分，意味着两个机构之间的一些工作内容和形式相似甚至重叠，可能造成资源的浪费。FTC 和 FDA 的沟通合作，可以有效利用各自的优势，同时还避免了机构间的职能交叉、重复工作，既提高了工作效率，又增加了工作效益。

（三）药品广告的行业自律

美国广告业的行业自律体系非常健全，自我管理机制也比较完善，行业组织的自我管理是美国广告管理的重要组成部分。其自律体系主要由广告公司、广告媒体和广告主三个自律主体构成。广告公司需要审查广告主所提交材料的真实性和准确性，广告媒体也建立有相应的广告审查机构和制度，以防止因广告主发布的信息与事实不符而导致自身利益受损。因行业组织有着很高的地位，可以发挥带头作用，广告主主要由其领域内的行业组织进行自律。此外，各领域间相互竞争的企业也可以作为自律体系的组成部分，根据《拉纳姆法案》(*Lanham Act*)的第 43 节(a)之规定，当某一企业进行虚假宣传时，其竞争企业可以对其提起诉讼。

药品广告领域，也存在着广告公司、广告媒体、广告主和竞争企业间的自我监管，目的是保护公共健康，减少相关部门不必要的监管。其体系可以归纳如下：

(1) 隶属商业促进局理事会(Council of Better Business Bureaus，CBBB)的全国广告处(National Advertising Division，NAD)/全国广告审查委员会(National Advertising Review Board，NARB)。NAD 是主要的广告自律机构，消费者、广告主的竞争企业都可以针对广告的真实性和准确性向 NAD 投诉。NAD 是初审机构，NARB 为二审机构。NAD/NARB 的决定都不具有法律约束力，广告主自愿选择是否遵从。然而，如果某一广告主没有遵守，NAD/NARB 可以根据处方药、非处方药广告类别，将其移交给 FTC 或 FDA。

(2) 全国广播电视协会(the National Association of Broad-casters，NAB)。美国的媒体也建立有相应的广告审查制度，如电视广播公司在接受广告申请之前，可以要求广告主提交广告的故事板(指软件显示效果的视觉草图，用于视频创作和广告设计，表达作者的创意)，而且会审查能进行广告宣传的证明。

(3) 美国消费者健康产品协会(Consumer Healthcare Products Association，CHPA)。CHPA 是一个代表非处方药、膳食补充剂企业的全国性贸易协会，已有上百年的历史，在非处方药领域享誉甚高。早在 1934 年，CHPA 就自发制定了非处方药广告规范并定期更新，对当今药品广告规范的制定起到了重要作用。

(4) 美国药物研发和制造商协会组织(the Pharmaceutical Research and Manufacturers of America，PhRMA)。处方药广告受到 PhRMA 的约束，PhRMA 已经制定了 15 个处方药广告指南，并由 25 家企业采用。PhRMA 根据 FDA 的指南，并发布一系列处方药广告指南，并及时进行修订。

(5) 同领域中的竞争企业。出于实事求是、遵守法律法规的原则，企业需要保证药品广告的真实性。其竞争企业会审查他们的广告，并根据《拉纳姆法案》对其提起诉讼。

上述体系只是美国药品广告自律体系中的一小部分，还有诸多组织如美国广告代理商协会、美国广告联盟等，在广告监管方面也发挥着很大作用。可见，美国的药品广告自律体系十分健全，各自律组织兢兢业业、明确分工、通力合作，从而更好地协助完成美国药品广告的监管工作。

（四）监管药品广告的法律依据

美国非处方药药品广告监管的主要法律依据为《联邦贸易委员会法案》(*Federal Trade Commission Act*，FTCA)及各类指南等。根据 FTCA 的规定，制作发布不实广告，将要处以

6个月以下有期徒刑，单处或并处5 000美元以下罚金；再犯者处以1年以下有期徒刑，单处或并处10 000美元以下罚金。FTC有权要求经营者停止播放违法广告并处以罚款，有权要求经营者做更正广告，从而让消费者了解该广告真实的一面。

美国处方药广告监管的主要法律依据为《联邦食品药品和化妆品法》（*Federal Food, Drug and Cosmetic Act*，FFDCA）、《联邦法规汇编》（*Code of Federal Regulations*，CFR）、2007版《食品药品法案修正案》（*Food and Drug Administration Amendments Act*，FDAAA）及各类指南等。根据FFDCA的规定，任何人违反了其对药品广告的规定，将处以1年以下监禁，单处或并处1 000美元以下罚款；再犯者处以3年以下监禁，单处或并处10 000美元以下罚款。当药品市场、广告与联络处（Division of Drug Marketing，Advertising and Communications，DDMAC）发现某一处方药广告违法时，会向广告发布企业发送信件以进行通知。信件有两种形式：对违法情节轻微的企业，发送"违法通知信"（untitled letter）；对违法情节较严重的企业，发送"警告信"（warning letter）。通常，信件中会表明该广告的违法原因，如夸大产品疗效、夸大产品适用范围或者未披露产品风险等，信中还会要求违法企业立即停止播放（刊登）该广告。如果警告信没有达到制止现有违法行为的目的，那么FDA可以和司法部合作，强制停止该公司的违法行为，或者对该公司提起诉讼。故很多违法企业都很重视警告信，会尽快做出更正以防被送上法庭。根据FDAAA的规定，任何发布虚假或有误导性的处方药广告的企业，将会被处以25万美元以下罚款，再犯者处以50万美元以下罚款。

根据上述法律规定，美国对违法药品广告的罚款较之违法所得利益而言，并不是很重，但由于很多违法广告具有故意、恶意并造成重大损害的特点，符合惩罚性赔偿的原则，所以当真正对违法药品广告提起诉讼时，受理法院会根据违法广告的欺诈程度对企业进行处罚，所处罚金不仅包括发布违法广告的罚款，还涉及对其违法行为的惩罚性赔偿。一般情况下，罚款数额较大，远远大于其违法所得收益，且企业的违法行为一旦经法院处罚公开，其声誉必定受损，对其以后的发展会产生不利影响。此外，违法药品广告的处罚还涉及连带责任，多方利益受损，这使试图进行虚假宣传的企业望而生畏。如美国4种减肥药生产商在广告中声称药品可以快速减肥，甚至降低患癌风险；FTC调查后发现，广告失实、无科学根据，遂对4家减肥药生产商处以总计超过2 500万美元的罚款。

二、对我国药品广告监管的启示

（一）促进药品广告管理部门间的沟通合作

我国现阶段已形成工商部门、药监部门、新闻办公室等12个部门联合整治违法药品广告的部际联席机制。各部门分工明确，职责具体，能够在药品广告监管领域发挥重要作用。然而，由于各部门间沟通相对匮乏，合作相对有限，没能形成很好的合力，药品广告信息传递所产生的时间差也制约了打击违法药品广告的及时性，致使各管理机构的作用不能充分发挥。建议我国广告管理部门在充分发挥自身优势的基础上，加强相互间的沟通合作，如探索常态化沟通机制，可借鉴FDA与FTC间的联络员机制、专项工作小组、常规电话会议等；开发信息共享平台，利用现代科学技术开发信息平台，使得各部门能及时获得药品广告相关信息，进而快速做出应对，共同为药品广告的真实性、合法性服务。

（二）加强药品广告行业自律体系的建设

尽管我国也存在广告行业自律组织，但没有真正发挥其对广告公司和广告媒体制作发布违法广告的制约作用；而与药品相关的协会组织在制药行业的影响力和领导力尚未涉及违法药品广告领域；而且由于缺乏法律依据，合法发布广告的企业缺乏采取法律措施打击通过违法宣传来与其竞争的违法企业的动力。建议政府积极引导广告行业自律体系的建设，充分肯定行业自律组织在本行业的权威性和导向作用；广告行业组织要积极服务于本行业的自律体系建设，制定相关规范、标准，倡导行业信用体系建设；行业中的企业要有良性竞争意识，发挥相互监督的作用。各组织要充分发挥其在广告监管方面的作用，共同协助药品广告监管部门打击违法药品广告，维护良好的药品广告环境。

（三）完善违法药品广告的处罚机制

我国与药品广告相关的法律法规对药品违法广告的处罚力度较小，致使企业的违法成本远小于其所得利益，不能对发布违法药品广告的企业产生威慑作用。如对于发布违法广告的媒体几乎没有任何处罚措施，对违法药品广告的罚款界定欠清晰，由于广告费用可以变相伪造，即使是5倍罚款，与其所得收益相比也显得微不足道。

我国应完善对违法广告的处罚机制，借鉴美国的相关法律法规，首先完善对违法药品广告的界定，其次引入惩罚性赔偿机制及连带责任，如加大惩罚力度以增加违法成本等，以净化药品广告环境。

三、结语

公共健康既包括保护消费者免受不良产品的侵害，还要求确保公众获得的信息安全可靠。药品广告作为制药企业与公众沟通的主要方式，其合理性与合法性具有非常重要的意义。尽管现阶段我国药品广告的规范还有待完善，但随着越来越多的学习与借鉴，适合我国药品广告监管的模式必然会建立完善，良好的药品广告环境必然会形成。

【思考题】

1. 美国药品广告监管模式有何特点？
2. 简要分析美国药品广告监管模式给我国相关部门的启示。

【案例八】 唤醒那只沉睡的猫——北京“青年汇”推广企划案

广告主：青年汇。实施时间：2004年。实施范围：北京。核心策略：“猫匿”。创新点：以猫为推广形象。

一、背景

CBD的小户型供应量严重不足！我们的形象品质严重不足！但我们以前的广告多以销售与产品营运为主，缺少对项目形象概念的塑造，对CBD小户型概念与优势的传播，并未取得应有的效果。将产品与概念完美结合，这是我们所要解决的首要问题。

二、CBD小户型的最大特征与卖点

（一）附加值

CBD区域，国贸向东4 000米；32万平方米大型纯住宅社区；功能齐全的非过渡型小户型；河景与园林营造的生态居住环境。

（二）目前状况

小户型热销；面积偏大户型销售略有难度；项目整体形象的风格档次欠缺；项目知名度不高，给人的印象不深。

（三）结论

(1) 根据最大卖点——小户型来确定目标人群。
(2) 针对小户型的特点与优势提出诉求。
(3) 为了大户型的销售，必须树立相应品质的项目形象。

三、目标消费群定位

（一）定位人群

在CBD工作的年轻白领阶层。

（二）目标消费群描述

1. 生存状态

学历高、智商高、收入高、消费高；
节奏快、压力大、工作与生活无法区分；
有成就感、有优越感、自信但有危机感；
人际关系职业化、漂一族、缺乏归属感。

2. 内心世界

想要享受生活，享受工作以外的自我；
渴望自由的生活，希望彰显个性；
唯我独尊，卓尔不群；
不丧失自我的情况下，追求群落感。

定位人群生存状态与内心世界之间的矛盾正是我们的入手之处。

四、推广目的——唤醒

唤醒定位人群内心对自由生活与自我本色的渴望，唤醒他们内心深处不为人知的另一面，从而引起他们对项目的认知与兴趣，并塑造项目独特的个性与形象。

（一）形象设定——猫

寻找一个有代表性的深入人心的形象，在猫的身上人可以窥见自己梦想的原型。我们比较一下猫和人的某些异同。

人：	猫：
想要享受生活	最懂得享受生活
渴望自由、个性的空间	永远知道在哪里最舒服
自我，卓尔不群	我行我素，桀骜不驯
优越感	优雅，高傲
在压力下渴望轻松生活	慵懒，孤僻
希望在职场游刃有余	狡黠，任性

我们可以看到，猫所具有的正是现代人所渴望的，所以现代人有很深的猫情结，以下几部关于猫的书籍和影视作品正是这种情结的最好诠释。

（二）现代人的猫情结

1.《加菲猫》

1978 年 6 月 19 日出版；售出 1 300 万本；在全世界拥有 2 600 万名读者；2004 年 20 世纪福克斯公司投资拍摄电影版《加菲猫》，掀起新一轮热潮。吉姆·戴维斯评价："大家爱加菲猫是因为人们想说它说出来的话，做它做出来的事，却办不到。"

2.《机器猫》

1970 年，藤子·F. 不二雄创作的《机器猫》一炮打响；1979 年制成动画后，至今已被译成数十种文字在全世界发行。

它充满无限的想象力，机器猫胸前装满古怪道具的口袋，其实承载的是我们许许多多童年未曾实现的梦。

3.《猫和老鼠》

1940 年 2 月 10 日《猫和老鼠》第一部诞生，赢得了 7 项奥斯卡奖，破过无数的纪录。故事出人意料，又合乎情理，显现出超人的智慧。可见，猫的精神在现代人的内心根深蒂固。

4. 其他作品

2004 年 4 月，百老汇经典歌剧《猫》(*Cat*)在京演出，创下新的纪录，掀起猫的热潮，"你猫了么"成为最流行的语言，为我们的推广奠定了基础。

2004 年 9 月，哈利·贝瑞(Halle Berry)主演的《猫女》(*Cat Woman*)即将上映，将吸引为数众多的年轻一族的关注，其中包括相当一部分我们的定位人群，这将为我们的推广创造最佳时机。

猫表征着他们的梦想，猫情结为我们推广 CBD 小户型奠定了感情与文化的基础，猫的流行为我们创造着最佳的时机。在如此大好时机之下，我们大胆地推出了猫的主题系列。

五、推广主题——猫匿 CBD

（一）推广主题释义——猫匿 CBD

(1) 猫的形象，表现定位人群在内心层面的另一个自我：优雅、叛逆、狡黠、任性、慵懒、孤僻、顽皮、高傲、真实、快乐……

(2) 猫匿，以一种猫最常见的形态，体现定位人群期望的在 CBD 工作与生活的状态：静中有动，慵懒之中暗藏机警，孤僻之中微显狡黠。

(3) CBD 强调区位的优势，进一步突出猫族与 CBD 的秩序之间的矛盾与和谐。

(4) 猫匿 CBD，唤醒定位人群内心深处那只沉睡的猫，力求将我们项目的个性与定位准确传达出来。

（二）广告调性——智慧、个性与抽象风格的融合

(1) 画面。以猫的剪影形象为主要元素。黑、白、红三色的组合。

(2) 文案。时尚新锐的语言风格；智慧趣味的文字内涵。

(3) 为什么选用猫的剪影形象。

① 寓意内心深层的另一面，是心灵的投影；

② 摒弃具体的形象，以免过多限定了观者的思维；

③ 抽象的形象，涵盖更多的想象空间；

④ 非写实风格，既创造了神秘感，又表达出个性和现代感。

(4) 百老汇形象与本案。

① 经典剧目《音乐之声》《猫》《歌剧院的幽灵》《西贡小姐》等。

② 音乐较多受到爵士乐、摇摆乐的影响，舞蹈较多受到摇摆舞、踢踏舞的影响，但是百老汇夸张、诡异的场面，华丽、铺张的布景，经典、传统的音乐与我们的风格有出入。百老汇与产品的契合点并不多，如果限定在百老汇的风格，以后的推广中会出现断层现象，持续性不强。

(5) 结论。

百老汇若作为我们的表现符号并非最佳，但百老汇的精神和文化可以成为我们的更深层次的思想内涵，有助于提升项目整体的品质与品位。

六、推广主题决定包装推广思路

以“猫匿 CBD”为核心全面包装，并以其为线索贯穿始终。我们采用报纸广告、户外广告（道旗、路牌、灯箱）、卖场包装、活动营销、大型演出活动、销售道具——楼书，以及借电影造势等手段进行品牌推广。

（一）矛盾的戏剧性——报纸广告思路

将 CBD 的生活秩序和状态与猫族所代表的人群内心深处的另一面和梦想进行集中的对比，从而产生矛盾的特殊戏剧性效果，达到塑造项目形象、吸引定位人群的目的。

(1) 都市猫族——在 CBD 工作的年轻一族；

(2) 享受慵懒与勤奋的最佳距离——国贸向东 4 公里；

(3) 一个空间储藏你孤独的快乐——承载全部生活欲望的小户型；

(4) 猫咪最简单的愿望——有一个窗台能看风景；

(5) 全世界都是你的游乐场——朝阳路的成熟生活配套。

(二) 传达项目理念的最佳方式——活动营销

吸引关注，凝聚人气，增强口碑效应，扩大项目的知名度和影响力；以各种文化形式与社区对接，形成独特的社区文化与性格；根据目标人群特性与项目风格，举办相应主题的活动，投其所好，可达到打动人心的目的；通过吸引关注、树立形象，达到促进销售的目的。

七、系列活动策划方案

(一) 活动策划之一——开盘活动

(1) 活动主题："猫"仿秀。

(2) 活动时间：8 月 7 日。

(3) 活动地点：售楼中心户外布景台。

(4) 活动内容：猫舞模仿秀，由客户自愿参加；由主持人串场，现场播放《猫》剧片段，即时模仿比赛；设置不同等级的奖项，评选出获奖表演者；现场颁发大奖，将活动推向高潮。

(5) 奖品设置：一等奖 1～2 名，笔记本电脑；二等奖 4～6 名，MP3；三等奖 10 名，经典 CD；入围奖若干名，项目纪念品。

(二) 活动策划之二——巡展

(1) 活动主题：GOOD 猫匿 CBD。

(2) 活动时间：8 月中旬。

(3) 活动地点：CBD 区域写字楼(汉威大厦、嘉里中心、国贸、京广中心)。

(4) 活动内容：现场设置展台，由专门销售人员进行宣传推广；向目标人群发放宣传资料与纪念品，以增强有效性。

(三) 活动策划之三——借《猫女》之东风

电影《猫女》在北京上映时间：2004 年 9 月。

《猫女》正契合"猫匿 CBD"的理念；《猫女》所吸引的人群正是我们定位的目标人群；通过赞助的形式，在海报与门票上进行广告宣传，事半功倍；在影片开始之前插播广告，以最直接的方式达到项目的目的；在现场派发专有的猫形象玩具和项目资料，进行持续宣传。

【思考题】

1. 一个完整的广告策划书是由哪几个主要部分构成的？
2. 本案例——北京"青年汇"推广企划案有什么成功之处，不足之处是什么？
3. 本案例中，广告标题与广告文案的创作有什么特点？
4. 请为小户型项目"花样年华"做一个广告推广策划方案。

第五章

客户关系管理教学案例

【案例一】 德士高公司CRM[①]案例分析——忠诚计划

在德士高(Tesco,中国门店称“乐购”)公司的官网上可以看到这样的一句话:“为了感谢您在德士高购物,我们用积分卡的方式来表达我们的心意。”这句话正是对德士高公司俱乐部卡项目的高度概括。时至2010年,德士高公司推出的积分卡已经有15个年头。在这15年里,德士高公司在积分卡的帮助下取得了一系列辉煌的成就,跃居《财富》杂志世界500强公司的第51位。它也是全球最成功的网上超市,英国最大的食品连锁店,欧洲增长最迅速的金融服务机构,世界上最成功的“客户管理商”等。俱乐部卡所提供的顾客数据改变了德士高的经营方式,因为它大大减少了经营风险甚至使公司摆脱了零售商间的价格竞争。通过俱乐部卡,德士高将和顾客之间建立起情感依赖。与其他失败的忠诚计划相比,德士高的俱乐部卡并不是一项庞大的运营开支,它能够发现顾客需要什么,并从满足这些需要产生足够的销售量来支付发现这些需要的开支。德士高的忠诚计划成功模式已经被其他行业的很多公司所借鉴,成为一种被广泛采用的客户关系管理模式。

一、公司背景

(一) 德士高公司的发展

德士高始创于1919年,最初的形式是杰克·古汉先生在市场里设立的一个小货摊。“德士高”作为一个店铺的品牌于1929年首次在伦敦艾奇韦尔(Edgware)大街亮相,1932年正式成立德士高公司。自此,德士高不断发展壮大,抓住各种有利商机,在诸多领域引领创新潮流,在英国蓬勃发展。然而德士高公司真正的发展期是在20世纪90年代,这时德士高公司一方面确立了以顾客为中心的战略,另一方面也开始了其向海外进军的计划。

德士高获得过如下骄人的成绩:

·《财富》杂志“2008年全球500强企业”排名第51位;

·《财富》杂志“最受尊敬的全球500家企业”排行第30位;《财富》杂志“全球最受尊敬的英国公司”专项排行第1位;

·《财富》杂志“全球最受尊敬的食品及医药店铺”专项排行第1位。

德士高集团是英国领先的零售商,也是全球三大零售企业之一。德士高在全世界拥有的门店总数超过3 700家,员工总数达440 000多人。除英国外,德士高还在其他13个国家开展业务。据统计,在2009—2010年度,尽管全球金融危机在持续、经济低迷,德士高全球业务增长迅速,集团销售额继上一年增长后再度取得了骄人的成绩,销售总额突破625亿英镑,集团总利润达到31.76亿英镑。德士高全球销售情况如图5-1-1所示。

(二) 德士高公司在中国的发展

在2004年7月之前,德士高在中国几乎都没有留下什么痕迹,中国的消费者也很少听说过德士高。2004年7月斥资21.3亿元人民币收购顶新集团旗下的乐购50%的股权,标志着德士高正式进入中国。2006年12月12日下午3点,德士高于当地时间12日早上在

---

① CRM,即客户关系管理的缩写。

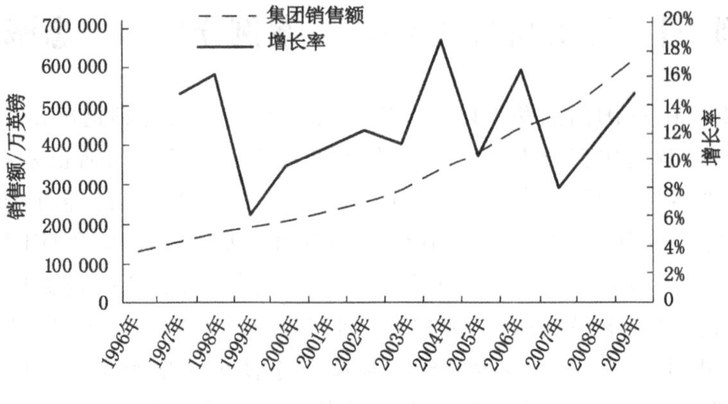

图 5-1-1　1996—2009 年德士高集团全球销售情况

伦敦证券交易所发布公告，公司再度出资 1.8 亿英镑(3.5 亿美元)从顶新集团手上买入乐购 40％股权，持有乐购股权从 50％增加到 90％。

截至 2013 年 2 月初，德士高在中国已拥有 115 家乐购大卖场、1 家乐购天地超级大卖场、8 家乐都汇购物中心以及 14 家试验阶段的便捷店，主要覆盖华北、华东及华南三大区域的 35 个城市。其零售面积超过 800 000 平方米，拥有 26 000 多名员工，每周为 440 多万名顾客提供服务，会员总数超过 700 万，现有"超值"(Value)和"标准"(Tesco 乐购)两个系列的自有品牌产品。从德士高进入中国后的"温水炖豆腐"似的市场推进速度，到现今的频频发力，加速开店，在此过程中"低价、扩张、节能、地产"成为用在德士高乐购身上最能概括的词语，也是德士高在中国攻城略地中的一系列妙棋。

· 理念："我们服务的理念就是了解顾客的需求，我们会根据不同国家的特点来了解顾客的需求，在中国我们的理念就是'快乐购物每一天'，这个理念就意味着我们为顾客提供经济实惠的价格、优质的服务、良好的购物环境。同时，作为国际零售企业我们还向顾客倡导节能环保的理念。"一直以来，德士高坚持"为顾客创造价值"的核心理念，赢得了众多顾客的信任和支持。

· 扩张：从最初进入中国投石问路般的扩张速度，到 2008 年下半年开始的加速扩张，即使是在 2009 年金融危机的大背景下，更多的企业搁置扩张计划时，德士高却选择逆市加速扩张，德士高为中国市场制定了"张弛有度"的发展策略。

· 节能：在中国，德士高不断努力打造节能门店，所有在 2008 年及其后新开的门店均沿用节能店的标准进行建设，德士高中国已拥有 27 家节能门店，预计每家门店年能耗降低 25％。不仅如此，德士高还完成了所有 2008 年以前开设的门店的节能改造，共 54 家，预计单店年节能 15％。环境问题一直是德士高非常关注的企业社会责任的重点。

· 门店选择：中国是德士高(在中国门店为"乐购超市")最为重要的市场之一，但德士高在中国新增门店将慎重选择，有专门独立的团队对地域选择进行研究，将主要集中在已有门店的城市增开新店。此外，城市的人口数量也是德士高开店的重要考量指标。据悉，德士高中国在 2010 财年新增了 23 家门店，这 23 家门店中有 9 家属于自有地产的项目。

(三) 德士高公司的经营状况

除了在英国本土的 691 家大型购物中心外，该公司 42％的店铺分布于中欧与东南亚各国，德士高是个国际化的超市巨人。

德士高超市连锁集团1995年开始实施忠诚计划——"俱乐部卡"(Club Card)，并且根据俱乐部卡得到的信息数据细分的消费者数据来设立13个德士高"利基俱乐部"，通过俱乐部提高客户对公司的忠诚度，帮助公司将市场份额从1995年的16%提升到了2003年的27%，成为英国最大的连锁超市集团。

• 2001年7月，德士高开始了在美国的网上食品零售业务；

• 2003年10月，电信业务开始营运，包括移动电话及家用电话的服务；2004年8月，宽带业务正式营运；

• 2007年，德士高与英国电信公司O2在爱尔兰成立合资公司，经营其在爱尔兰的移动电话网络业务。

根据德士高集团公布的2009—2010年度的全球财年报告，德士高全球业务增长迅速，集团销售额继去年增长后再度取得了骄人的成绩，销售总额突破625亿英镑，集团总利润达到31.76亿英镑。

德士高擅长数据库营销，通过架设EDMSYS平台，根据顾客的生理、心理、行为等特征，将数千万顾客划分为年轻学生、家庭主妇、注重健康的、爱好运动的、实惠的、情调的、忠诚的、游离的等80个顾客群类别。对这些数据的娴熟运用，使德士高获得了不可替代的竞争优势。

二、德士高公司的忠诚计划

（一）顾客忠诚计划的兴起

顾客忠诚计划起源于20世纪初美国零售商使用的赠券和小票。当时美国零售商按顾客购买量发给顾客一定比例的小票，顾客将其积累到一定数量后可兑换现金。顾客忠诚计划的现代形式诞生于1981年"美利坚航空公司常客项目"，其形式是按乘客飞行里程奖励里程分，并将里程分兑换为免费机票，以此作为培育顾客忠诚度的一种手段。由于应用了计算机的数据存储功能，奖励项目不再需要小票和其他凭证。该计划的实施，不仅回报了忠诚顾客，更重要的是获得了带给公司最大收益的顾客个人信息，使一对一营销成为可能。目前，基于计算机数据库的顾客忠诚计划广泛流行于国外的酒店业、航空业、零售业等服务型行业。在美国，有近一半的人口至少参与了一项顾客忠诚计划，年增长率达11%。

顾客忠诚计划的兴起主要是受到下面两个因素的影响。

1. 营销理念的转变

20世纪80年代以来，随着企业间竞争的加剧和国际化进程的发展，片面强调赢得新顾客的交易营销理论日益显出局限性。此时的营销思想开始发生了较大的转变：由重视市场份额的争夺转向重视现有顾客的维系，力图通过现有顾客的生命周期价值最大化，实现企业获得长期稳定收益。伴随这种营销思想的转变，越来越多的企业意识到，与寻求新顾客相比，保留住老顾客更便宜、更经济。企业开始重视顾客资产经营，采取深度管理模式，区分出最有价值的顾客，然后给予适度的关照，确保和顾客的关系能抵挡竞争者的营销攻势，以保持双方具有较稳定的互利关系。

2. 现代信息技术的发展

随着现代信息技术的发展，尤其是在电信业和数据管理领域的发展，为管理大量纷繁复杂的顾客数据提供了可能。现代先进的通信技术拉近了企业和顾客的距离，使企业可以更为方便地收集顾客信息以及与顾客进行沟通。如:因特网提供了人格化的信息反馈环,能将大规模的顾客信息反馈给企业。而数据仓库、数据挖掘等数据库技术提供了获取顾客知识的各种工具,解决了客户资料、交易数据等基本数据的存储和查询问题,提高了信息资源的利用效益,为企业留住有价值的顾客、开展高效的促销活动提供了帮助。

（二）德士高公司的忠诚计划

1. 发展过程

在超市行业激烈竞争背景下,德士高面临两种战略选择:① 价格突围战;② 服务持久战。然而以沃尔玛为代表的超级市场已然占据高供应链效率和低运营成本的绝对优势,其运营系统之庞大及完善难以超越。而在消费者数据管理及个性化市场细分领域,很多超市都尚停留在粗糙的积分制度以及简单的消费者身份信息记录程度上,顾客忠诚度的长久建立与维系成为德士高赢取核心竞争力的一大契机。由此,德士高公司率先推出了“俱乐部卡”。持有该卡的顾客可以从他们在德士高消费的金额中得到1%的奖励,每隔一段时间,德士高就会将顾客累积到的奖金换成“消费代金券”,邮寄到消费者家中。德士高的营销人员注意到,很多公司积分计划章程非常烦琐,消费者往往花很长时间也弄不明白具体积分方法,而另一些企业推出的忠诚计划奖励非常不实惠,看上去奖金数额很高,但是很难兑换。这些情况造成消费者根本不清楚自己的积分,也不热衷于累积兑换,成了“死用户”。而“俱乐部卡”的积分规则简单易懂,避免了以上情况。这种方便实惠的积分卡吸引了很多人的兴趣,产生了立竿见影的效果。据德士高的统计,俱乐部卡推出的头 6 个月,在没有任何宣传的情况下,取得了 17%左右的“顾客自发使用率”。

德士高取得了骄人业绩增长后,森斯伯瑞、阿斯达等连锁超市也相继推出了类似的积分计划。但德士高并没有和它们打价格战、加大顾客返还奖励等,而是采取了精准营销的战略——德士高通过顾客在付款时出示“俱乐部卡”,掌握了大量翔实的顾客购买习惯数据,通过这些数据德士高将超市中顾客经常购买的商品分为 50 种类别,每种类别和消费者的一种生活习惯和家庭特征相对应。系统运行了 6 个月,德士高的数据库成功细分出了 13 个“利基俱乐部”,比如有单身男人的“足球俱乐部”、年轻母亲的“妈妈俱乐部”等。“俱乐部卡”的营销人员为这十几个“分类俱乐部”制作了不同版本的“俱乐部卡杂志”,刊登最吸引他们的促销信息和其他一些他们关注的话题。一些本地的德士高连锁店甚至还在当地为不同俱乐部的成员组织了各种活动。现在,“利基俱乐部”已经成为一个个社区,大大提高了顾客的情感转换成本(其中包括个人情感和品牌情感),成为德士高最有效的竞争壁垒。图 5-1-2 显示了德士高忠诚计划的 4 个关键步骤。

2. 忠诚计划的成本控制

德士高的上述营销措施也需要巨大的投入。德士高维持的俱乐部约有 1 000 万会员,而且是以现金返还为主要奖励方法。除此之外,德士高还要为不同“利基俱乐部”的成员提供量身定做的促销活动,这其中的日常管理和营销沟通的成本非常巨大。如果不进行有效的成本控制,德士高肯定会陷入自己设计的成本泥潭。

据德士高自己的统计,“俱乐部卡”每年返还给顾客的折扣金额大约为 1.5 亿英镑,而德士高自推出该卡以来随后的 9 年里共为此付出了 10 亿英镑的代价。为此,德士高在执行该卡计划的同时也总结出了一整套成本控制方法。

德士高几乎从来不使用电视等大众媒介来推广“俱乐部卡”。德士高“俱乐部卡”设计者

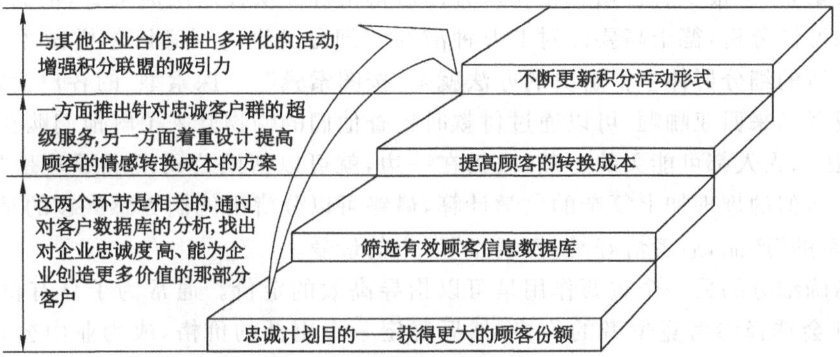

图 5-1-2 德士高忠诚计划的 4 个关键步骤

克莱夫·汉比解释说:德士高以前是电视媒体的主要广告商之一,但是后来他们通过调查发现,直接给顾客寄信,信息到达率更高,更加能引起消费者的注意。并且,很多消费者认为,定期收到一些大公司的沟通信件,让他们有提高了社会地位的感觉。在英国这个有限的市场里,德士高的市场目标不可能是赢得更多的消费者,而是怎样增加单个消费者的价值,所以直接和消费者建立联系,既便宜又有效。

如果有的"利基俱乐部"要进行一次"获得新顾客"的营销活动时,那么组织者往往会选择一两本这些细分市场经常阅读的杂志,然后花很低的广告费,在杂志中夹带"利基俱乐部"的促销信件。为了更好地控制成本,德士高还经常和供应商联手促销,作为返还给消费者的奖励,把维系忠诚计划的成本转移到了供应商身上。由于德士高这种按照消费者购买习惯细分市场的"利基俱乐部"数据库内容真实详细,促销非常具有针对性,所以供应商十分愿意参加这样的促销活动,以提高品牌知名度,加强与消费者的关系。较之沃尔玛强制供应商降价促销而言,德士高的供应商基本上都是自愿与德士高联手,实现了共赢。

3. 忠诚计划中的数据库营销

德士高会员卡上带有条形码,如果每位消费者每周购买 30 件商品,那么德士高的数据库中每年就将增添超过 100 亿个新数据;而如果每位消费者每周购买 40 件商品,那么德士高的数据库中每年就将增添超过 140 亿个新数据。这是个非常庞大的数据库,所以德士高需要用最先进的统计和分析技术将其归类分析,得出有价值的信息。通过会员卡的记录,德士高可以精确统计顾客在某段时间内购买了何种商品,以了解不同商品之间的潜在购买联系,并据此改变这些商品在店铺中的摆放位置。庞大的数据库为德士高带来了两点好处:第一,这些数据有助于公司向消费者提供特殊的、有针对性的优惠服务。每季度末,会员卡持有者都能收到德士高寄来的现金折扣券,其价值相当于顾客当季消费金额的 1%。第二,德士高还根据数据库中储存的顾客数据,查出顾客过往购买的商品,分析出顾客可能有兴趣购买的商品,并将这些商品的折扣券一并寄给消费者。

所以,这个系统有几个方面的功能:有针对性的客户服务、超市货品陈列的优化、对消费者需求做出更好的预测。这一切都是为了更好地服务客户。

4. 忠诚计划的精确细分

德士高最令人羡慕的还在于它能够准确地进行客户细分。事实上,虽然人人都知道客户细分非常重要，但很少有公司真正在这方面做得很好。从技术层面来看，根据驱动消费行为的态度和习惯分析，德士高要面对上万种潜在的细分类别。到底该怎样做才能将每一个客户放在合适的细分群体中？解决的办法就是“按图索骥”。“探索型”的客户会购买初榨橄榄精华油或者马来西亚咖喱，可以通过付款时检查他们的购物篮来了解他们购买的商品，而有些商品，比如人人都可能买的香蕉，被扔在一边，就可以帮助公司发现哪些是“探索型”的客户。一个相似的推理加上复杂的数学计算，最终可以分辨出他们更感兴趣的是“新鲜的”、而不是“新奇的”产品，后者恰好是“探索型”客户的最爱。

进行精确细分的另一个重要作用是可以指导高效的定价。通常为了具有价格优势，大多数公司都会选择参考竞争者的价格，然后确定一个更低的价格，成为业内公认的价格标杆。但这样做的结果往往会导致一场几败俱伤的价格大战。而德士高却逃离了这样的厄运。它先是用已有的数据，找到那些对价格敏感的客户。“如果通过会员数据可以挑出哪些是价格敏感型的客户喜爱购买的商品，而不是其他的人和商品，然后给在公司可以接受的最低成本水平上为这些商品确定一个最低价来吸引这类‘价格敏感型’的客户。”实际上，由于不了解自己的客户，很多零售商都把钱浪费在降价促销一些人们其实必须购买的产品上了。这样有目标的降价让德士高可以从竞争对手那里吸引来更多的顾客。更妙的是，这样的低价无损公司整体的盈利水平。

5. 忠诚计划的继续发展

从 1996 年开始，德士高不满足于经营单纯的零售积分卡，而是把业务延伸到了金融服务领域，德士高与苏格兰银行合作于当年 6 月推出了“Club Card Plus”联名卡。

联名卡一般是非金融界的营利性公司与银行合作发行的信用卡，近年来被市场广泛接受、发展很快。在管理方式上，联名双方（或多方，签有详细的利润分成），可以利用公司的品牌和忠诚顾客基数，针对有一定特殊共性的消费群体来设计品牌，是一个极好的市场细分的手法。

德士高的“Club Card Plus”推出时针对的是“俱乐部卡”会员中最忠诚、消费额度最高的那 20%中产阶级家庭。“Club Card Plus”信用卡在英国颇受欢迎，2003 年公司在“俱乐部卡”的基础上还推出了“德士高个人金融服务”和“德士高电信服务”等其他利润更高的衍生服务。信用卡推出不到 1 年，用户已经超过了 50 万。正如德士高自己所形容的：“我们不仅仅是用‘俱乐部卡’的积分来奖励消费者，我们还根据它的数据来决定企业的发展方向。”

全球零售业竞争异常激烈，然而德士高却凭借着优秀的客户关系管理在行业中独占鳌头。戴维·里德作为德士高公司的掌舵者带领着他的员工把德士高的优质服务带到世界上的多个国家。戴维·里德踌躇满志，他必将把德士高带到一个更辉煌的明天。

【思考题】

1. 一般忠诚计划的原理及其利弊分析。
2. 德士高的忠诚计划与一般忠诚计划有何不同？
3. 试分析德士高的忠诚计划成功之处。
4. 德士高忠诚计划的成功对零售企业的启示何在？

【案例二】 上海大众汽车有限公司CRM案例分析

上海大众汽车有限公司(简称“上海大众汽车”)是中国改革开放后第一家轿车合资企业,经过多年的经营,公司业务不断增长、产品不断完善。同时中国经济持续高速发展,中国消费者的购买力持续上升,越来越多的国际品牌开始进入中国市场,大众汽车在国外市场所面临的竞争开始延续到中国国内。与此同时,大众品牌出现了一定程度的老化,尤其是上海大众汽车,被认为是一个“过时”和“保守”的品牌。因此,管理客户的购车和使用体验,提升客户的忠诚度,实现客户的重复购买和正面的口碑宣传就成了上海大众汽车 CRM 战略实施的首要目标。同时公司在 CRM 系统建立的基础上进一步推出了车主俱乐部计划,从而提高了客户忠诚度。

一、企业背景

上海大众汽车位于上海西北郊安亭国际汽车城,占地面积 333 万平方米,建筑面积 90 万平方米,是国内生产规模最大的现代化轿车生产基地之一,年生产能力超过 45 万辆,产品包括桑塔纳、桑塔纳 3000 型、帕萨特、波罗(Polo)、高尔、途安、斯柯达七大系列几十个品种。

公司成立于 1985 年 3 月,是中国改革开放后第一家轿车合资企业。上海大众汽车的诞生,结束了中国汽车工业“闭门造车”低水平徘徊的历史,开辟了利用外资、引进技术、加快发展的道路。几十年来,上海大众汽车自我积累、滚动发展,创下了我国轿车工业发展的新模式。经过合资各方多次追加投资,上海大众汽车的注册资本已从 1985 年的 1.6 亿元人民币达到目前的 100 多亿元人民币;总资产由 9.8 亿元人民币增长到 359.7 亿元人民币。

在一个跨国界、跨文化、跨时代、跨技术的大背景下,上海大众汽车中德双方精诚合作,开拓前进,被称为“中德两国成功合作的典范”。公司曾连续 8 年荣获中国十佳合资企业称号,连续 8 年排名全国最大 500 家外商投资企业榜首,并连续 9 年被评为全国质量效益型企业。凭借质量、经济效益等方面的显著绩效,上海大众汽车成为中国汽车行业中首家获得全国质量管理奖的企业。在发展历程中,上海大众汽车创下了中国轿车工业的多项第一。

2004 年 5 月,大众汽车已着重致力于大众汽车集团(中国)的建立和发展,并且以一个由 6 人组成的董事会来领导,其任务是建立和开展大众汽车集团在中国的所有企业的各项业务。2002 年初,随着 Polo 的投产,大众汽车在中国又建立了一座里程碑:作为第一家汽车制造商,上海大众汽车同时向中国市场推出了其全球首发的一款新车型,也以此引领着中国汽车工业向着具有全球竞争能力的方向迈进了一步。近几年,大众汽车加大了在中国的发展步伐,并在华投资了 3 亿欧元。大众拥有经过多年培训的研发人员,能够迅速加快在中国的开发速度,而上海大众汽车的设计开发中心已经着手设计生产符合中国人口味的全新车型,2005 年 11 月,最新的帕萨特领驭投放市场。

上海大众汽车在 1985 年开展其业务活动的同时,也开始在全国范围内着手建立服务网络。到 1986 年底,上海大众汽车已经在中国所有的省份建立了维修网点。在 20 世纪 90 年代中,随着一汽大众业务活动的开展,该服务网络也进一步承担起大众品牌和奥迪品牌车型的维修服务。自2002年起，为大众进口车提供销售和维修服务而建立的大众进口汽车销售有限公司以及经过严格挑选的几家独家代理商使大众汽车销售网络进一步得到扩充。2005年，大众汽车共拥有大约1 000家经销和维修服务合作伙伴。因此，大众汽车在中国的销售网点最为密集，也最直接地为客户提供多方面的服务。

二、企业经营现状

（一）产品结构情况

上海大众汽车现在具有多个品牌的完备车型。

(1) 桑塔纳：从1984年引进至今，上海大众汽车桑塔纳已经进行了几百项技术改进，陆续推出了99新秀、世纪新秀和俊秀等多种车型，技术含量不断提升，并一直保持着良好的销售势头，被誉为中国车坛的“常青树”。

(2) 帕萨特：上海大众汽车帕萨特于1999年12月成功投产，迅速成为中高级轿车的经典之作。2005年11月全新上市的帕萨特领驭在保持帕萨特品牌经典品质的同时，融合了更多符合中国消费者需求的元素，外形设计豪华动感，内部空间舒适宽阔，操控性能精确扎实。

(3) Polo：2002年4月，代表着当时汽车工业国际先进水平的上海大众汽车Polo正式上市。在这款国际紧凑型家庭轿车最新车型的引进中，上海大众汽车真正实现了全球同步规划、同步生产、同步上市。

(4) 高尔夫：2003年2月，上海大众汽车推出两门紧凑型经济轿车高尔夫，开创了国内两门轿车产品之先河。随后，高尔夫系列产品不断涌现：四门高尔夫、两门运动版高尔夫旋风、四门高尔夫旋彩相继面世。

(5) 桑塔纳3000型“超越者”：上海大众汽车首款自主开发的产品——桑塔纳3000型于2004年3月成功上市。作为桑塔纳2000型的垂直换代产品，“超越者”不仅外观更加时尚现代，空调系统、电控系统等也有较大的提升。

(6) 途安：2004年11月正式上市的上海大众汽车途安应用简洁、时尚的设计理念，兼具轿车的舒适、安全和MPV（多用途汽车）的多功能性，在家用、商务和休闲性上达到了完美结合，是国内第一款真正意义上的多功能轿车。

(7) 斯柯达：2005年4月11日，上海大众与斯柯达汽车公司在捷克共和国签署了合作协议，在欧洲享誉百年的斯柯达汽车品牌正式落户上海大众汽车。斯柯达品牌的引入，成为上海大众汽车多品牌战略的重要一步。

（二）售前情况

1. 没有进行系统的客户细分和详尽的客户信息管理

上海大众汽车现行的客户信息登记办法和内容已不能满足实施CRM系统所需的数据量。而且最主要的问题是由于汽车市场多年来一直处于“卖方市场”的局面，造成汽车销售管理工作松懈，一些规章制度流于形式。销售人员对客户信息的重要性重视不够，往往造成客户信息的可信度下降，对服务及之后的企业决策造成误导。如果公司在做汽车信贷时对客户信息了解不准确的话，企业将面临更大的损失。对客户信息的系统分析也相对不足，无法支持CRM系统的全面启动。

2. 客户行为分析方法落后

上海大众汽车关于客户行为的调研开展得很少，而且多是为了调研而调研，即调研结束后没有根据结果做出科学系统的分析以辅助管理层进行科学决策。公司相关人员的业务素质及信息技术的限制，目前还不具备通过研究结果对客户的行为、偏好、潜在流失风险、信用等进行科学预测的能力，仅仅通过手工凭经验进行分析预测，准确性很低，不足以作为辅助决策的有效信息。

（三）销售情况

上海大众汽车在中国已有数十年的经营历史，车辆保有量达到300万辆，用户和经销商遍布中国内地的31个省（直辖市、自治区）。为了保证所有的用户都可以便捷地享受车辆的售后服务，上海大众汽车在1999年就成立了以提供售后服务为主导的呼叫中心9500-0789，但大众实施CRM前的1996—2001年销售业绩不佳，如表5-2-1所示。

表5-2-1　1996—2001年大众汽车销售情况

指标	单位	1996年	1997年	1998年	1999年	2000年	2001年
销售量	辆	200 031	230 186	235 020	230 699	222 216	230 050
销售收入	百万元	24 306.74	26 316.35	25 203.88	26 740.74	28 697.51	31 735.6

（四）业务流程

公司的业务流程大多是围绕着“产品”而不是围绕着“客户”去设计的，因此各部门只关注本部门的工作、只从自身的利益出发，但从客户的角度来看，企业完整的业务流程被割裂，各部门相互扯皮，致使手续繁多，效率低下。这样不但降低了客户满意度，也损害了企业与客户的长期合作关系。

（五）实施客户关系管理的利润空间

从相关人士对汽车价值链的分析可以看出，汽车的保养、维修、保险、租赁等方面的利润比新车销售利润要高出很多。美国汽车行业的一些统计数据显示：“每个车主每隔6年会购买1部新车；每卖出100辆汽车，有65辆是经销商的老客户买走的；开发1个新客户的成本是保留1个老客户的5倍；保留客户的比率每增加5%，企业获利就可能增加25%～95%。”而且，CRM的价值必将拓展到客户用车的整个生命周期上，这样其掘金的功能才能最大限度发挥出来。作为中国最早的轿车生产企业，上海大众汽车目前拥有300万老客户，这是上海大众汽车的最大财富。如何通过老客户对汽车的维修、保养、置换赢得更多利润是上海大众汽车必须尽早解决的问题。

以上存在的问题说明实施CRM迫在眉睫。

三、上海大众汽车CRM战略及其实施

鉴于企业上述情况，上海大众汽车决定实施CRM战略，2001年底开始筹划CRM项目，2002年初正式启动实施。上海大众汽车的CRM项目采取小规模试点、局部实验、全面推行的三步式实施方式，并顺利完成了第一阶段的目标。CRM项目不仅在公司内部各部门得到了一致认可，同时在上海大众汽车遍布全国的经销商网络中得到了广泛使用，成为上

海大众汽车市场销售的助推器。

2005年上海大众汽车的CRM项目在继续保持原有的特色的基础上，在执行中不断优化潜在用户的沟通策略、不断完善经销商广域网的功能。通过上海大众汽车高管层的策略推进，CRM项目在深度和广度方面有了实质性的进展。

(一) 实施CRM第一阶段的决策

上海大众汽车于1999年在国内率先成立了以提供售后服务为主导的呼叫中心9500-0789。售后服务呼叫中心以每一辆车为基本沟通单元，对每一个用户的来电都进行了详细记录。从当时的市场环境来看，上海大众汽车的这一策略无疑具有相当的前瞻性。呼叫中心作为上海大众汽车售后服务面对社会的一个窗口，有效地连接了用户、上海大众汽车、维修站，成为三者之间的沟通渠道。但受限于当时市场营销理念和信息技术能力，呼叫中心系统的设计和开发主要以满足呼叫中心的运营为出发点，以解答客户用车过程中的问题以及处理用户投诉为主要目的，同时肩负一定的用户信息搜集、批量故障汇总分析以及信息发布的任务。

随着上海大众汽车CRM项目的启动以及营销业务的进一步推广，2002年上海大众汽车成立了以产品/市场信息发布、潜在客户发展、客户关系联络、上海大众汽车/经销商客户营销支持、公司/地区市场活动支持、销售及售后用户满意度回访等功能于一体的销售呼叫中心：800-820-1111。新的销售呼叫中心成为上海大众汽车市场销售和服务车主的一个重要窗口，有效地连接了用户、上海大众汽车、经销商。截至2005年6月，月呼入电话已经达到了近30 000通。

(二) 实施CRM第二阶段的决策

1. 整合呼叫中心

在上述呼叫中心的基础上，上海大众汽车决定基于800呼叫中心使用的先进的CRM平台，全面整合销售咨询和售后服务两大呼叫中心，以使呼叫中心整合涵盖办公地点的整合、应用系统和平台的整合、数据的整合、人员和运营管理的整合，成立一个完整意义上的上海大众汽车客户服务中心，在统一的CRM策略指导下，完成了统一的客户沟通档案的建立及管理工作。

2. 建立经销商自营CRM系统

作为上海大众汽车营销与服务的前沿阵地，广大的经销商/维修站成员既是潜在用户的发掘者、市场的开拓者、产品的销售者，又是售后服务的提供者、忠诚客户的维系者。通过与经销商的交流可以发现，经销商都非常清楚地意识到对潜在用户和现有用户进行关系营销是市场销售的必然趋势，也有迫切的需求对自己的用户数据进行关系营销。但由于经销商个体规模、能力的限制，虽然各经销商都获取并掌握了一定的潜在客户数据，但缺乏有效的机制和系统来合理地管理和整合这些高价值的数据，造成了资源的大量浪费。如何更好地提升经销商潜在客户的开发和维系能力、市场的推广能力以及售后服务能力和忠诚客户的塑造能力成为上海大众汽车CRM项目实施第二阶段的重点。

上海大众汽车决定于2005年启动经销商自营客户关系管理项目，开发一个经销商自我管理、自我经营的经销商CRM系统，并免费向所有上海大众汽车特许经销商开放。经销商自营CRM系统架构如图5-2-1所示。

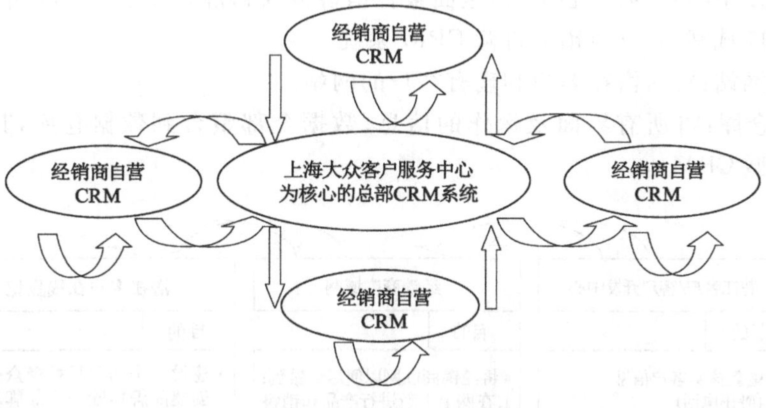

图 5-2-1　上海大众汽车经销商自营 CRM 系统框架

经过不断推进，上海大众汽车经销商网络成员能够熟练运用该系统进行客户信息的搜集及管理，以提升经销商的市场营销能力，同时也为上海大众汽车的客户关系管理积累了必要的信息和经验，为从总部层面全面开展 CRM 业务打下了坚实的基础。

3. 建立车主俱乐部

作为上海大众汽车客户忠诚度计划执行过程中的一个重要步骤，上海大众汽车计划成立面对所有品牌车主的上海大众汽车车主俱乐部。上海大众汽车车主俱乐部是由上海大众汽车管理的、和车主进行沟通的渠道和平台。通过俱乐部上海大众汽车可以为车主提供多元化和人性化的增值服务，从整体上提高车主的满意度和忠诚度，促使车主形成对上海大众汽车的品牌依赖。为了确保上海大众汽车为车主提供全面的服务，俱乐部的运营制定了详细的规划，建立了基础、机制和内容三大要素。

（三）上海大众汽车实施 CRM 的框架

（1）上海大众汽车实施 CRM 战略的目标。

（2）CRM 技术系统：上海大众汽车实施 CRM 的技术系统，包括系统层次、功能、类型等问题。

（3）实施过程和步骤。

（4）组织与 CRM 的匹配：上海大众汽车需要就其组织结构、人员安排、业务流程及其企业文化等如何与 CRM 实施项目匹配等问题进行决策。

（5）CRM 策略：上海大众汽车需要就企业实施 CRM 项目后如何吸引新客户、保留老客户、挖掘客户潜力、使客户价值增值的策略问题进行决策。

（三）上海大众汽车实施 CRM 的具体情况

1. CRM 战略和实施项目的确定

上海大众汽车实施 CRM 战略的目标为：通过各种触点与目标客户群进行沟通，建立品牌知名度，激发购买意愿；管理客户购车和使用体验，提升客户的满意度，进而提升其忠诚度，实现忠诚客户的重复购买和正面的口碑宣传，不断挖掘客户的价值潜力。

2. CRM 技术系统

（1）与客户互动的界面和沟通渠道（协作型 CRM）。

• 客户开发中心:呼叫中心平台,全面整合销售咨询和售后服务两大呼叫中心。

• 经销商广域网:建立经销商自营 CRM 系统。

• 消费者网站:针对潜在客户和现有客户的网站。

(2) 数据仓库:将所有界面及运作的信息、数据全部整合到数据仓库,其体系结构见图 5-2-2(分析型 CRM)。

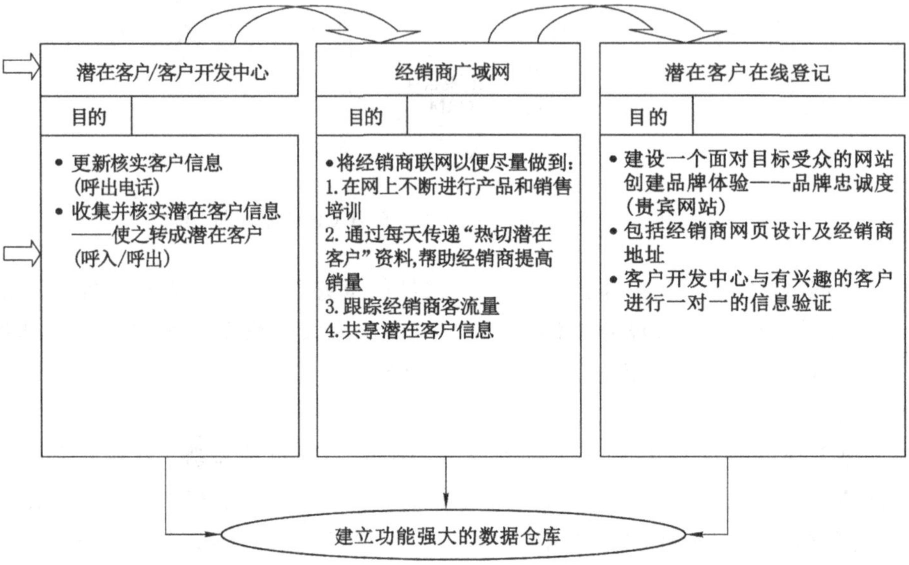

图 5-2-2　与客户沟通互动的界面

(3) 运营型 CRM(销售、服务支持与营销层面如何运作)。

整合经销商广域网、上海大众汽车总部 CRM 系统和经销商 CRM 系统,形成经销商自身的闭环营销、上海大众汽车和经销商之间的闭环营销。

3. 实施过程和步骤

实施步骤思路:确定实施阶段,理清实施思路,确定实施方案。

(1) 确定实施阶段。

第一阶段:呼叫中心的建立,以及三步走的方案。

第二阶段:呼叫中心的完善与客户服务中心的发展、经销商自营 CRM 的建立,及三步走的方案。在此基础上实施顾客忠诚度计划——上海大众汽车车主俱乐部的建立。

三步走方案:

第一步:呼叫中心整合、完善。

第二步:经销商自营 CRM 系统的建立;以上海大众汽车总部 CRM 的业务逻辑为基础,根据经销商潜在用户自我管理的需求,上海大众汽车在分析了大部分经销商业务模式和典型需求后,决定开发一个由经销商自我管理、自我经营的经销商 CRM 系统,免费向所有的上海大众汽车特许经销商开放,用于经销商管理通过市场拓展获得的、属于自己的潜在用户和售后服务客户的信息。

第三步:实施顾客忠诚度计划——车主俱乐部建立。

（2）理清实施思路，确定实施方案。

一般而言，企业实施 CRM 项目大致经历如下步骤：领导支持、获得企业所有人员的认同、建立 CRM 项目实施小组、制订 CRM 实施计划、CRM 软件选择、挑选供应商、业务流程再造、组织重构、CRM 系统的实施与安装、CRM 系统的持续管理等。

在上述基础上，企业实施 CRM 的步骤见图 5-2-3 所示：理念导入、业务梳理、流程固化及组织重构、系统部署、应用培训、业务上线及评估。各步骤具体的实施工作细节见每一步骤中箭头所指部分。

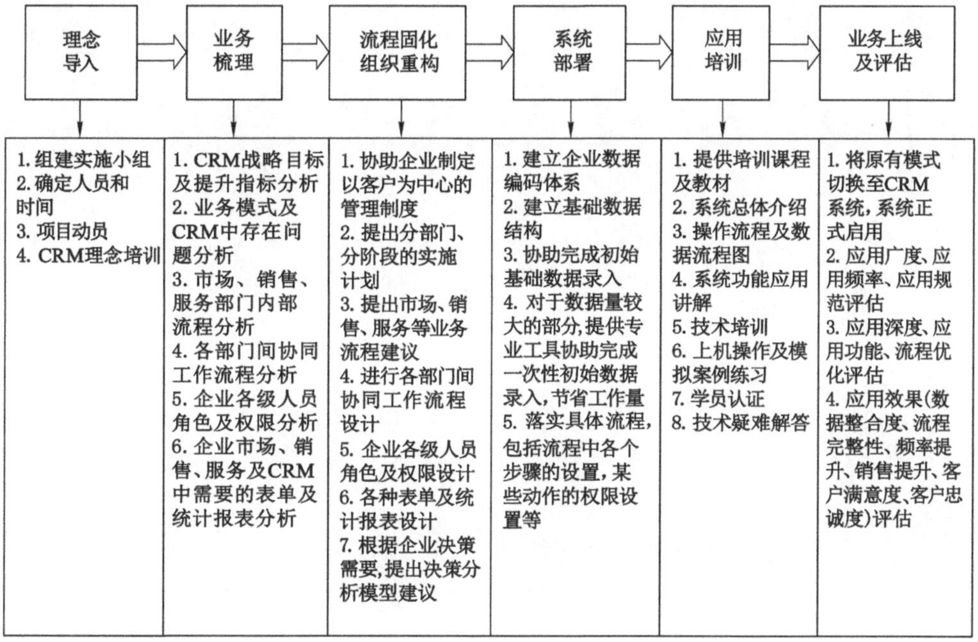

图 5-2-3　CRM 实施步骤

4．CRM 策略

（1）明确客户的概念。

此案例中，客户是广义的客户，从环节看，一是终端客户，二是经销商；从是否已发生交易看，有老客户（车主）、新客户（潜在客户）。

（2）CRM 的获取、保留与发展顾客策略。

实施 CRM 是将 CRM 思想、技术系统、实施方案与策略融为一体的过程。上海大众汽车 CRM 项目从成立开始就定位为一个旨在维护和开发客户关系的营销体系。上海大众汽车的 CRM 系统超越了软件，超越了呼叫中心，上海大众汽车认为软件和呼叫中心仅仅是 CRM 的工具而不是实质。上海大众汽车的 CRM 体系以客户生命周期数据库管理为基础，整合了呼叫中心、直邮、互联网、经销商广域网和市场活动等不同的营销手段。CRM 的运作过程，借用一句古诗来说，就是“随风潜入夜，润物细无声”。CRM 不是一个单独的战术，而是市场整合营销的一个环节，它为其他营销环节服务，也受到其他营销环节支持，脱离了整合营销的基础，CRM 就不能发挥自己的价值。

【思考题】

1. 思考一般企业实施 CRM 的战略框架体系。
2. 试分析上海大众汽车实施 CRM 的过程与步骤。
3. 上海大众汽车实施 CRM 对其他企业有何借鉴?

【案例三】 新加坡航空公司CRM案例分析

2010年4月，冰岛火山爆发，欧洲受火山灰的影响，航空业损失巨大，取消了10万个航班，经济损失达15亿～25亿欧元。覆巢之下安有完卵？亚洲的航空业也深受影响，首当其冲的就是新加坡航空公司（简称新航），日亏损额达2 069万港元。新航的航空网络覆盖全球38个国家和地区的93个目的地，其中1/4的业务是来自欧洲的目的地。国际航空业务成就了新航，此次损失越大，越说明之前的生意好得不得了。自1972年从马来西亚航空公司分离出来，短短的几十年，新航锐意进取，不断创新，获得了巨大的成功，成为全世界市值最大、利润最高的航空公司，也是全世界仅有6家的五星级航空公司中的一员。为何一个弹丸小国的航空公司，没有国内航线，完全依赖国际市场，在短短的时间内竟然取得如此辉煌的业绩？新航的答案是：保持和提高两个忠诚度，即顾客忠诚度和员工忠诚度。

一、公司背景

（一）新加坡航空公司简介

新加坡航空公司是新加坡的国家航空公司。它以樟宜机场为基地，主要经营国际航线，在东南亚、东亚和南亚拥有强大的航线网络，并占据袋鼠航线的一部分市场。除此之外，新加坡航空的业务还有跨太平洋航班，包括以A340-500来营运的全球最长的直航航班新加坡—纽约航班和新加坡—洛杉矶航班。新航还是首个营运全球最大客机A380的航空公司。

袋鼠航线，特指来往欧洲及澳洲或新西兰间的客运航线；这些航班通常都会在东南亚中停。这条航线的航班为航空公司带来可观的利润，因为澳纽有大量的欧洲裔人口定居，欧洲与澳纽两地间有极长的距离。然而，由于这条航线不同政府间的协议，能够经营此航线的航空公司为数不多并且受到限制。袋鼠航线的名称由来，不只是因为袋鼠对澳洲的独特性，更因为这条路线的航班至少都会中停一站，类似于袋鼠“跳跃”的动作。

袋鼠航线的主要中停站是新加坡樟宜国际机场，在这里，新加坡航空与英国航空—澳洲航空联盟之间有着相当激烈的竞争。其他的机场也尝试要在这条航线中取得一个较重要的地位。曼谷国际机场的地位正在逐渐上升，但是吉隆坡国际机场所占有的分量却在逐渐下滑，因为英国航空及澳洲航空都停止了飞往吉隆坡的航班，目前仅剩马来西亚航空以及奥地利航空继续经营途经吉隆坡国际机场的袋鼠航线。由于新款的空中客车及波音客机问世，在欧洲及纽澳间不中停的直飞已不是难事，其中，在纽澳，珀斯是主要的起降点。至于哪一家航空公司会在不停站直飞航班的竞争中获胜，还有待观察。

阿联酋航空及其他中东籍航空公司均积极推广途经中东地区，如迪拜的航班。而中国香港也开始开放空域，让维珍大西洋航空进入这块市场（自2004年12月起），同时也开放澳洲航空可以经香港飞往伦敦的航权，此举也造成与国泰航空间的直接竞争。新西兰航空也于2006年10月起提供奥克兰经香港往伦敦的航班。

虽然面临亚洲地区的航空公司的强力竞争，但是现今在袋鼠航线，从出发点到终点都维持同一架飞机并仅使用一个航班号的只有新西兰航空、奥地利航空、英国航空、澳洲航空以及维珍航空。

（二）新航集团成员

新加坡航空公司自成立以来，赢得了创新市场领先者的荣誉，同时可提供优质服务和高质量产品。新加坡航空品牌在航空界已广为人知，尤其是在安全、服务质量和革新风格方面。新加坡航空公司一直被誉为最舒适和最安全的航空公司之一。

新加坡航空公司还有一些与航空有关的子公司，包括胜安航空和新加坡航空货运，前者主要负责区域性航班和载客量较低的航班，后者是负责新加坡航空的货运业务。另外新加坡航空还有其他航空公司的股权，例如拥有维珍航空和廉价航空公司欣丰虎航的部分股份。若以市场资本额计算，新航是全世界最大的航空公司；以人均公里收入计算，新航是全世界前 15 大航空公司，也是亚洲第 8 大航空公司；以国际航线载客量计算，新航是全球第 6 大航空公司。

（三）新加坡航空公司历史

新加坡航空公司的历史可以追溯至成立于 1947 年的马来亚航空公司。

在 19 世纪 40 年代和 50 年代，马来亚航空继续扩展其业务，包括引入 DC-3、DC-4、维克斯子爵式、L-1049、彗星型和福克 F27 等不同类型的客机。

1966 年新加坡宣布独立，又使马来亚航空更名为马来西亚-新加坡航空。马来西亚-新加坡航空在接下来的数年急速扩张。在 1972 年，新加坡与马来西亚政府间的合作破裂，这使马来西亚-新加坡航空一分为二，分别为马来西亚航空和新加坡航空，自此两家公司各自发展。

分裂之后，新加坡航空保持了 10 架原马来西亚-新加坡航空的波音 707 和 737，以及其国际航线，而女性空中服务员的制服亦没有变更。在 20 世纪 70 年代，新航急速扩张其业务，包括在亚洲和印度次大陆开拓更多新航点，并购入波音 747 以壮大其规模。到了 80 年代，新航进一步开拓更多北美洲和欧洲航线。新航亦是首批购入波音 747-400 的航空公司之一，首架新航波音 747-400 在 1989 年投入服务，后来新航更购入波音 777、A310 和 A340。到了 90 年代，新航开拓了南非的约翰内斯堡航线，随后亦开通了开普敦和德班航线。

在 2004 年，新加坡航空用当时续航最远的 A340-500 客机开通了全球最长的不停站航班，由新加坡出发前往洛杉矶和纽约，这也是新航首个前往美国的不停站航班，而前往纽约的航班需要 18 小时才到达，因此成为全球最长的不停站航班。从 2008 年 5 月开始，新航把旗下 5 架 A340-500 改装为全商务舱，全力服务这两条航线。

2000 年 9 月 29 日，新航宣布订购 25 架 A380，总值 86 亿美元。

2006 年 2 月，涂上新加坡航空涂装的 A380 在 2006 年亚洲航空展中亮相。

2007 年 10 月 25 日，新航首架 A380 正式投入服务，载着 455 名乘客的 SQ380 航班由新加坡出发前往悉尼，在当地时间下午 5:24 降落在悉尼。

2008—2009 年，新加坡航空扩展 A380 服务至伦敦、巴黎、东京及中国香港。

2009 年 7 月 9 日，新加坡航空使用 A380 飞行的 SQ856 班机在香港时间下午 1:30 降落于香港国际机场，成为首班前往中国香港的定期航班，更成为 A380 投入服务以来最短的航线。

（四）新航经营现状及面临的挑战

新加坡航空公司在 CEO 张松光的领导下，于 2006 年年底开始在原有的基础上重组金融结构，集中资金合理经营，优化经营体制，并开展多项服务业务，如飞机租赁和周边航空服务业务；建立起一个综合性航空经营体系，同时建立起以新加坡为主基地的低成本航空运营集团公司——飞虎航空公司。这一系列的改革和发展使新加坡航空公司的运输服务持续获利，平均每年盈利 14 亿新加坡元，从未出现过负债。2006—2007 年新加坡航空公司的利润增长了 72%，达到 2.43 亿新加坡元，当年的总收入为 14.49 亿新加坡元。这一状况充分显示了新加坡航空公司具有良好的经营方略。

2009 年航空业竞争激化、市场环境恶劣。受国际金融危机影响，全球经济放缓，航空服务需求受到巨大冲击。亚太航空协会的统计显示，亚洲航空公司 2010 年 1 月份航空货运量减少了 23.6%，客运量减少了 7.8%。

新航预订机票走势明显反映出旅客对航班服务需求趋弱甚至疲软的态势。航空货运的货运量一段时期内下滑超过 20%，新航宣布在新财政年度(2009 年 4 月至 2010 年 3 月)将其航线网络的运力下调 11%。除了削减载客量，新航也宣布将让现有机队中的 17 架客机退役，数量远远超过金融危机冲击市场前所预计的 4 架。此前，新航已经宣布并做出了一系列航班调整，甚至已经先后取消了两条航线，一条是从 2010 年 2 月 4 日起取消飞往印度阿姆利则的航线，另一条甚至不惜忍痛放弃经营了 20 多年的来往加拿大西岸城市温哥华的航线，从 2010 年 4 月 26 日起停飞每星期 3 趟途经韩国首都首尔到温哥华的班机。

在亚太地区，新航将飞往澳大利亚悉尼的航班减少至每日 3 班，此航班频率将持续至 2010 年 7 月。在日本，从新加坡经停曼谷飞往东京的航班将从目前的每周 6 班减少至每周 5 班。新航飞往韩国首尔的航班将减少至每日 2 班(目前该航线的航班已减少至每周 17 班)。其中一班航班在经停首尔后将继续飞往旧金山。新航飞往中国的航班也将有所变化。飞往北京的航班将从目前的每周 21 班减少至每周 17 班，而飞往广州和南京的航班则将分别减少至每周 5 班和每周 2 班。

在南亚，除了已经宣布的针对印度门户城市所做的变化外，飞往科伦坡和马尔代夫的航班也将分别从每周 7 班减少至每周 5 班。其他航线如布里斯班、珀斯、福冈、名古屋和罗马等城市，新航将视季节调整其航班运营频率。

新航主动收缩，削减运力，似乎应当列入“冬眠”型企业的范畴。尽管如此，新航称，展望未来，新航将继续关注运力需求变化，并适时调整其航线网络的运力。

二、外部顾客忠诚管理

对外提高顾客忠诚度的方法——用全方位的人性化服务打造一流品牌。

哈佛大学赛萨教授的研究表明，企业忠诚顾客增加 5%，企业利润则相应增加 35%～95%。新航一直强调其顾客哲学和服务文化的重要性，坚持以顾客满意为中心，不懈追求提高顾客忠诚度。为顾客提供高质量的服务对公司有至关重要的意义。公司的政策表明：如果顾客不满意的话，公司的高层决策者就有降职的可能。新航从如下方面为顾客提供高质量的服务。

(一) 餐饮

新航在餐饮方面一直致力于提供优质的餐饮服务，也尽量做到差异化和创新。自 1998 年 9 月起，新航为乘客提供国际风味美食，邀请世界各地名厨组成顾问团精心规划新航佳肴及佐餐佳酿葡萄酒，其莱佛士商务舱乘客可于登机前 24 小时预订主菜，还可享受多样化的餐后饮料，包括巴西、哥伦比亚和肯尼亚的各式精选单品与多种特调咖啡。往返中国的航班上均向乘客提供中餐选择。

在新航高度频繁的班次中，菜单每星期就要改变1次，而在其他航空公司每年只变更4次。信息技术使厨师能够调整食物和立即撤回不受欢迎的食物，尽管这样提高了服务成本，但这些努力会使新航的服务有更高的顾客满意度，而员工则被训练通过其他途径来减少开支，如厨师只用应季的食材准备食物。

（二）客舱

高雅的蓝紫色调的座椅间距达1.98米、宽度达58.4厘米。乘客想要入睡时，只要一按电钮，座椅可以完全放平，立刻变成一张长1.93米、宽58.4厘米的睡床。客航另配有电动脚踏、气压式腰部垫、可调整高度的座椅隔间屏幕、物品收纳格、交流电源、阅读灯等设备。

（三）娱乐

新航为所有航班提供优良的娱乐系统。如所有自中国出发的航班每个座位都配有“银刃世界”个人娱乐系统，提供超过200种不同类型的娱乐项目，让乘客随意挑选。无论是最新最叫座的影片、热门电视剧、紧张刺激的互动游戏、曲目广泛的音乐还是不断更新的卫星新闻，都能让乘客乐在其中。每月提供最新中文影片及7部中文字幕的最新外语院线片供乘客欣赏，并提供中文的操作指南。“银刃世界”系统安装在每个座位上，其遥控器本身就是一部卫星电话。在莱佛士商务舱，电视屏幕设在座椅的扶手里，高分辨率显示屏宽达26.4厘米。机上无线宽带上网服务于2004年第三季度启动。

（四）服务

新航总裁说：“我们认为航空公司要想获得成功，就必须是服务创新者而不是价格领导者。以顾客为导向意味着引进顾客导向的新特征和新标准。”

1991年，新航率先引进了全球卫星通信服务和常规的空中传真服务。新航还为所有长途飞行的旅客提供一包赠送的日用品，包括牙膏、牙刷、短袜和梳子。新航的顾客还能享受到一些独特的便利服务，如新航总部的健身房、会议厅、展览厅、商业中心、全天服务的银行、旅馆、超过100家的商店和许多其他服务。以美国作为目的地的乘客使用蓝色航线APIS（先进的乘客信息系统）设备，乘客的资料在飞机着陆前就被传输给了美国移民局，这样，移民局就可以对乘客进行审查，而在机场上用于完成入境手续的实际时间就可以缩短。1993年10月起，新航为飞往日本的乘客提供日本菜，并提供各种日式餐具。1996年11月，新航引进了用于头等舱、商务舱和领先顾客的联网的登机系统。自1997年下半年起，新航在新加坡樟宜机场为没有办理包裹登记手续的乘坐科伦坡穿梭机的乘客安装了自助登记系统；新航还运行了以集中的包裹跟踪功能而知名的集中信息系统。该系统能够更有效地管理被错误处理的包裹。

（五）重视顾客反馈

为了增加非正式的沟通渠道，新航定期进行乘客意见调查以检测它的服务质量。乘客被要求对新航的空中服务、食物、饮料、招待、飞机内部、机场运行、预订和售票部门的质量进行评分。调查表以5种不同的语言打印出来，这样就可以覆盖最大范围的乘客。乘客填表仅需花5分钟的时间。相对低廉的评分体系促使新航决定投资5 200万新加坡元用于舱室管理和交互式的电视系统。

（六）技术与创新

新航有计划地推行技术创新。其中一项就是在每个头等舱和商务舱的座位上安装一个小电视屏幕来为顾客提供电视服务。随后由于其他公司也准备这样做，公司进而提供综合服务。另一项就是卫星电话服务，它可以允许顾客在飞行期间通话，即使是在海面上也是可以的。尽管这些创新是很重要的，但还是不够。新航领导认识到有无限的可能性来为顾客的整个飞行经历增加价值——但这里须正确地运用各种技术。

为了服务到位，公司把 80 000 名旅客记录在公司的优先顾客服务(PPS)程序中。要成为 PPS 的一员，乘客要在 1 年的时间里乘坐头等舱或商务舱飞行至少 60 000 公里。PPS 的成员享有包括允许携带额外的行李及各种打折在内的多种优惠措施。每个 PPS 成员的信息——例如座位和食物的偏好——被储存在计算机内。这种服务仅仅是个开端，信息技术给服务带来的提高是没有尽头的，将来会有更多的顾客享受到这种服务。

新航的飞机在所有的主要国际航空公司中是最新的、机龄最年轻的。新航飞机的平均机龄是 5 年零 3 个月，而该行业的平均机龄是 13 年。由于更年轻，新航的飞机就更可靠、更安静和更宽敞，并且飞行时间更短。新航也是世界上首家认识到为旅客提供中间不停留这种服务的公司，特别是对中间不停顿的飞往远距离的目的地的商务人员而言，是很受欢迎的。

新航在空中娱乐领域也是世界领先的。例如，新航娱乐系统提供了安装在每个座位上的 6 英寸电视屏幕和兼作电话用的遥控器。这种系统的关键特征包括 22 个电视频道、电视游戏和最新的新闻。

新航在维持公司的运作上也采用了最新的技术。1988 年，新航成为世界上首家安装了用于飞行员培训的 B747-400 飞行模拟装置的航空公司。新航也是第一家选用利尔喷气 31 型飞机来训练它的见习飞行员的商业航空公司。通过这些措施，新航保证了它的飞行员能受到极好的训练。新航还与新加坡政府一道投资樟宜机场上的高度自动化系统。该系统极大地增强了旅客输送能力并便于提供不会对顾客造成麻烦的服务。提供餐饮服务的 AATS(新航的一个分公司)拥有世界上最大的全自动碗柜清洗系统。目前它正在投资 1.7 亿新加坡元用于新建一个每天能提供 30 000 份食物的厨房联合体。

三、内部顾客忠诚管理

内部顾客即员工，他们也是新航的重要顾客，新航在如下方面着力培养员工的忠诚度。

(一) 良好的劳资关系

新航的雇员约有 37%是新航工会的成员。1997 年 7 月，新加坡 NTUC(全国商业联盟大会)的主席林文兴进入了新航的董事会。他说管理文化必须转变为团结每一个新航员工以符合全球竞争的需要。他答应帮助工会改善条件。不久，劳资关系就有了改善。双方都努力寻求良好的合作途径。新航的劳务费用仅占其收入的 16%～17%，这远远低于其他的主要航空公司，其他公司如汉莎、美国航空公司该比例约为 35%～37%。

(二) 有效的人力资源培训

由于新加坡缺乏自然资源，对人力资源的投资就是新航发展计划的重要因素。新航非常重视员工的培训和发展，每年用于员工发展和培训的开支是非常巨大的。1992 年，新航花了 8 400 万新加坡元用于员工培训，平均每人约为 5 000 新加坡元，这是新加坡全国平均水平的 12 倍。1993 年，新航建立了一个价值 8 000 万新加坡元的培训中心，这样所有的新航培训就可以在同一个地方进行。

新航还定期进行评审以保证它的薪酬在市场上是有竞争力的。这种巨额投资收到了很好的回报。例如它的电力技术员工几乎可以维护任何最新生产的飞机和发动机。新航的培训计划是非常严格的。新的空中机舱人员在正式工作以前要经过3个月的培训。

新航在个人培训、统一制服、自我管理上存在一些原则，在洗烫制服、化妆和发型上还有统一而特殊的规定。每6个月，机组人员都要检查和清洗牙齿，并向新航的专门医院报告。大多数新航地面服务外包给新加坡机场航站服务公司来管理。该公司的服务宗旨是：

· 笑迎每一位乘客；
· 通过称呼姓名、军衔或头衔的方式向他们致以问候；
· 用友好的微笑提供个性化的服务；
· 在交谈中保持目光接触；
· 全力以赴提供服务。

（三）独特的激励方式

新航建立了获胜途径颁奖制度（WWA）以承认和奖励向顾客提供优质服务的员工。基于顾客的好评的基础，每季度进行一次评选。年度获胜者会收到一只独特的欧米茄星座表。WWA获胜者的名字被刻在金质的荣誉名册上。该名册永远地陈列在新航的管理中心。根据利润分配计划，员工会收到一份基于公司赢利状况的特殊红利。这种红利在员工的年薪中可占到相当大的百分比。新航还制订了“地面杰出服务”计划以激励一线地面人员提供名副其实的创新服务。

（四）结果

作为服务业的航空产业，航空公司的形象建设是很重要的。新航装饰在飞机尾部的一只传统风格的黄鸟标志着新航翱翔于蓝天之中，它显示了新航是一家世界性的航空公司，同时又不失亚洲公司的特色。服务、服务、再服务是服务业的产品，公司认为提供服务是公司存在的唯一理由，新航的人力资源竞争优势造就了航空业的一个世界名牌。

新航毛收入的2%用于广告和促销活动。新航对广告支出实行有效的集分权管理，战略性的广告决策由总部制定，而地域性、局部性的战术性的广告由当地的公司来处理，但总部进行严格监测以保证其一致性。研究发现，新航的广告使它在顾客中获得了很高的回报。

作为服务于一线的空姐“新加坡女孩”是最漂亮和最乐于助人的年轻姑娘，她们经受了艰苦而严格的培训。她们的待遇在公司最高，地位也最高。优秀的职员在工作15年之后就有可能进入资深工作领域。她们穿着巴黎时装设计师设计的由传统的织物制成的精美服装。男性服务员则穿着更为传统的浅蓝色的西装和黑色的裤子。她们漂亮的制服和魅力成为公司提供高质量服务的团体的象征，给乘客留下了深刻而持久的印象。

【思考题】

1. 什么是顾客忠诚和员工忠诚？
2. 顾客忠诚和员工忠诚对企业的重要意义何在？
3. 新加坡航空是如何培养外部顾客和内部顾客的忠诚度的？
4. 该案例给你何种启示？

【案例四】 中欧国际工商学院 CRM 案例分析

在中国经济飞速发展和全球化的大背景下，中国对管理学教育的渴求前所未有地显现出来。大批商学院应运而生，经教育部资格认定的商学院已经有 100 多所。与西方的发展历程类似，以 MBA(工商管理硕士)为主要形式的管理教育，正越来越深刻地影响着中国商业文明的演进。

中国经济迅猛发展，使中国对高素质管理人才的需求不断增加，而随着大中型国有企业向市场化经营的过渡，中高层经营主管的短缺现象将日益凸显。此外，中国为实现对外全面开放金融服务业的目标，也急需培养大批拥有工商管理学位的经营管理者。

自 1994 年中欧国际工商学院创建以来，经过多年的努力，中欧国际工商学院取得了惊人的成绩。为了在激烈的竞争中表现得更加卓著，中欧国际工商学院清晰地意识到需要投入更多的资源在教授、学员、校友以及员工身上，并去开拓更广阔的管理教育市场。于是，中欧国际工商学院实施了客户关系管理战略，进行了以客户关系为中心的市场、服务和招生的教育市场管理的大胆尝试，2005 年实施 CRM 项目，由此迎来了新一轮的大发展。

一、中欧国际工商学院

中欧国际工商学院是一所由中国政府与欧洲联盟共同创办、专门培养国际化高级管理人才的非营利性中外合作高等教育机构，于 1994 年 2 月 28 日在上海成立，也是中国内地第一家开设全日制工商管理硕士(MBA)课程、高层管理人员工商管理硕士(EMBA)课程和高层经理人发展课程(EDP)项目的商学院。

经过多年的辛勤耕耘，中欧国际工商学院的学位及课程已获得国际工商教育权威机构 EQUIS(EQUIS 是欧洲管理发展基金会创办的一个以认证为形式，对高等管理教育机构进行质量评价，推动教育进步的国际认证体系)的认证，且中欧国际工商学院连续 5 年在英国《金融时报》商学院权威排名中位居全球 100 强，亚洲前 3 名。学院是亚洲唯一一所三大课程全面进入世界前 50 名的商学院，是中国唯一被世界认可的世界级商学院。同时学院的品牌影响力正在迅速蔓延，它已成为中国高层经理人的一个智慧库。仅 1994—2014 年就有超过 3 万人次的高级经理在中欧学习过，有 7 000～8 000 名中高级经理人通过上 MBA、EMBA、EDP 的方式来补充“弹药”。据英国《金融时报》的调查，中欧国际工商学院的“毕业后三个月就业率”为 96%，高居全球第二；“三年薪水平均提高幅度”达 194%，为全球第三，超过哈佛商学院；“就业成功率”则排在全球第 20 位，紧随哈佛之后。2009 年 10 月 19 日，在当天出版的英国《金融时报》发布的全球 EMBA 课程 2009 百强排行榜中，中欧国际工商学院作为中国自主品牌的独立商学院，又一次取得了优异成绩，综合排名全球第 26；如果剔除合作品牌，则独立品牌排名全球第 17。

2009 年全球共有 12 所三项核心课程(MBA，EMBA，EDP)全面进入世界 30 强的商学院。其中绝大多数是欧美的老牌名校，如美国的沃顿商学院、西北大学、芝加哥大学、哥伦比亚大学、密歇根大学、杜克大学；欧洲的伦敦商学院、瑞士洛桑商学院等。所有这些佳绩的取得，皆与其实施 CRM 战略相关。

二、中欧国际工商学院实施CRM的背景

中欧国际工商学院实施CRM项目是基于如下挑战和压力的：

(1) 招生的竞争日益加剧。国内外高端管理教育机构共同抢占中国管理教育市场，他们争抢优质生源，其竞争白热化。

(2) 传统的招生手段已经不能适应新时期的要求。如何更加有效地保留现有客户并吸引新的客户成为成功的重中之重。

(3) 服务需求的多样化。随着客户需求的不断增加、变化，市场将需要更多不同以往的、创新的和更有针对性的教育模式。

(4) 学院内部管理的需求。如责任追查、报告，这些都要求业务部门能够在保证信息安全和符合政策的前提下根据管理层、其他部门和客户的要求及时地提供有关数据，共享信息。具体表现在如下方面：

① 经过多年发展，中欧国际工商学院各个部门拥有大量真实、可靠的客户信息，但由于没有一个统一的信息平台，各部门一直以各自不同的形式、方式与客户进行交流，导致学院层面无法对这些信息进行充分、高效、安全的利用。

② 在EDP的推广过程中、校友基金和企业赞助的发展过程中，还缺乏规范的过程管理。

③ 各业务部门都会开展形式多样的市场营销活动，但往往很难共享资源和成果。同时，即使在同一个业务部门内部，也没有对市场活动进行完整的跟踪和总结，从而难以进行有效的数据分析。

④ 各类信息以不同的形式分散在不同部门的不同用户之中，管理层缺乏有效的机制来实时、准确地掌握和管理全院及各业务部门的业务情况。

(5) 高效率和低成本的要求。学院需要考虑如何提高运营效率，节约运营成本，从而使学校的资源更有效地配置到一些更有价值的活动中，如教学，研究和资金筹集等。

面对以上种种的业务挑战，中欧国际工商学院清晰地意识到需要投入更多的资源在教授、学生、校友以及员工身上，并让他们去开拓更广阔的管理教育的市场。中欧国际工商学院希望通过建立和维护一个强大的校友/学生/客户关系网络，来提高教学和服务质量，获取高质量的学生和客户资源，最终不断提高核心竞争力。于是，中欧国际工商学院开始了以客户关系为中心的市场、服务和招生的管理的大胆尝试。

三、中欧国际工商学院的CRM解决方案

(一) 中欧国际工商学院CRM选型——Oracle(甲骨文)

经过战略考虑，中欧国际工商学院开展了以客户关系为中心的市场、服务和招生的管理的大胆尝试，中欧国际工商学院总共花了一年半左右的时间来进行广泛的市场调研，并对中国市场上的CRM套装软件进行评估和选型工作，最终选择了Oracle客户关系管理整体解决方案。

中欧国际工商学院为何选择Oracle CRM的整体解决方案？基于以下理由：

(1) 甲骨文股份有限公司是全球最大的数据库软件公司，是世界上最大的企业软件公司，向遍及145个国家和地区的用户提供数据库、工具和应用软件以及相关的咨询、培训和

支持服务,其业务涵盖财务、制造、供应链、人力资源、客户关系、项目、合同和绩效管理等企业应用领域。甲骨文公司同时还是世界上唯一能够对客户关系管理、操作应用、平台设施提供全球电子商务解决方案的公司。甲骨文公司1989年正式进入中国市场,成为第一家进入中国的世界软件巨头。目前,甲骨文公司在北京、上海、广州和成都均设立了分支机构,向中国市场全面提供Oracle 9i电子商务平台、Oracle电子商务应用软件以及相关的顾问咨询服务、教育培训服务和技术支持服务。

(2) Oracle CRM系统的唯一数据模型提供了客户的完整视图,能够帮助他们对于客户进行深入透视,发掘更多的向上销售和交叉销售的业务机会,同时也能在很大程度上提高客户的满意度和忠诚度。

(3) Oracle系统的灵活性、可扩展性以及方便强大的客户化能力对项目的成功提供了强有力的保证。

(4) Oracle系统可以支持多条业务线和业务流程在可靠的安全机制的控制下,运行在一个统一的平台之上,使这个系统成为一个跨越各部门的协作平台。

(5) Oracle提供了一整套完全集成的企业级系统解决方案,Oracle CRM系统所具有的与其他系统的集成性(如财务、订单管理、学员管理系统、网络教学等),大大降低了集成的成本,同时也降低了未来业务的扩展成本。

(6) Oracle CRM系统内置的行业最佳实践可以对中欧国际工商学院高效率地满足客户需求以及增加投资回报率等方面提供帮助。

(二) 选择实施CRM项目的实施方

中欧国际工商学院实施CRM项目的实施方为汉得信息技术有限公司(简称“汉得公司”)。中欧国际工商学院为何选择该公司作为实施CRM项目的第三方?

汉得公司作为本土历史最悠久的ERP咨询公司,拥有丰富的实践经验,结合多产品实施的有利条件,始终与最新管理思想潮流和软件升级换代保持同步,与供应商密切配合,除ERP核心模块的深入外,在新模块的掌握和推广、应用的延伸等各方面保持领先。配合Oracle公司对多个业内尖端产品的收购与融合,汉得现在除提供财务、供应链制造、客户关系管理、人力资源等咨询外,还提供与产品内容有关的咨询与实施服务。汉得是中国最大的Oracle应用产品实施队伍。

合适的信息技术解决方案可以大大提高企业的竞争实力。然而,方案的设计和实施并非易事,选择一个拥有丰富行业经验、精湛技能、发展长期稳定的信息技术服务伙伴是保证实施成功的关键。

汉得公司的Oracle顾问团队不仅了解跨国公司的企业运作流程,而且对国内大、中型企业管理模式的流程有独特的理解。

对于客户的需求汉得公司提出以下内容:

• 根据客户需求实施BPI(业务流程提升),在实现业务最优化的同时提高实施的可行性;深刻理解客户的实际业务,并按合理需求实现标准产品与客户化集成。

• 充分利用以往的项目实施经验,为客户引入汉得多年积累的独特的“解决方案”,实现最佳业务实践。

• 对大量的实践进行总结、归纳,提出了“快速优化实施法”“CRP实施法”“价值优化实施法”等方法论,为客户带来最大的成果并实现成本节约;采用独特的流程设计与管理体系为客户提供从企业流程地图、企业区域地图、业务目标地图、主流程、子流程直至操作单元的完整业务梳理。

· 从售前到实施后续支持，由专业队伍和人员为客户提供持续服务。

· 顾问具备严谨、敬业的工作态度、良好的团队精神及与客户的充分沟通，以保证为客户提供超值服务。

· 系统升级及评估。

（三）实施

由于中欧国际工商学院的信息技术部门针对产品和自身业务做了大量的调研工作以明确当前以及未来的业务流程，在 Oracle 合作伙伴汉得信息技术有限公司的帮助下，从 2004 年开始实施 CRM 项目。基于 Oracle CRM 整体解决方案的中欧国际工商学院 CRM 系统一期项目于次年 6 月即投入了使用。随着 Oracle 产品的全面部署，CRM 系统的应用范围已经包括了 EDP 课程注册系统、MBA/EMBA 在线报名服务中心、管理信息门户和校友会社区管理系统等。以 Oracle 解决方案为核心的 CRM 系统全面涵盖中欧国际工商学院的主要业务流程（市场活动、销售线索、业务机会、订单、收款）。

四、实施亮点及效益

利用 Oracle CRM 整体解决方案，中欧国际工商学院搭建了高效、安全、信息全面集成的客户关系管理平台，该平台为中欧国际工商学院提供了完整全面的客户信息，包括与客户的各种历史往来，并通过有效的安全系统来保护客户数据。CRM 平台还为中欧国际工商学院提供了统一的数据处理机制，以实现关键信息在整个学院的实时共享，并保证客户信息能通过多交互渠道始终如一地在业务人员之间交换。同时中欧国际工商学院可以从始至终地跟踪管理各种复杂的市场活动和重要事件，便于不同部门在市场推广活动中开展合作。以 Oracle CRM 为核心，中欧国际工商学院建立了集成的企业管理系统，提供了诸如订单管理与财务管理等部分企业信息化的功能，为通过信息化管理手段全面改善各个业务部门的运营水平，全面提高客户满意度和忠诚度奠定了坚实基础。

中欧国际工商学院可以通过 Oracle 客户模型，把平面的、分散的客户数据转换为立体的、有机的客户信息，使客户信息成为与学院品牌同等重要的无形资产。

通过 Oracle CRM 的标准流程和部分教育行业特色的客户化开发，中欧国际工商学院打通了营销、运作、服务、财务等各业务环节中的信息断层，实现了整个业务闭环的自动化、规范化运行。

通过合理的流程设计，并辅以大量灵活、实用的报表，中欧国际工商学院在系统中形成了一条重要的信息链，使各部门及各层级的用户之间自然产生了一种信息供求关系。而学院管理层、各业务部门管理人员和营销人员在管理信息系统中可以实时方便地查看各类管理报表。

通过 CRM 项目，中欧国际工商学院成功实现了主要业务流程（市场活动—销售线索—业务机会—订单—收款）的规范化和自动化以及学院特殊的业务需求，一是以客户为中心的客户自助服务流程，主要通过在线网站实现；二是内部工作流程，包括从市场推广、销售跟进、订单管理到客户服务、财务收款等一系列工作流程。

客户自动流程包括 EDP 课程注册系统、MBA/EMBA 在线报名服务中心、管理信息网站和校友会社区管理系统等。通过实施 Oracle CRM 整体解决方案，中欧国际工商学院实现了客户信息管理、市场营销、销售业务、订单业务及财务业务等业务领域的紧密集成，从而协助学院消除了业务流程之间的信息链断裂现象，打通了营销、运作、服务、财务各个业务环节的信息断层，为学院实现关键业务流程的自动化与规范化提供了有力支持。

中欧国际工商学院在 Oracle CRM 流程中针对客户体验关键点做了个性化的设计，以最大化客户的销售服务体验。在中欧高层经理培训部的网站上，学员在注册过程中，系统会提示其他哪些公司已经注册该课程，并会把相关的交通、课程、酒店信息发给学员。

中欧国际工商学院信息中心主任薛东明表示："我们需要的不是单纯的客户信息管理系统，而是一个完整的企业级管理平台。Oracle 则能提供一整套完全集成的企业级解决方案，再加上 Oracle CRM 与其他系统的集成性，可以实现财务、订单管理、学员管理与教学等系统的全面协同，不仅可大幅降低系统成本、工作量与实施风险，还能加速未来的业务扩展行动。"

利用 Oracle CRM 解决方案，中欧国际工商学院成功实现了建立和维护一个强大的校友、学员、客户关系网络来提高教学和服务质量，并且获取高质量学生和客户资源的项目建设目标。更为重要的是，通过引入成熟的客户关系管理系统，中欧国际工商学院的管理者实现了应用系统化的视角和科学的方法来管理学院，从而全面加强了中欧国际工商学院的核心竞争力。

【思考题】

1. 教育行业及其客户有何特点？其客户关系的特点又如何？
2. 中欧国际工商学院实施 CRM 的动力何在？
3. 中欧国际工商学院实施 CRM 的成功经验如何？
4. 中欧国际工商学院成功实施 CRM 对中国教育机构的启示如何？

【案例五】 微信 CRM 案例分析

一、公司背景

微信(WeChat)是腾讯公司于 2011 年 1 月 21 日推出的一个为智能终端提供即时通信服务的免费应用程序,由深圳腾讯控股有限公司于 2010 年 10 月筹划启动,由张小龙所带领的腾讯广州研发中心产品团队打造。微信支持跨通信运营商、跨操作系统平台通过网络快速发送免费(需消耗少量网络流量)语音短信、视频、图片和文字,同时,也可以使用共享流媒体内容的资料和基于位置的社交插件“摇一摇”“漂流瓶”“朋友圈”“公众平台”“语音记事本”等服务插件。

截至 2016 年第二季度,微信已经覆盖中国 94%以上的智能手机,月活跃用户达到 8.06 亿,用户覆盖 200 多个国家和地区、超过 20 种语言。此外,各品牌的微信公众账号总数已经超过 800 万个,移动应用对接数量超过 85 000 个,广告收入增至 36.79 亿人民,微信支付用户则达到了 4 亿左右。

微信提供公众平台、朋友圈、消息推送等功能,用户可以通过“摇一摇”、“搜索号码”、“附近的人”、扫二维码方式添加好友和关注公众平台,同时可通过微信将感兴趣的内容分享给好友或分享到微信朋友圈。

微信的功能服务介绍:

(1) 微信小程序。

在 2017 年 3 月底,小程序还新增了“第三方平台”和“附近的小程序”两项新功能。2017 年 11 月 2 日,微信悄然上线保险销售业务。

(2) 高速 e 行。

2018 年 3 月,微信直接推出“高速 e 行”。只要把车与微信账户绑定,再开通免密支付——如果不放心,还可以单独预存通行费,这样下高速时,自动识别车牌,自动从微信账户中扣款,并发送扣费短信,实现先通行后扣费。

(3) 微信支付。

微信支付是集成在微信客户端的支付功能,用户可以通过手机完成快速的支付流程。微信支付向用户提供安全、快捷、高效的支付服务,以绑定银行卡的快捷支付为基础。

支持支付场景:微信公众平台支付,App 支付,二维码扫描支付,刷卡支付,用户展示条码,商户扫描后,完成支付。

用户只需在微信中关联一张银行卡,并完成身份认证,即可将装有微信 App 的智能手机变成一个全能钱包,之后即可购买合作商户的商品及服务,用户在支付时只需在自己的智能手机上输入密码,不需任何刷卡步骤即可完成支付,整个过程简便流畅。

2014 年 9 月 13 日,为了给更多的用户提供微信支付电商平台,微信服务号申请微信支付功能将不再收取 2 万元保证金,开店门槛将降低。

(4) 微信提现。

2016 年 2 月 15 日,腾讯客服发布公告称,自当年 3 月 1 日起,微信支付对转账功能停止收取手续费。同日起,对提现功能开始收取手续费。微信客服表示,对提现交易收费并不是微信支付追求营收之举，而是用于支付银行收取的手续费。

(5) 公众平台。

微信公众平台主要有实时交流、消息发送和素材管理等功能。用户可以对公众账户的粉丝分组管理、实时交流，同时也可以使用高级功能——编辑模式和开发模式对用户信息进行自动回复。

当微信公众平台关注数超过500时，就可以去申请认证的公众账号。用户可以通过查找公众平台账户或者扫描二维码关注公众平台。

2013年10月29日，微信发布了新版公众平台，新平台支持服务号进行新的微信认证。

此外，微信还开放了部分高级接口和开发者问答系统。

2014年1月15日晚，微信发布了货币型基金理财产品——理财通，被称为微信版“余额宝”。

(6) 微信网页版。

微信网页版指通过手机微信(4.2版本以上)的二维码识别功能在网页上登录微信，微信网页版能实现和好友聊天、传输文件等功能，但不支持查看附近的人以及摇一摇等功能。

QQ浏览器微信版的登录方式保留了网页版微信通过扫描二维码登录的方式，但是微信界面将不再占用单独的浏览器标签页，而是变成左侧的边栏。这样方便用户在浏览网页的同时使用微信。

(7) 拦截系统。

2014年8月7日，微信已为抵制谣言建立了技术拦截、举报人工处理、辟谣工具这三大系统。在相关信息被权威机构判定不实，或者接到用户举报并核实举报内容属实后，微信会积极提供服务以协助阻断信息的进一步传播。在微信公众平台第一阶段的严打过程中，删除文章近千篇，封停账号400余个。

在日常运营中，腾讯有一支专业的队伍负责处理用户的举报内容。根据用户的举报，查证后一旦确认相关账号存在涉及侵权、泄密、造谣、骚扰、广告及垃圾信息等违反国家法律、法规、政策及公序良俗、社会公德等行为，微信团队会视情况严重程度对相关账号予以处罚。

(8) 城市服务。

2015年7月21日，微信官方宣布，“城市服务”正式接入北京市。用户只要定位所在城市，即可通过“城市服务”入口，轻松完成社保查询、个税查询、水电燃气费缴纳、公共自行车查询、路况查询、12369环保举报等多项政务民生服务。

(9) 数据报告。

微信团队在2017微信公开课PRO版上发布了《2016微信数据报告》。

(10) 亲属卡。

2018年6月，微信悄然上线了亲属卡功能。微信亲属卡功能与支付宝亲密付功能类似，均是一种“代付”功能。使用亲属卡的用户可以在消费时使用亲属卡中的额度付费，并会扣除发放亲属卡一方的实际费用。

二、微信对接CRM系统的历程

2012年11月，微信尝试在小范围内与一批合作伙伴测试公众平台的自定义接口功能，这个接口可以接入企业的CRM系统，使企业能够通过微信与CRM系统的对接为用户提供更具个性化的服务。例如，微信公众号“订酒店”在实现微信与 CRM 的对接后，当用户在微信中把自己所在的地理位置发送给“订酒店”之后，该号会回复用户，向用户提供附近酒店的信息；当微信用户开通支付功能后，用户还能够直接进行在线预订和支付。

2013 年 10 月，微信公众平台新版正式公测，新版的最大亮点是大规模开放接口，让个人应用和企业应用跨界融合。在所有接口中，授权、批量拉取关注者、关注者分组、上报地理标识接口全面开放；而包括 CRM、微信支付、主动下推、一键分享、共享收货地址等在内的接口属于部分开放。微信与 CRM 系统对接使得企业用户可通过微信积累消费者的喜好和消费记录，还可以通过优惠信息引导消费者将信息分享到朋友圈。专家认为，微信公众平台对接 CRM，是“社会化媒体＋企业级 CRM 的模式”，对于微博和传统 CRM 来说都是功能扩大化的表现，发展前景非常好。微信接口的逐步开放，对 CRM 领域而言是一个巨大的变革机会。微信与企业业务流程和管理系统的融合将改变整个行业生态，也将推动 CRM 移动化的发展和应用。

三、微信 CRM 系统的主要模块

企业要开发微信 CRM 系统，首先要对业务架构进行设计。微信 CRM 的本质，是在微信渠道上利用微信的特点和接口而扩展的 CRM 系统。而 CRM 系统，一般可以分为五大模块，即客户、销售、营销、服务、会员，另外还有一些附属模块，如产品、知识库、活动、交易、统计报表等。由此，可以确定微信 CRM 系统的大致业务架构，如图 5-5-1 所示。

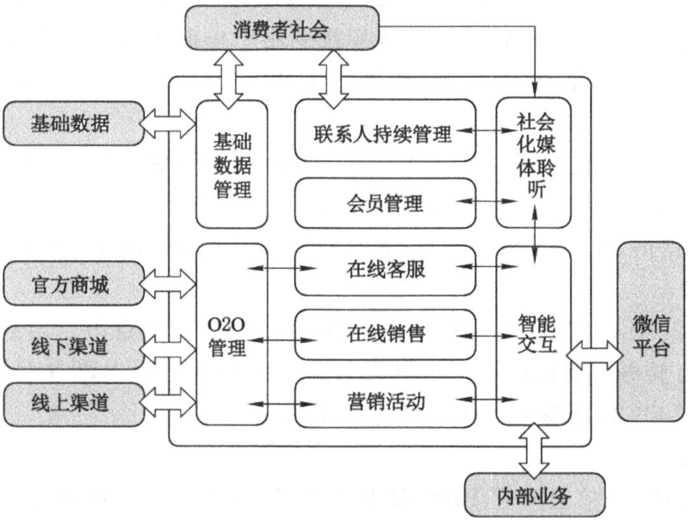

图 5-5-1　微信 CRM 系统业务框架图

微信 CRM 系统主要包括客户管理模块、服务管理模块、营销管理模块、微信呼叫中心、会员门户模块和统计报表管理六大模块。

（一）客户管理模块

微信 CRM 系统的客户管理模块主要包括客户信息管理、客户分级分类和客户生命周期管理等基础模块。客户信息管理可以通过获取用户基本信息接口建立客户信息档案，通过获取用户地理位置接口获取客户的位置信息，建立位置轨迹管理，通过关注订阅和取消关注事件，记录客户的关注时间和取消关注时间。针对公众号已有的关注者，可以通过获取关注者信息接口批量获取公众号粉丝，将公众号上的粉丝导入到微信 CRM 进行管理。客户分级分类可以基于用户分组接口，实现公众号的分组与微信 CRM 的分组同步，客户分类后形成目标列表，成为营销活动的目标对象，这也是客户服务差异化的基础。客户生命周期管理可以基于客户的关注时间、取消关注时间，以及当前的微信互动频率、微信互动信息方向等，建立一个粉丝的生命周期管理。

（二）服务管理模块

微信一对一交互的特点非常适合做品牌的客户服务。微信 CRM 可以轻松完成客户服务的整个流程，在 24 小时中实现对客户微信请求的及时响应或答复。客户服务管理还需要接收事件推送接口和自定义菜单，以实现客户的多触发机制，使客户可以通过自定义菜单、消息等各种方式随时发起微信请求。微信 CRM 系统的客户服务绩效可以通过响应时间、反馈周期、解决率等专业指标来进行评价。

（三）营销管理模块

对于个性化的 CRM 而言，精准营销和许可营销是优化的方向之一。微信 CRM 营销管理的核心是建立拉式营销而不是推式营销。因此，建议企业放弃“一天一推”的轰炸模式，而是设计吸引客户主动触发的拉式营销。从这个角度上讲，基于消息模板单发消息接口应该限制，或者限制批量群发营销，鼓励一对一的客户事件触发的下行模板消息。营销管理需要用到的是事件推送接口、发送位置消息接口、自定义菜单接口和扫一扫功能，通过客户触发的时间、发送的消息、点击自定义菜单以及扫码，让客户触发具体的营销活动。比如关注订阅事件触发一个最新优惠活动的下行消息、发送位置消息签到下行一个特定活动，或者点击相关活动菜单进入营销活动的页面或者链接。微信 CRM 可以让客户扫描二维码进入营销活动页面。还可以通过带参数的二维码，标识这个市场活动的营销代码，客户扫码可以识别来源，这样在微信 CRM 中实现市场活动—线索响应的反馈闭环。拉式营销的主要形态基本上就是 O2O(线上到线下)，只是需要与业务运营进行融合，实现常态化。

（四）微信呼叫中心

呼叫中心是从服务模块延伸出来的，呼叫中心是 CRM 的一部分，但又自成一体。呼叫中心既可以用于客户服务，也可以用于销售外呼，还可以用于做营销活动的预热或者邀约等。微信 CRM 的呼叫中心模块，可以基于自定义菜单接口，实现呼叫中心的 IVR（交互式语音应答）交互菜单设计，同时再单独开发模块实现多用户和智能分配，实现不同菜单分配到不同用户或用户组，这是呼叫中心最基本的 IVR 和 ACD（自动呼叫分配系统）。由于呼叫中心多语音的特点，所以需要通过语音识别接口实现对语音微信呼叫的识别和转换，同时通过多媒体文件接口实现微信语音呼叫的备案（即录音）和质检功能，并可以通过多媒体文件接口回复实时的或者预录制好的语音。

（五）会员门户模块

微信 CRM 的会员门户模块可以通过设计 HTML5 的会员掌上门户网页，同时对接微信 CRM 的客户管理等模块，形成微信 HTML5 会员门户＋微信 CRM 的完整管理体系。陈坤的公众号就是一个会员微信门户，用到的功能主要是 OAuth 2.0 授权接口，实现网页上的获取信息等操作。以此类推,企业可以利用 OAuth 2.0 授权接口+HTML5 实现企业的其他微信门户,比如掌上网站、企业门户、内部 OA(办公自动化)等。

(六) 统计报表管理

统计报表管理是微信 CRM 不可或缺的功能,但是微信的开放接口并没有跟数据相关的,因此需要企业自己进行设计。例如,基于用户的关注、取消关注等事件数据,可以统计新增用户,做用户流失分析;基于微信交互的时间、地理方位等数据,可以设计微信交互的统计分析;还可以在市场活动中对 O2O 的跟踪、管理和效果进行记录,形成市场活动的效果响应统计,也就是 ROI(投资回报率)分析。

四、微信 CRM 系统大数据的构建

对于企业来说,通过微信获取的用户信息比较少,因此需要精心设计交互中碎片化数据的采集。通过微信 CRM 设置交互索引很关键,对话中的语义分析、点击不同菜单的事件等都可以对应标签,每一次的时间、地理位置等都是时间空间数据,这些组合起来就是微信 CRM 的大数据。

【思考题】

1. 微信是如何与企业业务流程和管理系统融合的?
2. 你如何看待微信对接 CRM 系统提升服务能力的举动?
3. 微信对接 CRM 系统对互联网企业的启示何在?

【案例六】 联邦快递公司CRM案例分析

美国联邦快递公司(FedEx)是全球一流的快递公司，成立至今，不断创造历史，突破自己。今天，联邦快递的业务遍及全球。面对如此巨大的业务量，联邦快递实施客户关系管理，为遍及全球的顾客和企业提供涵盖运输、电子商务和商业运作等在内的一系列的服务。作为一个久负盛名的企业品牌，联邦快递集团通过相互竞争和协调管理的运营模式，提供了一套综合的商务应用解决方案。联邦快递作为全球最具规模的快递运输公司，为全球超过220个国家及地区提供快捷、可靠的快递服务，在客户关系管理理念、技术系统与策略方面成为行业实施CRM的典范。

一、公司背景

(一) 艰辛创业

1965年，还未从耶鲁大学毕业的弗雷德·史密斯在对几十家美国航空客运公司经营状况进行调查后发现，绝大多数美国航空运输经营者的经济效益很不理想，无论是航空客运还是航空货运，飞机舱容浪费量太大，这时候一个念头闪过他的脑海：能否把陆运和空运两种不同的运输方式结合起来，搞出一个快件递送服务公司？不少人认为他是在空想，因为陆路运输是以吨为单位来计算运费的，而空运是以千克为单位来计算运费的，谁会拒绝使用价廉物美的陆运而采用运费至少要高出几十倍乃至上百倍的飞机运送货物？弗雷德·史密斯则认为在竞争日趋激烈的市场中，速度和时间同样也是金钱，再说如药品、电脑备件、电子元件、重要文件、报表、证书和其他高价值货物，还有必须提前送达的礼品和样品等等，唯有急事快办采用航空快递才能满足客户的需要。

1971年8月，史密斯买下位于阿肯色州小石城的阿肯色航空公司的大部分股权，开始经营航空快件业务，联邦快递公司正式成立。

公司正式成立以后，史密斯便积极努力地争取第一个大客户，寻求与美国联邦储备系统签订服务合约。为了这第一笔业务，他使尽了全身解数，耗费了无数个夜晚通宵达旦地研究，他坚信自己能够成功，甚至已经信心十足地向泛美航空公司购买了两架装有涡轮风扇发动机的达索尔特鹰式飞机。然而，史密斯做梦也没有想到，几周以后他得到的却是联邦储备系统拒绝接受“隔夜快递”服务的消息，首战失利对于刚刚建立起来的联邦快递来说无疑是一次巨大的打击。

但是，弗雷德·史密斯不愧是优秀的企业家，他很快重拾信心，利用自己对快递服务市场精辟独到的分析以及他的努力、他的自信、他的非凡的领导能力、他的不可多得的胆识，特别是他破釜沉舟地把全部家产投到联邦快递公司的勇气和冒险精神，征服了无数精明而狡猾的风险投资大师，为联邦快递赢得了9 600万美元的风险投资，创下了美国有史以来单项投资的最高纪录。

1973年4月，美国联邦快递公司正式开始营业。当天晚上公司接到的第一笔快件业务是把186个包裹从纽约州的罗切斯特运送到佛罗里达州的25个城市。在开始营业的26个月里，联邦快递公司亏损了2 930万美元，欠债主4 900万美元，联邦快递处在随时都可能破产的险境，公司的早期支持者打起了退堂鼓，不肯继续投资，联邦快递又陷入了危机之中。

为了改善经营情况，弗雷德·史密斯竭尽全力争取客户、开拓市场，为得到美国行政总局的合约，联邦快递公司在西部开辟了6条航线，在与其他企业的竞争中，他把价格杀得很低，以至于令人怀疑是否还有利润。而弗雷德·史密斯却着眼于更长久的利益，这是他异于常人之处。

（二）高速发展

正所谓天道酬勤，史密斯的努力终于得到了回报。先前一直经营着的没有利润的行政总局的合约，为联邦快递赢得了许多客户，大家都觉得"连行政总局的合约都能拿到手，对联邦快递还有什么不放心的"。

1975年，公司的经营状况开始好转，7月份是联邦快递公司第一个盈利的月份，全公司创利5.5万美元，当年的营业收入达到了7 500万美元。这时候的联邦快递公司，已经拥有3.1万个固定客户。

1976年，联邦快递公司获纯利350万美元；1977年年度经营收入突破1亿美元，获纯利820万美元。联邦快递公司终于走出困境，并创造了奇迹。到1979年，联邦快递公司年度营业收入为2.585亿美元，获纯利2 140万美元。1981年，联邦快递公司的营业收入高居美国航空货运公司的首位，超过了比它早20年进入航空货运业的竞争对手——埃默里货运公司、机载货运公司等。

（三）海外扩张

20世纪80年代起，制造业的基地从发达国家逐渐转移到了发展中国家，联邦快递作为最早认识到这一国际快递市场发展趋势的公司，开始着手进行大规模的全球扩张以应对日益激烈的国际竞争及挑战。国际快递业务的激烈竞争充斥于亚洲远东地区，美国联邦快递的亚太区分公司也就应运而生。

1984年，联邦快递公司完成第一次收购行动，成功地收购了位于明尼苏达州明尼阿波利斯的吉尔科快递公司。这为联邦快递公司的海外速递奠定了基础。之后，它在英国、荷兰和阿拉伯联合酋长国进一步实施收购计划。1985年，联邦快递公司在向欧洲市场扩展服务方面迈出了重要一步，它在布鲁塞尔机场开设了一个分拣中心。

联邦快递于1989年收购了飞虎航空——一家成立于20世纪40年代的亚洲航空货运公司。仅仅是这一举措就使得联邦快递获得了飞虎航空在亚洲21个国家及地区的航线权，从而在全球经济增长最迅速的区域获得了立足点。

1992年，公司的区域总部从檀香山迁至香港。将公司的营运中心迁移至经济活动的中心地区，更显示了公司对该地区的高度重视。联邦快递对其在亚太地区的业务拓展和战略发展始终保持着高度重视。

1995年，联邦快递公司购买了中国和美国之间的航线权，开始由联邦快递飞行员驾驶的专用货机来负责中美间的快递运输服务。1996年3月，联邦快递率先成为当时唯一享有直航中国权利的美国快递运输公司。

1995年9月，联邦快递在菲律宾苏比克湾建立了其第一家亚太转运中心，并通过其亚洲一日达网络提供全方位的亚洲隔日递送服务。根据公司在美国成功运作的"中心辐射"创新转运理念，亚太转运中心已连接了亚洲地区18个经济与金融中心。

联邦快递公司在2003年9月份开通深圳至美国直航航班后，再接再厉，于2003年11月18日开通第一条从中国香港直飞欧洲巴黎的直航航班，专为其在国内的客户提供从华南到欧洲地区更为快捷可靠的速递服务。中国香港至欧洲的联邦快递直航航班的开通，是联邦快递自2000年在业内首家推出亚洲一日达及北美一日达服务后的首次，也是自2003年9月开通从华南到北美的直航航线后，在提升客户服务水平方面的又一重大举措，充分体现了对中国经济蓬勃发展的信心。

2004年10月，美国交通部正式授予联邦快递每周12班往返中美的货运航班，让联邦快递每周飞往中国的货机增至23班。联邦快递更于2004年11月在上海设立中国业务分区总部，以便更贴近中国的客户，关注他们的需求。

2005年是联邦快递服务创新的一年。2005年3月，联邦快递率先开通了全球航空速递运输业内首条中国内地直飞欧洲的航线，每日由上海飞往德国法兰克福。这条新航线也是联邦快递全新的西行环球航线的组成部分。该西行环球航线的起点和终点都设在美国田纳西州孟菲斯市。

2005年4月，美国交通部确认批准联邦快递新增3班货机飞往中国，令联邦快递在2006年3月25日开始，每星期可提供26班货机往返中国。

2005年7月，联邦快递宣布投资1.5亿美元在广州白云机场建设全新的亚太转运中心。

2005年8月，联邦快递开通了航空速递运输业首条连接中国和印度的新翌日航线。这条航线是联邦快递全新环球东行航线的组成部分，连接欧洲、印度、中国日本和联邦快递位于美国孟菲斯的转运中心。

现在联邦快递每星期可提供26班货机往返中国，在亚太区内聘有超过1万名员工，服务逾30个国家和地区，提供业内无可比拟的跨太平洋空运速递服务。联邦快递自设MD11和A310宽体机队，每星期提供超过400班货机往来曼谷、北京、宿务、胡志明市、香港、雅加达、高雄、吉隆坡、马尼拉、大阪、上海、深圳、新加坡、苏比克湾、悉尼、台北和东京，以及欧美多个主要城市。

如今的联邦快递以无与伦比的最佳航线选用权及现代化、电子化和集成化管理的基础设施成为全球规模最大的快递公司之一。该公司全球每个工作日运送的包裹总量已经达到340万件，联邦快递拥有的全球员工约14万人，在全球拥有654架飞机，以及约43 000辆专用货车的庞大地面和航空运输系统。整个服务范围达到220个国家和地区。

二、联邦快递在中国

（一）联邦快递在中国的发展

联邦快递在中国的发展情况要追溯到20世纪80年代，当时，全球制造业的基地从发达国家逐渐转移到发展中国家，而联邦快递作为最早意识到这一时代潮流的公司，早早地就准备进行大规模的全球扩张以应对日益激烈的竞争，亚太地区是联邦快递的一个重要战略区域。

1984年联邦快递公司开始进入中国内地市场，稍后成立合资公司，并开始使用中外运，而后（1995年）又使用EAS大通做代理开展国际快递服务，之后不久，各地更换不同代理继续操作，2000年以后加紧在各地建立分公司。2006年1月，联邦快递公司宣布收购合资公司全部股份，以及天津大田集团国内业务。至此，联邦快递公司再次站在了发展的转折点上，如何面对在中国的市场竞争，如何借助客户关系管理系统在客户群中寻找企业真正的客户，并分析出不同的客户群与客户的需求，针对不同的客户群和客户需求进行有效的营销和服务，提升客户满意度，从而争取更多的企业利润，是公司需要重点考虑的问题。

（二）联邦快递在中国市场面临的竞争

中国的快递业竞争十分激烈，而其中与联邦快递构成直接竞争关系的有另外3家快递公司：TNT，UPS，DHL；还有其他处在不同细分市场而各具特色的快递公司如CAE，CRE，EMS，EAS；还有数量很大的只提供区域服务的小快递公司。

联邦快递公司最早进入快递市场，并且取得了领先的优势，但快递速市场的飞速发展和丰厚利润引来激烈的竞争，传统企业UPS的强力进入，成为联邦快递在快递市场上的主要竞争对手，后来者DHL与TNT也不可小视，尤其是DHL，由于它最早介入中国市场，现在在中国市场上占有最大的市场份额，甚至超过了度垄断整个中国快递市场的EMS。中国市场上的其他快递公司也都凭借其独有的一种或几种优势在市场上寻找到自己的位置。由于中国的快递市场还处于快速增长期，竞争的火药味还不是特别的浓，但在国际市场上竞争已处于白热化，现有的竞争者将是联邦快递在中国市场最大的威胁。

三、联邦快递的CRM

（一）联邦快递的客户服务IT系统的建立

1979年时候的联邦快递是以速度更快、更加安全可靠来吸引消费者的。而这速度更快、更加安全可靠在面对消费者的时候，最直接的反映是“定位”。他们要清晰地知道自己的快递到了哪里，还有多长时间到。

1978年夏天，以美国航空为代表的老牌航空公司开始推出备受瞩目的电脑定位系统，联邦快递受到启发，马上从IBM、Avis租车公司和美国航空等处组织了专家，成立了自动化研发小组，用COBOL开发语言推出了能对包裹、运力和客户信息进行管理的综合系统COSMOS。这是物流快递行业内的第一个服务于业务的信息系统。1980年，系统增加了主动跟踪、状态信息显示等重要功能。也就是COSMOS可以有效地管理车队、员工、包裹、递送线路及天气状况，串联了人工处理和每个货件的相关信息，包括从客户要求取件至送达的全过程。

随后在此基础上，1980年联邦快递开始运行数字辅助调配系统，形成了全国性的电子分派网络，可实现一件不落的包裹追踪，为客户提供及时的回应。这个网络覆盖了整个北美，使联邦快递成为全球第一家拥有范围覆盖整个国家的数据网络的货运公司。一个借助于GSM网络进行通讯的终端安装在联邦快递的卡车上，可以完成随叫随到的货物收集。利用该系统，能够通过货运车上的电脑和运务人员联络，将运务人员的回答迅速传回给调派人员，供他们做最有效率和准确度的时间与路线安排。到1981年实施包裹扫描系统（COSMOS ⅡA）后，整套系统已经可以显示运送中包裹的所在。

1984年，基于DOS平台的PowerShip被开发出来，捆绑在PC机上分发给客户。客户可以使用PowerShip进行自助服务填写快递单、打印标签条码，通过拨号网络将信息传送至联邦快递。联邦快递在服务成本降低的同时，大大降低了单据辨认出错的可能性。

系统后来不断推出升级版本,1987 年提供升级版系统 PowerShip 2(功能包括地址数据库、追踪能力、制作报告、多件包裹托运),开始向客户提供自动化账单,帮助查询他们的包裹信息。

1993 年联邦快递为顾客提供了电子追踪系统软件,顾客可以在自己的电脑上追踪其托运的货件。1994 年推出的联邦快递万维网主页,顾客可在万维网址上进入联邦快递的主页,在规定的屏幕上输入空运单号码,即可追踪到所托运货件的信息。此外,在主页上允许顾客选择下载联邦快递的软件,以取得最新信息和查询美国国内托运的服务。应该说 1994—1999 年,联邦快递对信息技术的态度发生了大调整。在信息技术上联邦快递一直是新技术的拥趸,一旦确认一项技术可以提高效率且能给客户带来好处,它就会马上全面推广运用这项技术。

2001 年初联邦快递推出全球贸易经理软件——为客户跨国递送包裹或货物提供在线工具,例如到岸成本预估。它能预计客户递送一个由美国到英国的包裹所需要支付的各种费用和税收。而在使用这个工具之前,联邦快递公司往往是先垫付各种费用和税收,然后再报销。这样的手续既烦琐,同时也增加了前期费用的负担。

2001 年底,联邦快递开始通过 www. FedEx. com 提供在线填写国际递送业务中各种文件的服务。而之前快递公司都要求先打印出来,填写完后再送至海关。这项服务推出伊始就涵盖了 20 个国家的海关,远远超过了一个月前 UPS 推出的只能向美国和波多黎各两个国家的海关在线报关的服务。同期,联邦快递除了与凯捷咨询合作开发一个在运输管理与合同履行之间进行无缝连接的综合技术平台外,旗下的 Trade Networks 的海关报关文档公司,还与相关企业合作,共同开发了企业内容管理(ECM)系统,用简单、快捷的方式进行过关文档处理,免除更长的时间延误。利用 ECM 系统,Trade Networks 在全球货物投递地点采集文档,并将它们转换为准确的可检索的电子信息。扫描得到的文档通过联邦快递的国际虚拟专用网进行传输,输入到内容管理器。应用 ECM 系统,Trade Networks 已经得到了明显的收益:

· 减少了仓库的使用量,从而每年节省了大量费用,同时减少了邮寄文档资料的邮资费用;

· 90%的货物现在可以顺利通关,无须等待;将文档丢失率降到几乎为零,并大量减少因丢失文档而带来的罚款;

· 通关文档的查找由 60 小时减少到 30 秒,效率提高了 99%。

此外,联邦快递还积极地推动大的客户上网,并继续开发一些边缘技术,譬如 Wi-Fi (802.11b)、蓝牙技术等。短短 1 年时间,FedEx 就将自己的日 3300 万的包裹业务中网络处理的比例由 2000 年的 10%提高到 2001 年的 70%。

(二) 联邦快递的客户服务相关部门现状

联邦快递中与客户关系管理密切相关的部门主要包括市场销售部、口岸作业部、快件服务中心、客户服务部和电脑服务部。

· 市场销售部是指向公司的客户推销公司产品及服务,并为公司创造利润的部门。它的主要职责包括发现潜在客户、筛选潜在客户、采取销售行动、签订协议、服务关注和业务发展。除此之外,部门内部还承担电话销售、销售技巧培训和历史数据分析等职责。

· 口岸作业部是指从事快件具体运输的服务机构,确保快件和货物正常到达和出运。

它的主要职责包括快件的装箱出运和拆箱、派送，快件的进出口清关服务，不正常进口快件的查询，运输网络的协调控制以及日常的订舱事宜。

• 快件服务中心主要负责从客户手中取件送交口岸作业部安排出运，同时从口岸作业部取得到达快件派送至客户手中。

• 客户服务部是指公司中为客户提供有关公司产品和服务咨询等相关服务的部门。其主要职责包括预约取件、处理不正常查询、转运时间分析和处理索赔等。

• 电脑服务部是指开发和维护公司系统运作，并为公司其他部门提供电脑技术和系统操作上的支持的部门。

以上 5 个部门是联邦快递公司中与客户关系管理密切相关的主要部门，它们不但各自有着独立的功能职责，各司其职，而且相互之间也有着一定的联系。其部门之间的关系如图 5-6-1 所示。

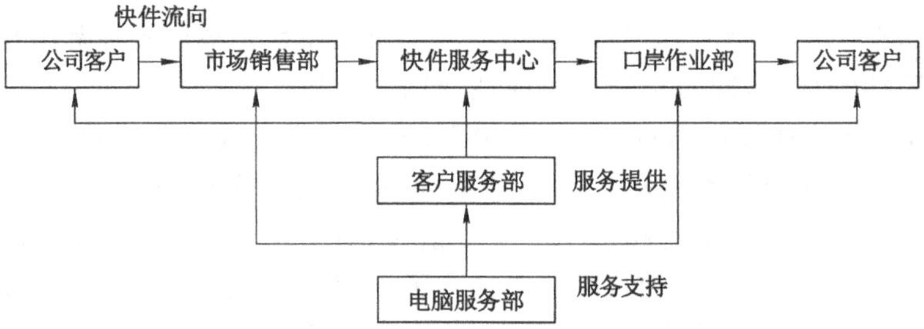

图 5-6-1　联邦快递公司客户关系管理各部门关系图

（三）联邦快递公司客户服务的运作流程

在产品高度同质化的今天，服务已经成为决定竞争成败的关键因素，服务的优劣直接关系到企业的生存和发展。现在，几乎所有的企业都把提升客户服务水平作为企业持续发展的头等大事，如何创建卓越的客户关系管理体系是每一个企业都必须认真思索的问题。

具体来说，当客户打电话给联邦快递的时候，只要报出发件人的姓名和公司的名称，该客户的一些基本资料和以往的交易记录就会显示出来。当客户提出寄送某种类型的物品时，联邦快递会根据物品性质向客户提醒寄达地海关的一些规定和要求，并提醒客户准备必要的文件。在售前阶段，联邦快递就已经为客户提供了一些必要的支持，以减少服务过程中的障碍。

联邦快递的员工上门收货时，采用手提追踪器扫描货物上的条形码，而这些条形码是由 PowerShip 自动付运系统或 FedEx Ship 软件编制，说明服务类别、送货时间及地点。所有的包裹在物流管理的周期内，至少在货件分类点扫描 6 次，而每次扫描后的资料将传送到孟菲斯总部的中央主机系统，客户或客服人员可利用 PowerShip 自动化系统及 FedEx Ship 软件发出电子邮件或查看互联网上联邦快递的网页，即时得到有关货件的行踪资料。这项技术不仅方便公司的内部管理，而且大大提升了客户的满意度和忠诚度。

售后服务主要包括两部分，一方面解决客户遇到的问题，另一方面调查客户的满意度，寻找内部改进的办法，“真心大使”就是生动的例子。

目前的联邦快递公司的客户服务基本运作概况如图 5-6-2 所示。

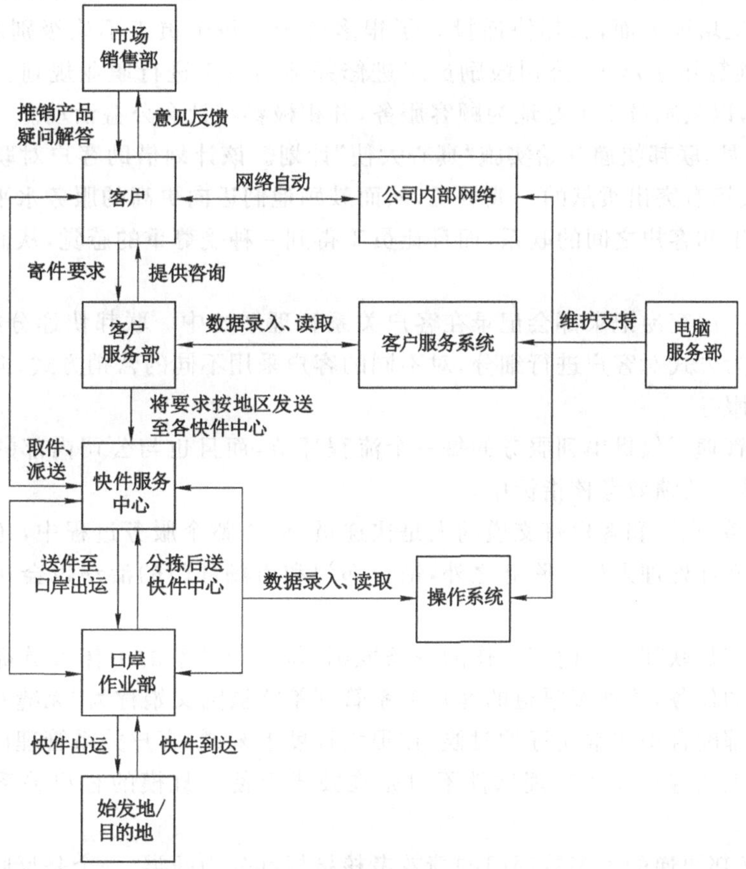

图 5-6-2 联邦快递公司客户服务基本运作图

(四) 联邦快递的 ECRM

在联邦快递,CRM 被称为 ECRM(企业客户关系管理)。联邦快递中国区市场总监陆文娟说:"我们将其称为 ECRM,是强调客户关系管理不仅仅是客户服务部门专用的方法,也不仅仅是简单的跨部门小组(CFT)协作,而是依靠公司的整体合作来服务客户的一种方法。"陆文娟认为客户关系管理是涉及公司整体战略层面、自上而下的一种策略。

联邦快递实施 CRM 的 5 项方针是员工、客户、流程、技术和项目。

陆文娟认为这反映了联邦快递的经营哲学和实施 CRM 的特点:"在联邦快递的经营哲学里面,员工是第一位的。只有优秀的员工才会为客户提供优秀的服务,针对不同的客户需求提供不同的客户服务,可以看作联邦快递客户关系管理的核心。"

"在联邦快递,员工(people)、服务(service)和利润(profit)是三位一体的,这也是联邦快递自 1973 年创立时就确定的经营哲学,我们称之为 PSP 理念。"陆文娟说。

员工、服务和利润这三个要素彼此推动,构成了一个封闭的循环圈,这也是联邦快递实施客户关系管理的指导方针。公司关注并善待自己的员工,他们就会依照客户的要求提供完美的服务;客户满意度的提升就会为公司带来利润;而利润是维持工作正常运作的命脉,员工工资福利的增长和工作环境的改善都依赖利润的增加。

在实施 CRM 项目上，联邦快递在人员选取、人员发展和人员的激励方面也是毫不含糊。尤其在员工培训方面，联邦快递投入了很多资源。每个员工不论级别高低，每年都有2 500美元的预算用于培训，公司鼓励员工进修并辅助员工进行职业规划。公司还制定了各种奖励制度，以激励员工更好地为顾客服务，并积极参与社会公益活动。

2003 年 9 月，联邦快递开始实施“真心大使”计划。该计划借助客户对联邦快递服务所给予的意见，表扬有突出贡献的一线员工，从而鼓励他们迈向更高的服务水平。该计划不仅加强了前线员工和客户之间的联系，而且让员工得到一种受尊重的感觉，从而提供更出色的服务。

客户的每一次交易记录都会记录在客户关系管理系统中。联邦快递分析这些数据，并根据需求和行为方式对客户进行细分，对不同的客户采用不同的营销方式，向不同的客户群体提供不同的服务。

客户关系管理不仅贯串到服务的每一个流程环节，而且也与公司内部的大多数部门有关，并体现在员工的绩效考核指标中。

在联邦快递，直接和客户打交道的人是快递员，但在整个服务过程中，还涉及客户服务人员和清关及文件处理人员。除此之外，销售部门和市场部门的活动也会在很大程度上影响客户的满意度。

“配合服务”是联邦快递内部协作的一条准则，每一个环节的工作人员都承担着了解并满足客户需求的任务，这种多渠道的客户关系管理策略被陆文娟称为“无缝互动”。

当这一切都配合得非常完好的时候，在很大程度上来说，客户关系管理已经开始发挥效力。在此基础上的客户关系管理软件不过是在技术上使大规模的客户关系管理能够高效运行。

相应地，联邦快递的大多数部门的绩效考核指标都分为两类：一个是反映运行效率的内部指标，一个是反映客户满意度的外部指标。以陆文娟所在的市场部门为例，与客户满意度有关的指标在绩效考核中所占的比例超过了 50%。

可以说，联邦快递的客户关系管理已经体现在其组织制度和人力资源政策等方面。正是依靠公司的整体协作，客户关系管理才能够成功实施并获得期望的效果。

联邦快递的客户关系管理提升了客户的满意度和忠诚度，并给公司带来了丰厚的利润。此外，客户关系管理对于公司的品牌推广也是一个积极的推动作用。

【思考题】

1. 分析联邦快递 CRM 实施的背景。
2. 联邦快递实施 CRM 的意义何在？
3. 联邦快递 CRM 获得成功的主要因素有哪些？
4. 联邦快递实施 CRM 有何启示？

【案例七】 荷兰皇家航空公司CRM案例分析

荷兰皇家航空公司(KLM)历史悠久。截至2015年,公司共有员工有35 488人,机队有119人。在2004年,KLM获得欧洲CRM杰出奖。获得该奖表示荷兰皇家航空公司能把CRM战略性远景规划与务实执行相结合,把软件应用部署与公司文化相融合。

一、公司背景

荷兰皇家航空公司(简称"荷航")是一家以荷兰阿姆斯特丹为总部的国际航空公司,创立于1919年10月7日。荷航主要航空枢纽是阿姆斯特丹史基浦国际机场。荷航是天合联盟成员之一。在国际航空运输协会(IATA)的成员中荷航的国际货运量和飞行里程均名列前茅。

荷航是法国航空—荷兰皇家航空集团100%持股的子公司,在同意被法国航空收购前,原是荷兰的国家航空公司。2005年,荷航与法航合并,组成欧洲最大航空集团——法荷航集团,法航与荷航各自以独立的品牌名称经营。

世界上第一条定期航班是荷兰皇家航空公司于1920年5月17日首开的伦敦至阿姆斯特丹定期航班。在其运作的第一年中,荷兰皇家航空公司共运送了345名乘客、22吨货物和3吨邮件。

二、面临的困难

从2001年初开始,包括荷航在内的很多航空公司均面临需求疲软的问题,还有来自低成本竞争的巨大压力。荷航为此推行了一个广泛的成本削减规划。但是荷航意识到单单减少成本并不能确保公司长期健康发展。整个航空产业的收入依旧在持续下滑,简单地提高飞机上座率并不能保证企业的生存。

荷航决定从战略上聚焦CRM,差异化自己(让自己与竞争对手区别开)。荷航需要重新思考与客户的接触方式,在每个接触点上给予客户更加个性化和一致的体验,凸显出与众不同之处。

但是首先它要克服来自内部的疑问,这些疑问部分来自1997年搁置的CRM项目。在外部咨询师的帮助和ICT(信息、沟通和技术)部门的领导下,荷航开展了广泛的CRM研究,研究从商业机会上讲CRM对荷航意味着什么?ICT能力需要哪些更新才能实现目标?

主要目标包括:

· 在所有交互点上拥有更好的客户识别能力(交互点参见图5-7-1)。

· 改进客户数据收集、集成和使用方式。

· 创建新构架的ICT平台,将替换现有的自然成长的ICT设施。

然而,这个提议对整个公司来讲复杂了,难以实施。最终这个由ICT驱动的大项目没有启动。这归咎于过多的前期投资和缺少业务层面的支持。

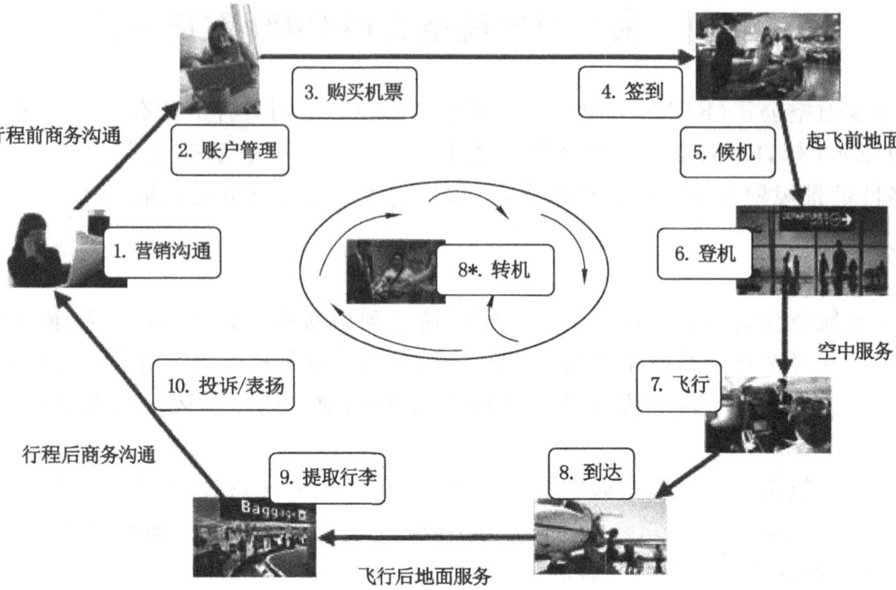

图 5-7-1　KLM 的客户接触环路

三、荷兰皇家航空公司 CRM 实施

（一）CRM 远景规划

荷航的 CRM 远景规划是把每次与客户的交流转变为优化产品购买和旅行体验的机会。通过更高的再次购买率和相对低的市场营销成本，这个远景规划能够提高和维持公司的利润。这个远景规划帮助荷航应对冲击整个行业的大事件（例如“9·11”事件），因为公司能够聚焦到最有价值的客户上，继续维持收入，防止业绩下滑。

（二）CRM 策略

荷航的 CRM 策略关注从乘坐过公司航班的人群中识别出最有价值（或者最有潜在价值）的客户。荷航的 CRM 策略包含了 10 个关键步骤：

(1) 打好基础；
(2) 识别客户；
(3) 了解客户的生命周期和价值；
(4) 识别客户的需求；
(5) 建立客户单一视图；
(6) 响应客户的需求；
(7) 实施；
(8) 引导（内部过程，一线员工，客户）；
(9) 设置可测量的目标和控制方案；
(10) 驱动公司文化变革。

这个策略让荷航的眼光超出了原有客户忠诚计划的指标，关注在更加准确、基于价值的客户细分方法上。如此公司就能为每个客户细分群体定义策略和行动计划，然后把计划应用到每个接触点上每次与客户的交流过程。

（三）CRM 流程

荷航的 CRM 策略变革了所有与客户接触的流程，包括市场营销、销售渠道、投诉处理、地面服务和空中服务。目标是让员工深刻了解新策略，让每次与客户的交流成为提供更好服务、改进旅行体验的好机会。一些特定的流程转变包括以下方面。

1. 市场营销

客户越来越喜欢自己来处理相关事务。荷航市场部门的焦点转移到个性化营销，把客户按照价值细分，而不是使用传统的 4P 组合法：产品（product）、价格（price）、渠道（place）和促销（promotion）。

2. 销售渠道

鼓励直销和在线销售。

3. 投诉处理

把投诉数据、飞行后信息和常客飞行数据三者匹配，能更加精准地判断潜在客户的流失率。荷航努力改变客服代表的工作方法，现在鼓励他们把投诉客户看作是天赐的礼物，让公司能够有机会消除不幸的客户体验，重新获得客户的信赖。同时，投诉处理能够发现客户对于公司产品和服务的切实感受。

4. 地面和空中服务

员工能在各个时间段（飞行前、飞行中和飞行后）上及时获得客户的信息，让在所有客户接触点上的服务行为更加妥帖和灵活。商务部、空中服务和地面服务间共享越来越多的客户信息。乘务人员则更加积极地参与招募飞行常客计划的新会员。乘务人员被要求用名字称呼飞行常客。在决定是否让转接航班等候迟到的客户时，客户价值成为一项决定因素。后续会让这个过程自动化。

雇员培训和教育计划支持着荷航的流程变革。荷航为中层经理开设了多个 CRM 高级课程，一线员工的培训计划中必须加入 CRM 的内容，目标是让员工明白他们与客户的关系会直接影响到公司的成败。荷航同时在各个销售和运营单位指派 CRM 大使。这些大使协调各自领域内的 CRM 开发和实施工作，同时向其他雇员宣传 CRM。

（四）有价值的客户体验

荷航现在能与客户进行个性化交互，提供更好的客户体验。荷航把交互建立在客户现有的或者潜在的价值基础上，而不是根据系统状态做些简单反应。这方面的例子有：

（1）荷航推动一线员工更加个性化地对待每个有价值的客户。客户十分看重此类个体识别能力。荷航在一个月内经济舱内的有价值客户的名字识别率从 8%提高到了 21%。

（2）高层经理定期呼叫最高消费的客户群。这让乘客有机会与荷航的决策层分享他们的体验，乘客对此举十分欣赏。反馈结果自动更新到客户的档案资料中。

（3）从超过 1 万人的飞行常客会员中建立一个审查小组，定期测量荷航的产品和服务的“温度”。公司利用这些反馈来采取必要的改进措施。飞行常客们对此十分开心，因为他们现在能够直接影响公司的政策了。

（4）基于客户的类型，荷航加强了服务恢复规程，能够采用更加复杂方法解决问题。例如,公司开发了一个服务项目,如果有价值的客户的行李没有加入到当前的航班中,公司会主动通知他们。

（五）内部协作

2002年当CRM计划开始启动时,荷航必须克服由1997年停滞项目带来的疑虑。这个项目当时主要由信息技术部门驱动。高层意识到新项目必须走不同的路径,业务层面的高级管理人员要参与进来。这个计划有四个关键部分:策略、过程、文化和信息技术。每个部分都有专人负责。总体上,CRM小组直接向商务部汇报。

当荷航启动新的CRM计划时,公司先制定了一个完整的CRM策略,从底层小转变开始逐渐推进。利用可测量回报的小型快速项目验证概念,再铺开后续的项目。早期小项目的成功赢得了大家对更大策略的信心。

在一个重要的项目中,高级经理亲自与选定的高价值的客户沟通。随后,该经理把信息反馈到商务部,由他们采取合适的措施。这鼓励员工把客户相关的问题放在首位,支持公司实施CRM远景规划。在2004年,进一步落实CRM成为荷航的首要事务之一,其他则是电子商务和运营质量。

（六）CRM信息

荷航发现飞行的频率和里程数并不是反映客户价值的最好指标。目前荷航把飞行频率数据和其他因素结合起来考虑,这些因素包括最近飞行的次数、公司获得的收入和成为已知客户的时间长度。航班和订票相关的特定信息跟来自合作伙伴(酒店和租车公司)的数据也被一起加入到分析过程中。呼叫中心数据和预订明细数据(比如饮食和位置喜好)也将会加入数据库。

为了对每个客户细分群体开发出正确的CRM策略,并确定针对这个细分群体的所有接触点的战术层面的关系管理方法,荷航也会查看各种研究数据,包括消费占有率、再次购买意愿和态度,以及来自客户评分模型的信息。

此外,联合分析用来发现某些客户群体最看重空中旅行的哪些方面,这些因素是如何影响他们决策的。客户习惯分析工作帮助个性化客户沟通和交互。

现在,荷航能:

- 识别出客户归属的细分群体(基于价值);
- 明白客户的需求和喜好;
- 为特定的客户细分群体开发特定的市场和销售活动;
- 监控客户的反应;
- 把经验运用到未来的活动中;
- 引导客户的购买和旅行行为。

（七）CRM技术

2002年初荷航开始选择CRM技术供应商。2002年9月,公司选择Epiphany公司为营销活动管理和中心客户数据库提供技术和产品。2003年1月开始实施一项由Epiphany公司提供的市场营销应用。2003年8月市场营销的CRM程序上线,准时且低于预算。后续3个月开始全面推进。同时荷航开始中心客户数据库的建设,第一阶段在2003年11月上线。

（八）衡量指标

荷航的CRM策略的黄金规则是让投资产生可见的回报。为了支持这点，荷航为整个CRM规划设置了一组关键的绩效指标，每个月商务、地面服务和空中服务的绩效要测量和监控，然后据此调整产品和规划。一些关键的绩效指标如下：

（1）飞行常客计划的新会员数量；

（2）飞行常客计划活跃会员的数量；

（3）飞行常客计划会员中留有电子邮箱地址的数量；

（4）利润中来自已知客户的比例；

（5）利润中来自商务合作伙伴的比例；

（6）投诉处理的数量（电子邮件/信件）；

（7）品牌形象；

（8）再次购买意愿；

（9）在每个接触点登记的客户评价信息（包括员工与客户见面时识别客户名字的程度）。

CRM小组把这些指标贴在一个巨大的公告板上，放在市场部楼面的入口，鼓励全公司认可CRM规划和它的成果。不仅如此，所有的CRM成果发表在周报上，荷航的高层经理把它发送给世界各地的员工。

四、取得的成果

荷航的CRM规划已经帮助公司改进了管理以及与客户的交互。这些工作产生了以下可测量的收益：

（1）市场营销更加有效和精准。更加聪明的市场营销活动替代了没有选择的通用的营销推广。荷航的市场营销回应率到达了5%～12%，而业内平均是2%。

（2）感谢电子邮件和因特网，市场营销活动到达客户的时间从几个星期减少到几天。对于荷航来讲，采用简陋的促销宣传单的日子一去不复返了。

（3）荷航通过CRM项目收集了可观的客户电子邮箱，可显著降低营销和客户研究成本。

飞行常客会员的电子邮箱数量增加了3倍，与每个会员的沟通成本2年内降低了20%。

（4）荷航已知客户群到2004年3月已增长了20%。已知客户的平均消费比上一年增加了5%以上。

【思考题】

1. 荷兰皇家航空公司实施CRM的动力和原因何在？
2. 荷兰皇家航空公司实施CRM有何成功经验？
3. 荷兰皇家航空公司实施CRM对中国航空公司有何启示？

【案例八】 宜家家居 CRM 案例分析

宜家家居(IKEA)进入中国以来,获得了中国正在崛起的中产阶级消费者的关注,并成为时尚家居和小资生活的符号,至少目前还没有任何一个家居用品企业能够和宜家形成正面的竞争,并且能够做到像宜家一样为消费者着想,能够使用一种近乎让中国消费者看到就会怦然心动的营销模式来进行营销。独特的营销策略是宜家家居成功的关键因素,本案例以宜家家居商场给消费者的实际体验来分析宜家家居的营销策略。

宜家家居自从 1998 年进入中国,多年来在上海、北京、广州、成都、深圳、南京等城市开店,成长十分顺利,有着非常高的人流量与销售量。在发展过程中,宜家集团是运用什么样的营销策略,来经营中国这个全球家居最重要的市场,从而达到吸引中国消费者的目标的呢?

一、企业背景

(一) 宜家家居概况

瑞典宜家集团已成为全球最大的家具家居用品商家,销售主要包括座椅/沙发系列、办公用品、卧室系列、厨房系列、照明系列、纺织品、炊具系列、房屋储藏系列、儿童产品系列等约 10 000 个产品。

宜家家居于 1943 年创建于瑞典,"为大多数人创造更加美好的日常生活"是宜家公司自创立以来一直努力的方向。宜家品牌始终和提高人们的生活质量联系在一起,并秉承"为尽可能多的顾客提供他们能够负担、设计精良、功能齐全、价格低廉的家居用品"的经营宗旨。

在提供种类繁多、美观实用、老百姓买得起的家居用品的同时,宜家努力创造以客户和社会利益为中心的经营方式,致力于环保及社会责任问题。

中国已成为宜家家居最大的采购市场和业务增长最重要的市场之一,在宜家的全球战略中具有举足轻重的地位。

(二) 宜家家居的发展历程

1943 年,英格瓦·坎普拉德创立了宜家。宜家(IKEA)这一名字就是创始人名字的首写字母(IK)和他所在的农场(Elmtaryd)以及村庄(Agunnaryd)的第一个字母组合而成的。宜家起初销售钢笔、皮夹子、画框、装饰性桌布、手表、珠宝以及尼龙袜等几乎英格瓦能够想到的任何低价格产品。随着生意的不断扩大,英格瓦·坎普拉德开始在当地报纸上做广告,并制作临时函购目录。他通过当地的收奶车分销产品,利用收奶车将产品运送到邻近的火车站。

1947 年,家具被引入宜家的产品系列中。家具由当地的生产商生产。产品得到人们的欢迎,生产品种得到扩大。

1951 年,第一本宜家目录出版。宜家的创始人看到了成为大规模家具供应商的机会。不久,他便决定停止生产其他所有产品,集中力量生产低价格的家具,我们今天熟知的宜家从此诞生了。

在 20 世纪 50 年代初期,宜家产品系列集中在家居产品上。家具展销厅的开放是宜家概念形成过程中的重要时刻。宜家发现自己卷入了与主要竞争对手的一场价格战。双方都降低了价格，质量却没有保证。通过开放家具展销厅，宜家能够以立体的方式展示其产品的功能、质量和低价格。正如宜家希望的那样，人们明智地选择了物有所值的产品。

1955 年，宜家开始设计自己的家具。

1956 年，宜家开始试用平板包装。设计采用平板包装、顾客自己能够组装的产品大大降低了产品成本。自从宜家把桌腿卸掉并装入汽车的第一天起，平板包装带来的益处一直很明显。一辆运输车能够装载更多的货品，货物需要的存储空间更小，人工成本降低，并且避免了运输过程中的损坏现象。对顾客来说，这意味着产品价格更低，而且能够方便地将货品运送回家。

1958 年，第一家宜家商场在阿姆霍特开业。6 700 平方米的建筑规模使其成为当时北欧最大的家具展示场所。

1963 年，挪威第一家宜家商场在奥斯陆郊外开办。这也是宜家在瑞典以外开办的第一家商场。宜家还推出了一种 MTP 书柜，这是一种既现代又经典的书柜，多年来引得众多厂家纷纷模仿。在生产这种书柜以及其他木制产品的过程中，宜家在 20 世纪 50 年代和 60 年代与波兰的供应商建立起了良好的关系，这些关系仍旧是宜家为提供老百姓买得起的产品所做努力的基础。

1965 年，斯德哥尔摩宜家商场开业。当时有数千人排队等候宜家这一重要商场的开业。该商场规模为 45 800 平方米，受纽约古根海姆博物馆的启发，建筑被设计成圆形。该商场取得了成功，同时也产生了一个问题，顾客太多，员工不够用，后来宜家决定开放仓库，让顾客自提货品，从此宜家概念的重要部分也随之诞生了。

1969 年，丹麦的第一家宜家商场开业。

1973 年，北欧以外的第一家商场在瑞士苏黎世郊外开办。该店取得的成功为在德国迅速开拓业务铺平了道路，德国是宜家最大的市场。

1974 年，德国第一家宜家商场在慕尼黑开业；1975 年，澳大利亚第一家宜家商场开业；1976 年，加拿大第一家宜家商场开业；1977 年，奥地利第一家宜家商场开业；1979 年，荷兰第一家宜家商场开业。

1980 年，克利帕沙发诞生。联合国将 1980 年定名为“儿童年”，宜家也将该年定名为“儿童起居室年”。克利帕沙发很结实、耐脏，适合有孩子的家庭使用，而且又很柔软，坐卧其中都很舒适。

1981 年，法国第一家宜家商场开业。

1984 年，比利时第一家宜家商场开业。斯德哥尔摩家居系列诞生，斯德哥尔摩系列获得了瑞典优秀设计奖。

1985 年，美国第一家宜家商场开业。尼尔斯·加美佳德设计了莫门特沙发，创造出了新颖、舒适、低价位同时又具有现代感的沙发，1987 年设计了与之配套的咖啡桌，获得了瑞典优秀设计奖。

1987 年，英国第一家宜家商场开业；1989 年，意大利第一家宜家商场开业；1990 年，匈牙利和波兰各自的第一家宜家商场开业。

1991 年，捷克共和国和阿拉伯联合酋长国各自的第一家宜家商场开业。1996 年，西班牙第一家宜家商场开业。

1997 年，宜家引入儿童家居。宜家始终是为全家提供家居用品的，但由于儿童是世界上最重要的人，宜家决定突出考虑他们的需要。宜家设立了儿童游戏区、儿童样板间，在餐厅专门备有儿童食品，所有这些都得到孩子们的喜爱，使他们更乐意光顾宜家。

1998 年，中国第一家宜家商场开业。

2000 年，俄罗斯第一家宜家商场开业。

2001 年，宜家成立自己的铁路公司，宜家铁路开始运营。

2003 年，本财年宜家获取了 110 亿欧元的销售收入和超过 11 亿欧元的净利润，成为全球最大的家居用品零售商。

2005 年，宜家在世界 500 强企业排名中位列第 42 位。

2009 年，宜家在全球品牌价值 100 强中排名第 28 位，品牌价值达 120 亿美元。

二、宜家家居独特的营销策略

作为全球最大家居商的宜家集团，其营销策略是其经营管理的一大亮点。宜家的产品定位及品牌推广在中国获得成功，以至于很多人把“吃哈根达斯，喝星巴克咖啡，用宜家家具”作为一种时尚。宜家家居的成功可以说得益于其营销策略的成功。

很多企业都在研究消费者，都在设想如何从消费者的角度出发来做营销工作，但是往往是说得多做得少。在这个消费者越来越追求生活品位和越来越挑剔的今天，宜家为消费者带来的是一种全新营销理念的实践。宜家为消费者设计出了关于家的一切，这就是其独特的梦想营销、体验营销。

（一）宜家居家的梦想营销

具体而言，梦想营销是指企业提供的产品或者服务能够帮助消费者去实现一些梦想，或者能够创造一些新的梦想去引导消费者的需求，从而使产品或者服务在市场竞争中脱颖而出，赢得更多的购买率、美誉度和满意度而进行的营销。随着经济的迅速发展和人们生活水平的提高，人们的心理需求也在不断提高，消费者购买一种产品已经不再停留于单纯考虑产品功能的阶段，而是希望这些产品能够满足自己某一方面的愿望或者是梦想。正如丹麦未来学家沃尔夫·伦森所言，人类将进入一个以关注梦想、历险、精神及情感生活为特征的梦想社会，在未来，人们从商品中购买的主要是梦想、故事、传奇、感情及生活方式。

宜家商场就像是一个大型的家居展馆，展示了众多的家居产品。样板间全部使用宜家的产品进行布置，旨在向消费者提供有关家居、照明以及装潢等全方位的创意，以及向将要建立自己家庭的青年一代提供关于家的轮廓与梦想。宜家的样板间，无不是为人们打造一种生活、一种梦想，让人对生活产生想象。其中令人印象深刻的是在 35 平方米的空间内把一个完整的家的布局勾勒出来。广告文案也都是以消费者口吻来讲述自己关于两人世界的感受。从客厅到卧室，到厨房，到餐厅到浴室，到工作室……一路下来，无不体现出宜家“简约”的风格——简化的设计，简单就是美。同时，它的这种简约主义也迎合了大多数年轻人的居家需要。房价居高不下，小户型成了年轻人的天地——能有大空间的年轻人毕竟是少数。宜家洞悉中国的社会文化与阶级构成，同时懂得利用部分阶层对生活品位的追求，不断创造出让部分消费群想要拥有的梦想产品，进一步奠定了品牌领导者的地位。

宜家的梦想营销也使产品更加适合消费者的需求，满足了消费者家居产品精细化的梦想，轻松、自在的购物氛围满足了消费者自由自在地享受购物乐趣的梦想。不管在儿童房、餐厅，还是卧室的展示厅里，看到多种不同的家具组合，这些都让消费者对自己以后的家有了强烈的梦想。这种购物带来的梦想已经超越产品本身，就像“万宝路”在今天已经不仅仅是一个烟的符号，它所代表的是一种关于美国西部牛仔生活的梦想，消费者不能亲自体会那种感觉，因此通过购买“万宝路”来嫁接自己的梦想。因此，对消费者而言，产品本身不是梦想，梦想是产品带给消费者的非凡体验。

在当前的市场环境中，单以低价促销或普通的营销方式，已经很难获得消费者真正的青睐，产品的同质化使品牌建设成为细活，唯有将消费者心理上的真正需求融入商品及服务中，赋予品牌生命，在消费者心中建立独特的品牌地位，才能拉开与竞争者的距离。现在消费者的购买倾向变得更加受制于其信仰、愿望和内心深藏的梦想。可以预见，未来能够在竞争中取得优势的企业，将是那些能够将产品或服务转化成消费者心目中的一种梦想或者愿望的企业。宜家的梦想营销就是在不断地创造梦想，一直引导前沿消费时尚，主动创造出消费者未来的一些梦想。宜家的营销人员不断发挥想象空间，不断进行产品或服务创新，让产品创新上升到创造梦想的阶段，从而借着强化梦想品牌的印象，让产品具备创新、舒适、乐趣与热情的内涵，在消费者心中建立不可取代的地位。这正是宜家能够成为全球最大家居商的必要因素。

（二）宜家家居的体验营销

在服务经济时代，消费者一心追求生活质量，此时，企业营销重点转向服务；而在体验经济时代，人们的消费需求已经不单局限于产品和服务所具有的功能和利益，人们将更加注重消费产品和服务的过程中所获得的符合自身心理需要和偏好的体验，体验成为继产品、服务之后的新营销点。体验营销是一种满足消费者心理需求的产品营销活动，它通常是和营造一种氛围、制造一种环境、设计一种场景、完成一个过程、做出一项承诺紧密结合在一起的，而且它还要求顾客的积极主动的参与。

从宜家的营销策略来看，宜家不只让消费者产生了梦想，而且还让消费者能亲身体验到所产生的梦想，那就是在宜家的展示的商品上，宜家提供了搭配好的家居样板间，供消费者体验，并强烈鼓励消费者在卖场进行全面的亲身体验，比如拉开抽屉、打开柜门、在地毯上走走、试一试床和沙发是否坚固，等等。正是这种体验，让消费者接触产品并激发他们内心深处追求梦想的热情，从而来购买产品。体验营销是让消费者在购物的前、中、后各阶段感觉到品牌是那么鲜活、多样化，而且是可以看得到和伸手可及的，超越他们的预先设想，这样的体验才是真正的体验营销。宜家在整个展示区都是在启发隐藏在人们内心的欲望，让消费者建立独特的印象，使消费者产生想要追求、体验宜家所展示的梦想空间。现在越来越多的品牌相继推出了自己的体验店，例如索尼的数码梦工厂，戴尔的体验中心。

以宜家南京店为例，当顾客走入宜家商店的大门时，就会发现自己走进了一个精致构建的家居世界。消费者首先见到的是专门为孩子准备的儿童娱乐中心；轻松、快捷的入会方式，一份宜家商店的指引图指引出合理的行走路线，根据现实居室设计的样板间让人真正感受到家的环境，信息亭为家庭装修提供建议，配色卡可以提供丰富的产品面料选择。很多新奇的方式让顾客在宜家的体验更像一次独特的游玩：宜家家居给顾客的整个印象是宽敞高大的入口、立体展示、无打扰服务、随心体验……按照宜家家居的路线图消费者依次体验到如下环节，见表 5-8-1。

表 5-8-1　宜家家居路线中的各个体验点

序号	体验点	序号	体验点	序号	体验点
1	店面位置与外观	8	组合展示	15	寻找物品
2	停车场	9	产品试用	16	搬运物品
3	店内装潢	10	标签与说明	17	付款
4	DIY(自己动手)购物工具	11	员工服务	18	安排货运
5	绕圈购物	12	卫生间	19	安排安装
6	产品质量	13	儿童区	20	1元钱的冰激凌
7	价格	14	餐厅		

(1) 宜家提供产品让消费者体验:在商场内建立体验梦想的展示区,独特创意所设计出来的一间间样板间给人们以体验,每一个都因地制宜做了不同的设计和布置。浪漫的,优雅的,温馨的,自然的,活泼的……消费者随着宜家的指示牌坐下来,躺下来,拉开抽屉,打开壁灯,亲自体会一下“自己家”的味道。正是这种体验营销的活动,让人们产生了将整个样板间搬回来的欲望,因为这种展示方法生动活泼,充分展现每种产品的现场效果,能使消费者从了解转换成亲身经历。卖场的这种布置方式,如居室布局整体展示而不是单件展示,很容易产生“连带购买”的效果,能够促成更多的实际消费行为的产生。

(2) 宜家的 DIY 营销方式:宜家倡导“我们做一些,你来做一些,宜家为你省一些”的理念。宜家让消费者参与商品的制造过程,还采用自选方式,以减少商店的服务人员。而且服务人员不主动向顾客推销,而是顾客自己挑选家具、自己提货,顾客可以选择付费送货或自己搬回家,不像中国的其他家具店,可以送货上门。另外,家具运送到家后,顾客还要自己花费数小时动手组装,因为宜家销售的多是散件,这样在参与家具制作与组装的真实体验过程中更加让人对宜家产生了好感,拉近了产品与消费者之间的距离,让人体验到不只是在买简单的一件商品,而是去体验一种生活。

(3) 宜家独特的测试营销:宜家让商品的耐用性展现在眼前,给人以真实可靠的感觉。这一营销方式就是在向人们传达,宜家产品不仅仅设计精美,而且经久耐用,如沙发不停地接受压力挤压的次数、橱柜的门不停地开关的次数。

(三) 简约时尚的设计

此外,宜家在营销策略中还引入了时尚的内容。时尚指的是一个时期内相当多的人对特定的趣味、语言、思想以及行为等各种模式的随从或追求。如何倡导一种品牌时尚,简言之,就是要分析消费者的现时心态,并通过商品将消费者的情绪释放出来,并激励大众参与。宜家产品的工业设计可以说是整个行业的风向标,宜家所推出的产品成为大家模仿的对象,它的浪漫、优雅、温馨、自然让宜家在行业内走在了最前沿,在家居行业中确立了独特的宜家风格。

【思考题】

1. 什么是体验营销?分析宜家的体验设计及其给顾客的体验。
2. 相对于竞争对手,宜家给顾客的价值创新何在?
3. 本案例的启示何在?

第六章
网络营销教学案例

【案例一】"三只松鼠"网络营销案例分析

2011年，当大家都认为网络营销已是一片红海的时候，"阿芙精油"诞生了，并用一年时间做到全网第一。而阿芙的创始人雕爷被无数淘宝卖家奉为偶像。

2012年，当大家都认为网络营销红海比2011年还红的时候，6月份"三只松鼠"横空出世，仅仅半年之后，"双11"单日销售额突破800万元，2013年1月份单月业绩突破2 000万元，轻松跃居坚果行业全网第一。"三只松鼠"的创始人"老爹"章燎原，石破天惊。下面根据是"三只松鼠"的创始人口述整理的关于"三只松鼠"崛起的秘密。

一、关于"三只松鼠"的核心战略

安徽三只松鼠电子商务有限公司，位于安徽芜湖高新技术产业开发区西山路软件园大厦。作为一家在三四线城市办公的企业，为什么"三只松鼠"坚持做"互联网顾客体验的第一品牌"和"只做互联网销售"？因为互联网极大缩短了厂商和消费者之间的距离与环节，"三只松鼠"定位于做"互联网顾客体验的第一品牌"。产品体验是顾客体验的核心，互联网的速度可以让产品更新鲜、更快到达，为什么要舍近求远呢？

（1）一个核心：让品牌和消费者更接近，始终围绕这个中心部署战略。

（2）四个要点：

① 品牌——如何让品牌和消费者更好地沟通？

② 速度——如何更快一点？

③ 服务——如何做到更加个性化？

④ 品质——如何让坚果更好吃？

（3）四化：品牌动漫化、数据信息平台化、仓储物流智能化、食品信息可追溯化。

（4）谈竞争：所有目前领先的网络营销大佬，无论是B2C（商家对顾客），还是以淘宝系为代表的天猫原创品牌，都绕不开两类竞争对手。

第一类竞争对手为"高富帅"，即进入电商领域的该行业传统品牌大佬，实力超群，招募豪华电商团队，甚至招募你的团队。他们有品牌优势、资金优势、人才优势，并且也勤奋。怎么应对他们的竞争？

① 定位：传统品牌企业的优势在于他们线下积累的资源优势，但这些资源优势也恰恰成为他们跟纯线上企业（即只在互联网上进行产品销售的企业）竞争的劣势。选择线上企业独有的优势后发优势，定位、聚焦、延伸、放大。

② 团队：传统品牌企业初始阶段，电商最多只是一个部门，且多是职业经理人带队，与纯电商企业由全情投入的老板带领一群激情满满、近乎"疯子"的线上团队相比，后者至少不会处于弱势吧。

③ 定价：传统品牌企业在线下有大量的经销商，面对线上消费者消费趋势发生的短周期内的变化，定价时无法像线上企业一样快速反应。

④ 产品：线上企业积累了大量的消费者数据，可以通过对数据的分析来设计产品，迎合网购人群（注意：核心网购人群和线下购买人群的购物心理和习惯有很明显的差别）。而传统品牌企业，首先要兼顾占自己销售体量9成以上的线下人群，就算为线上设计的专供款也

只是昙花一现，偶尔为之。

总之一句话，对方是大船，不好调头，你是小船，水性更好，更贴近消费者，更灵活。

第二类竞争对手是“屌丝”型，你做啥他就抄啥，死缠烂打。你前期花了大量的时间、人力和财务成本研发产出的产品，刚刚开始产生品牌溢价，卖了没几天，他就开始同款且低价地照单跟随。你降价，前期的研发成本摆在那里，肯定亏；他降价，正好抢你的客户。不到半年，这一市场就被杀成红海乱象。怎么办？

① 将创新植入你的核心竞争力中。真正的有竞争力的创新，从战略核心就开始了，围绕核心衍生出整个差异化的体系。这样，对手抄袭，只能是抄个一鳞半爪，整个运营体系是无法抄袭的。

比如，“三只松鼠”的战略核心是“和消费者更接近”，那么形象上，动漫化的形象让消费者觉得更亲切（你抄的话总没法把你的产品标识也换了吧），拟人化的沟通让客人觉得更萌，更被尊重。比如，叫客人为“主人”（松鼠可以叫客人为主人，你也把客户叫主人，客户会起鸡皮疙瘩的）。

整个网站的装修、交互，都是围绕这一让客户觉得更接近的核心去设计（你不会也把自己的网站改成这样吧）。在原产地建仓，采用智能化的仓储物流管理，都是为了让每包坚果更快送达，更新鲜地到达客户手中（这样的门槛让一般的“屌丝”对手无法抄袭）。

② 开放的心态，欢迎更多的“屌丝”对手来抄袭。因为强大和自信，“三只松鼠”希望更多的线上同行来学习、模仿甚至抄袭，这样，线上企业都强大了，消费者会被进一步从线下拉到线上。比如，“三只松鼠”为提升客户体验，每包坚果中都有吐壳袋、封包夹，现在很多坚果类电商也都这样去操作了。

(5) 谈品牌：强化线上品牌个性，塑造独特竞争优势。

线上品牌有独立存在的价值。这里“三只松鼠”为什么没有用“品牌”来统一涵盖，而要强调线上品牌呢？主要跟消费者选择网购的原因有关，消费者网购，无非原因有四：

第一，网购更便宜；第二，网购更便利，不出门就能买，高度适合宅男宅女，即时间宝贵不愿逛街的人群；第三，网购能买到线下也许买不到的东西；第四，网购体验独特。

网购中的交互体验是线下无法取代的，“亲”“主人”，表现不好就给差评，这些是线下购物无法给消费者提供的“爽”体验。

因此，“三只松鼠”利用了线上品牌的独特性，差异化了自己的品牌。第一、第二条一般电商都有；“三只松鼠”只在互联网上销售，线下买不到，满足第三条；拟人化的沟通、细致专业的包装和服务，快速新鲜的产品，超乎消费者心理预期的服务……都在差异化地强化第四条。第三、第四条的强化，形成了强大的“三只松鼠”的品牌个性，也塑造了它明显的竞争优势。

好产品会说话，这个道理谁都懂，但“三只松鼠”通过对网购人群的研究来设计产品和服务，真正利用了这一法则，让产品成为传播的载体。

互联网最具标志性的特点就是信息海量、信息碎片，如果品牌名不易记忆，企业的传播成本是很高的，所以，“三只松鼠”的名字出来了，好记！互联网发展到今天，传播最大的特点就是去中心化，人人都可以是媒体（微博、微信、BBS、SNS 等等）。“三只松鼠”无所不用其极地将产品、服务做好（成本可控的范畴内，这部分成本大约不超过产品成本的 2%），好到超出顾客的心理预期，自媒体时代人人都爱分享，这时候，自媒体必然被激发，主动宣传“三只松鼠”。“三只松鼠”用了很多“术”的东西，来激发自媒体。

二、关于分销：“三只松鼠”为何拒绝分销

品牌商在快速发展过程中，分销往往是非常常见的手段。“强品牌＋强分销”的打法是国内很多品牌快速壮大的不二法宝（比如娃哈哈、百丽、南极人、优鲨），但“三只松鼠”在品牌知名度方面已经做到线上坚果类企业第一名的时候，仍然坚持拒绝分销。

（1）不做线下分销：“三只松鼠”企业定位于互联网销售的第一品牌，看重的就是网络可以缩短企业与消费者的距离，而线下分销必然增加流通环节，会破坏产品的新鲜度，进而影响消费体验，削弱品牌影响力。

（2）不做线上分销：主要还是坚果的发货。“三只松鼠”的坚果都是统一仓储在低温仓，一般线上分销商不具备这个条件，那么分销合作势必还是货在厂商库内，然后厂商发货，分销商卖货，增加发货环节同样会影响新鲜度。

（3）做品牌，就是要舍得，接受一切有利于品牌发展的，舍弃一切不利于品牌发展的。

三、关于人才：老板“控盘”，放手让年轻人快速成长

偏居三线城市做电商，虽然有当地政府给予的很多优惠及资源，但绕不开一个问题：人才。因为人才的掣肘，很多电商品牌不敢降低办公成本，即使投入巨大也要选择入驻一线甚至超一线城市，“三只松鼠”如何看待及解决人才问题？

（一）电商不缺人才

电商这个行业太新了，很多东西都是新的，所以门槛低，特别适合学习力强的年轻人。

年轻人只要智商正常、态度端正，会上网、勤奋，摸索一段时间，就是电商人才了。内部培养、大胆启用，比较适合电商培养人才的方式，因为年轻人接受新生事物快、学习力强，老板控住方向，完全可以让年轻人快速成长。

当然，“控盘”很重要，老板必须对业务很精通，否则，老板失去对企业的掌控，整个企业的发展也许会因年轻人犯错而受到影响。

（二）电商还是缺人才

二、三线城市不缺年轻人，他们可以通过学习，快速掌握电商的运营、营销、客服、仓储、物流等知识和技能。但设计、动漫、技术等类人才还是欠缺，因此，“三只松鼠”会在合适的时机，到拥有这类人才的城市去设点。

“三只松鼠”告诉我们：在拥有6亿主流消费人群的网络世界里，你可以任意细分一个领域并成为第一。在传统企业没有觉醒的网络时代，会有更多的基于互联网的品牌诞生。但网络营销正由个人“淘宝”向品质、品牌和产业链“淘宝”转变，而这正是我们传统企业的机会。

四、成功的秘诀

“三只松鼠”所取得的成功还得益于以下几个方面。

（一）在细节上做到极致

在饭店吃饭的时候，我们会发现，宾客盈门的店面总有一些过人之处。抛开产品不谈，

有些饭店会在餐厅安装上电视，让消费者全程看到后厨的动态，这样让消费者吃得更安心。我们在朋友圈里经常会看到，朋友去哪里吃饭、买了什么东西很好用，分享自己的购物体验。这其实就是一个传播效应，消费者秀的不仅仅是自己的生活，更是自己的消费情绪，自己高兴了也能带动自己的朋友，这就形成了品牌效应。“三只松鼠”发现消费者购买坚果，肯定需要一个垃圾袋，于是，“三只松鼠”就在包裹里加上一个 0.18 元的袋子，虽然增加了额外成本，但是用户却会被“三只松鼠”的细心体贴关怀所打动。

（二）售卖人文关怀和主流文化

“三只松鼠”有着自身精确的企业文化定位。他们基于消费者考虑，看人们喜欢吃什么样的零食，而且让零食多样化。人们在消费的同时，看到可爱的松鼠，也会感到十分快乐。

（三）人格化品牌形象

大家对“三只松鼠”的印象可能就是那三只松鼠了吧：鼠小贱、鼠小酷、鼠小美。这三只可爱的松鼠会给顾客留下难以磨灭的印象。这三只“萌萌哒”松鼠使品牌人格化了，让人们感觉到一种主人和宠物之间的关系，这样替代了顾客和商家的身份，拉近了顾客和商家的距离。而客服则是以松鼠的口吻和顾客对话，形成了良好的沟通关系。客服可以撒娇，可以通过独特的语言给顾客留下生动形象的印象。这样的策略，形成了“三只松鼠”自身的品牌人格，让品牌不再那么高高在上，而是给人以亲切、真实的感觉，增强用户体验。

（四）不断开拓消费场景

“三只松鼠”的团队在思考，有没有其他的消费场景，能否针对二次元群体推出一个二次元群体的零食包，在看动漫的时候，应该想起的是吃点零食，应该想起“三只松鼠”；比如出游的时候，你要想起“三只松鼠”，你要带上“三只松鼠”一起去旅游，不然路上饿了怎么办？通过对消费场景的挖掘和设置，“三只松鼠”在不断拓展自身的消费群体。深圳直线管理咨询有限公司在进行营销咨询时就强调了开拓消费场景的重要性，开拓消费场景不是让企业自己去找消费者，而是帮助消费者找到消费的场景，这样自己的产品就能在更多的场合被接受。

【思考题】

1. 你如何看待“三只松鼠”在网络营销上所取得的成功？
2. “三只松鼠”采用何种战略取得了市场上的成功？
3. “三只松鼠”的成功经验可以为其他企业带来哪些启示？

【案例二】 网络营销成功案例分析——王老吉事件

核心提示：封杀王老吉，是一次取得巨大成功的网络营销。但在这成功的背后，又有着什么样的故事和道理值得我们细细回味和思考？在网络高度发达的信息社会，广大消费者的爱憎，往往会影响并左右市场已有的商业格局，影响力不容小觑。从这一点来看，王老吉卖断货，并非偶然。

一、王老吉网络整合营销分析

随着王老吉名气的扩大，其获利也增加了，于是更多的营销活动展开了。最先进也最受欢迎的必然是网络营销。如今我们已经进入了信息时代、网络时代，凡是具有前瞻性的人或者企业都会发现网络营销时代已经到来，我们不得不关注中国数以亿计的网民的声音和力量。因此，王老吉依据新的形势也参与到网络营销活动当中。话说王老吉到底是如何在一夜之间成为全国人民都知道的新品牌的呢？它采取了其他企业都不曾采取过的措施。2008年6月18日，用1亿元巨款捐助灾区的王老吉饮料，引起了最多国人的注意。这一个性化的营销不仅使王老吉成为千家万户知晓的品牌，而且树立了良好的企业形象。

然而第二天，在国内著名的互动网络论坛天涯上，一篇《封杀王老吉》的帖子引起了网民的注意。网络整合营销有一个4I原则，即interesting趣味原则、interests利益原则、interaction互动原则、individuality个性原则。趣味性使许多网民看到帖子内容后却会心一笑，并被煽动起当时情境下特有的激情。帖子不但导致了网友疯狂地主动转载传播，更直接鼓动起了网民对于王老吉的购买热情。于是，网上一度爆出不少王老吉饮料在商场供不应求的新闻，许多网民自发组织购买，导致王老吉在多个城市的终端都出现了断货的情况。这篇帖子借时势用反话成功诱导了网民的心理，运用了"灾难营销"的手段取得了很大成效。在这不停转载和购买的过程中无疑应了网络整合营销4I原则中的互动原则，网民们参与了最真切的互动行为，并且完善了企业的利益，使企业达到了赢利的目的。这也是互动性的最具影响力的作用。

封杀王老吉，是一次取得巨大成功的网络营销。但在这成功的背后，又有着什么样的故事和道理值得我们细细回味和思考？在网络高度发达的信息社会，广大消费者的爱憎，往往会影响并左右市场已有的商业格局，影响力不容小觑。从这一点来看，王老吉卖断货，并非偶然。

王老吉的营销手段还不仅仅如此，2008年奥运会对于王老吉来说又是一个大的契机。2007年6月，王老吉联手新浪共同参与"'56个民族祝福之旅'大型全民健身活动暨共同为北京祈福盛会活动"，通过新浪网对此次公益活动进行立体传播。中国多民族特色与时事热点"奥运"完美地结合到了一起，而王老吉民族特色的品牌形象也得到前所未有的推广。这次"祝福北京"是王老吉独家赞助的一个大规模的全民参与活动，如此规模的全民大联欢，跨越了时间与空间的界限，对于赞助商来说是一次难得的宣传机会。通过全面整合博客、播客以及新闻平台共同为活动造势，新浪把自身多媒体线上平台的潜力发挥到了极致。在这里，王老吉协同新浪根据4I原则中的互动原则把每一位网友当作活动的主体，他们可以了解关于活动、关于奥运的相关信息，也可以自由发表见解，评选喜爱的"民族祝福使者"，而且，在他们的主动宣传下,“祝福北京”的信息如涟漪般向外传递出去。作为整个活动的独家赞助商,王老吉品牌广泛的知名度将吸引更多人关注此次活动,同时借助新浪对活动的宣传推广,王老吉也树立了自身积极的社会公益形象,建立了王老吉消费群体的忠诚度,而这种潜在影响力是广告换不来的。这也是网络营销中互动的作用。

“纽约涌现凉茶浪潮,王老吉热邀海外友人访北京”,随着奥运会的临近,王老吉更是煞费苦心设计了一艘特殊的游船游弋在纽约哈德逊河上,与远处的自由女神像遥遥相望,船头矗立的巨型红色王老吉罐体,代表了一个有着 180 年历史的中国品牌,正在通过它特有的方式,向国外友人展示中华民族的热情友好。据加多宝集团相关负责人介绍,2008 年北京奥运会这是世界人民了解新兴中国的一个绝佳机会。作为民族企业,王老吉有责任为国家出一份力。而在有的人的博客上开始流传并且转载这样一个帖子:一位热心尽职的奥运志愿者帮助了一位由于炎热而中暑的外国友人。此篇文章感人至深,图片打动人心,但要细看便可发现美女志愿者手中拿着的正是王老吉饮料。由此我们不难发现,这又是王老吉针对网络进行的又一营销活动,它运用网友们的转载、互动,不仅叙述了一件感人的事情,而且更好地宣传了产品,也附上了一个信息:王老吉能起到解暑去火的作用。这也符合了 4I 中的利益原则。

2010 年 4 月,央视赈灾晚会“情系玉树,大爱无疆”共收到社会为玉树捐款 21.75 亿元。广东加多宝集团捐出 1.1 亿元人民币。“只有民族的,才是世界的。”在这样一个群雄逐鹿的时代,一个民族品牌要生存,要发展,就必须把眼前的扩张和自身品牌长远的文化建设结合起来。我们看到全球的知名品牌无不经过多年的积淀和潜心的塑造,形成了人们的消费习惯,进而衍生为一种文化,最终成为一种精神、一种理念。王老吉无疑已经看到了这种企业发展的趋势,在突破自身“功能性”瓶颈、塑造品牌内涵的道路上,它已经迈出了坚实的一步。同时也是最重要的一点,作为中国民族品牌借力网络公关的先行者,王老吉对企业文化传播的重视和对网络媒体力量的关注必将成就企业美好的未来。

企业从事爱心活动和公益事业,是对社会的回报与反哺,是企业社会责任的高度体现。面对大地震,正是企业社会责任最可表现并令人记忆最深刻的时刻。爱心义举,可以提升企业的公众形象,提升企业品牌价值和整体形象,赢得消费者的信赖,带来的社会效应其价值往往远超广告投入,取得事半功倍的效果。大地震发生后,许多企业品牌形象也发生“大地震”。一些没有及时捐款或捐款数额不大的企业遭到抨击甚至抵制,人们开始把捐款数额和企业社会责任感挂钩。观念错位把“国际铁公鸡排行榜”中的企业推到风口浪尖,在对“铁公鸡”口诛笔伐的大环境下,王老吉借助中央电视台的巨大收视效应,做出赈灾爱心义举,让广大消费者看到一个有爱心、负责任的企业形象,并为公众树立了做善事、献爱心、有高度社会责任感的企业形象的正面标杆,瞬间便获得极大的市场关注和追捧,品牌价值飙升。比尔·盖茨夫妇曾拿出 54%的资产成立比尔·盖茨基金会,为获得市场更多好感而让微软产品获得更大市场。据统计,比尔·盖茨的每 1 美元慈善投入,都换回了 1.1 美元至 2 美元的回报。企业回报社会,社会必然会回报企业。相反,只捐出 200 万元的万科,虽然其捐款经典理论看似很冷静和理性,法律和道德上也都难以苛责,但却难以得到公众的情感认同和价值认同,不符合公众对万科的期待。爱心没法子上天平过过秤,但老百姓心里都有一杆秤。相比于很多企业“不爽快”的爱心,王老吉最符合老百姓心目中爱心天使的形象。王老吉捐 1 个亿,消费者用嘴巴表达好感,使劲买使劲喝,这符合“不让好人吃亏”的朴素心理。

此外，成功的网络营销策划也是不可少的。从时机和方式上看，王老吉的举动可谓恰到好处。地震给数千万人带来不幸，举国哀悼，众多企业和个人为灾区人民奉献爱心。此时，任何借机炒作都只会激起人们的愤怒，千万不可留下丝毫炒作痕迹，否则无异于自掘坟墓。王老吉聪明地回避了这一风险，在传播途径上，选择平民化网络传播，从点击率最高的天涯社区开始，以普通网友身份发帖，再以转帖方式流向各大网站，直至QQ群。整个过程，看不到任何企业参与炒作的痕迹，怎么看都是爱心网友自发的行为。从发帖内容看，是典型的“标题党”，用“正话反说”的方式消除了网友的戒心，淡化了网络“软文”的商业目的，并引发网民参与兴趣和爱心，广大网民怀着极大爱国热忱将王老吉的“软文”四处转发。

二、成功原因分析

成功之一：借势（事件传播的土壤）。王老吉的捐款数额是足以引起一片赞誉的，况且是在当时“比富”（比谁捐款多）的大舆论背景下。那场央视募捐晚会的收视率是不用质疑的，“一鸣惊人”是那场晚会赋予王老吉最大的收获（这可能比投放几个亿的广告效果都要好）。

成功之二：策划（制造事件——“病毒源”本身）。网友是单纯的，也是容易被“煽动”的。王老吉捐款1个亿的“壮举”在接下来的几天里迅速成为各个论坛、博客讨论的焦点。但是话题是分散的，需要一个更强有力的话题让这场讨论升级。于是“封杀王老吉”成了由赞扬到付诸实际购买行动的号令。创意本身契合当时网友的心情，使得可能平日里会被人痛骂为“商业帖”的内容一下子成了人人赞誉的好文章。

成功之三：推动（给“病毒”传播一个原动力）。“病毒”之所以能够扩散，除了“病毒源”优质之外，初期的推动也很重要。一个单帖，能够有如此大范围的影响，背后网络推手对于这个帖子的初期转载和回复引导至关重要。网络营销在这个事件中显得尤为成功。首发天涯等大论坛，然后迅速转载至各个小论坛，之后，就可以依靠“病毒”自身的传播惯性去进行扩散了。

三、小结

王老吉的巨大成功，首先在于企业对产品的准确定位（去火），发现了王老吉自身产品的特性，从而成功地完成了王老吉的品牌定位。其次，王老吉成功的网络营销，借助汶川玉树捐款事件的营销，通过北京奥运、广州亚运等活动的支持，建立了良好的企业形象。最后，王老吉还充分利用了广告传播的效果，使用了大众、分众等传播方式，通过电视广告、卖点广告等，使得王老吉迅速最终红遍中国。

四、留给我们的启示和借鉴

一个公众瞩目的企业行为、一条引人关注的网络帖文、一群高效有力的网络推手，以及一则引发广泛关注的社会新闻，这些重要因素都天衣无缝地融合在一起，可以说，这是一个网络营销的经典案例，从策划到执行都是一次可以和《吃垮必胜客》相媲美的经典营销之作。经典在于它帮助品牌树立了形象，经典在于它提升了消费者对于品牌的忠诚度，经典在于它促进了产品销售的增长，经典在于它完美运用了网络口碑的力量，创造了中国网络营销史上的一个成功案例。分析起来，这次网络营销创新很多，主要有这么几点借鉴和启示。

(1) 网络力量助推情感营销。在网络媒体传播力已经不逊于传统媒体的今天，由“王老吉捐款1亿”引发的热炒，在中国两亿多网友的强力助推下，无意中为王老吉促成了一次成功的网络情感营销。网络帖文和网络口碑传播，对1亿捐款消息的迅速传播，起到了更为强大的助推作用。在“封杀”的强大号召力和影响力下，众多网友在超市看到王老吉时，都会忍不住从货架上拿几罐王老吉带回家，为王老吉带来直接丰厚的经济效益。在营销过程中，网络媒体助推无疑发挥了巨大作用，在无意中也呼应到了加多宝在营销上重视“在传播上与竞争对手差异化竞争”的思路，在网上为王老吉打了一场情感营销战。

(2) 重视网络民意，打组合拳。2008年5月18日晚，王老吉公关宣传全面启动，当晚百度贴吧即出现大量询问帖。19日，各大论坛围绕王老吉的讨论已经铺天盖地。5月20—22日，王老吉在网上使用一系列组合拳进行推广。首先，用正话反说的方法，炒作“封杀”王老吉，并不断发出王老吉断销的新闻。其次，借国货炒作，地震期间，国货被中国人提到一个很高的高度。再次，借势万科负面事件，炒作王老吉正面形象，提升网友认同感。可以说，王老吉的成功，首先是重视网络民意、重视网络营销的成功。

(3) “标题党”吸引受众注意力。从“吃垮必胜客”到“封杀王老吉”，充分体现了“逆向诉求标题党”的作用。“标题党”通过标新立异的标题来出彩。在信息泛滥、见怪不怪的时代，如何标新立异、如何出位，首先就需要“逆潮流而动”，出人意料。在媒介膨胀、信息爆炸的网络时代，受众对一般性信息早已严重“好奇疲劳”，只有“反其道而为之”才能吸引受众的注意力。地震发生后，各企业纷纷捐款捐物。捐款之后，如何有效开展营销就成为关键，单纯宣传报道绝对不能激发受众兴趣。此时，“具有杀伤力的标题”，挑逗迎合受众的好奇心，才能吸引受众的注意力。由此，一则“封杀王老吉”就跃空而出，极大吸引了受众的注意力，激发了受众的兴趣。

(4) 爱心网络营销要拿捏有度。汶川大地震，震动了大地，更震撼了人心，检验了企业的社会责任感和事件营销水平。有人说，在国难当头还营销是一件大逆不道的事，但事实并非这样，企业在表达爱心的同时想到营销，是作为经济组织的本能反应和基本素质，但企业不应该过度营销，或者本着以营销为唯一目的开展慈善活动。借助捐款1亿元，王老吉品牌得到了最有效的传播。但自始至终，王老吉在捐赠中都表现得非常低调，网络营销传播也体现得非常自然，丝毫没有让人觉得王老吉是在借赈灾宣传自己，更没有作秀成分，分寸把握到位。这才是王老吉成功的最大原因。面对百年不遇的天灾，从社会责任意义上讲，应该在第一时间帮助受灾地区；从营销公关意义上说，应迅速抓住这个难得的机会。只要善于挖掘，抓住机遇，把握适度，善举就能对自身发展起到巨大的推动作用。

【思考题】

1. 你如何看待王老吉利用事件营销来开拓市场的举动？
2. 王老吉如何一跃发展成为中国最著名的凉茶品牌？
3. 王老吉的网络营销整合给我们带来了哪些启示？

【案例三】 戴尔公司的网络营销案例分析

一、戴尔公司简介

戴尔公司，是一家总部位于美国得克萨斯州朗德罗克的世界500强企业，由迈克尔·戴尔于1984年创立。

戴尔公司以生产、设计、销售家用以及办公室电脑而闻名，不过它同时也涉足高端电脑市场，生产与销售服务器、数据储存设备、网络设备等。戴尔公司于1992年进入《财富》杂志评选出的世界500强企业之列。戴尔公司名列世界500强的第48位。自1995年起，戴尔公司一直名列《财富》杂志评选的“最受仰慕的公司”行列。

公司理念：激发人类潜能——这是技术的终极意义，也是戴尔公司所做一切的原动力。戴尔公司深信，无论普通人、机构，还是社区，只要使用合适的工具，掌握一定的技能，一切皆有可能。此理念激励着个人、社区乃至全球不断进步。戴尔公司的环保行动，带动世界范围内的客户加入环保行列，为资源匮乏的年轻人提供技术、教育和培训，让他们的潜能得到充分的发挥。

二、戴尔公司的网络营销目标和定位

（一）戴尔公司的网络营销目标

戴尔公司的网络营销目标是为企业服务树立黄金标准，即使在发生故障或台风、地震等自然灾害的紧急情况下，戴尔公司的企业服务指挥中心强大的运作效率也将最大限度地帮助企业缩短宕机时间，节省成本，进而获得最大化的投资回报。戴尔公司经营着全球规模最大的互联网商务网站。贴近客户的办法是把电脑直接销售到消费者手中，去除零售商的利润，把这些钱省下来回报给消费者。“消除中间商，以更好的服务、更有效率的方式来提供电脑”就是戴尔公司网络营销理念的核心。

（二）戴尔公司的网络营销定位

戴尔公司作为一家国际性的公司，为更好地满足不同市场需求，在推行网上直销时专门针对不同区域市场推行特定的网上直销，有专门针对我国市场客户提供的直销服务，网站设计时用的是中文，而且考虑了中国人的习惯，允许电话联系订货。戴尔公司改变了传统的营销手段和方式，在互联网上开展具有价格竞争优势的网络营销。

作为国际上个人电脑销售排名第一的公司，戴尔公司除了门店直接销售个人计算机外，其他最主要的销售方式就是网络直销，据戴尔公司内部消息，戴尔公司年营业额的40%～50%来源于戴尔公司的网站。

戴尔公司的创立者迈克尔·戴尔的企业经营理念非常简单：按照客户要求制造计算机，并向客户直接发货，使戴尔公司能够更有效和明确地了解客户需求，继而迅速地做出回应。这种革命性的举措已经使戴尔公司成为全球领先的计算机系统直销商，跻身业内主要制造商之列。截至2000年1月28日，在过去的4个财季中，戴尔公司的收益达到270亿美元，是全球收益榜名列第二、增长最快的计算机公司，在全球有35 800名雇员。在美国，戴尔公司是商业用户、政府部门、教育机构及个人消费者市场名列第一的主要个人计算机供应商。

三、戴尔公司网络营销的行业分析

（一）戴尔公司的行业适应度分析

1. 戴尔公司的产品特点

戴尔公司追求在保证质量的前提下，向消费者提供高效实用的电脑。成本低导致价格较低，满足了一部分对期望产品价格属性敏感的顾客的需求，戴尔公司因此吸引了大量顾客；戴尔电脑外形简洁明快，产品强调实用性，对于一些商用用户有吸引力，这是戴尔公司的优势。

2. 戴尔公司的目标客户特点

第一类，面向中小企业客户群，为群众类。第二类，面向政府军队，为政府类。第三类，面向个人消费或集体层次消费，为消费类。目标用户定位全职IT人员的小型企业，同时非常看重面向未来的最新技术的客户。诸如数据挖掘、金融建模和大量使用处理器的用户、视频编辑/Web开发（例如商业艺术家）以及注重成本的平面设计自由职业者等等。目标用户的特点为：寻求具备最新技术的经济实惠型商用台式机以提高工作效率；希望可满足不断增长的业务需求；没有IT人员的小型企业，但也承担不起停机的代价，需要可靠的服务和IT支持。

3. 戴尔公司的网络营销方式和传统营销方式的比较

（1）营销不再只是买广告。

一个博客改变了跨国知名品牌对待消费者的态度。戴尔计算机和来自各国、各年龄层的网友，共同演出了一场网络经济时代最经典的营销剧目，演绎了全新的营销概念。

传统的营销逻辑是，在产品生产后，企业只要在电视、报纸、杂志上做广告，让消费者“知道”“引发兴趣”，就能在他们进入贩卖通路时因为“看到”而购买。

“但消费者现在不这么做了，”东方在线副总经理潘晓兰表示，“网络是掌握在消费者手中的新媒体，信息权回到消费者手中，他们可能比营销人员更懂产品，‘口碑’才能取信消费者。”

中国台湾的《30》杂志指出，透过网络，消费者评价以零成本、零时间、零距离的方式在全世界流通连接。忽视单一消费者的声音，可能让苦心经营的品牌瞬间掉入地狱。

“网络为营销人带来的最大挑战是，消费者自己会定义品牌甚至创造产品，营销人员要思考的是，如何让消费者给予品牌或产品正面评价，甚至给予改善的建议。”雅虎亚洲区营销暨公共关系部资深总监韩志杰说。

（2）“听顾客怎么说”，最完美的做法。

网络改变了商业行为的逻辑，发言权不再由企业和媒体人独占，从产品的研发开始，营销策略已经起跑，终点不是卖出产品，而是消费者的使用评价。

企业该如何应对？戴尔公司营销负责人马克·贾维斯说：“听顾客怎么说，是企业能做的最完美营销方法。”

听顾客怎么说，不只是提供完善的售后服务，更是为了提供给消费者想要的产品。

“现在的产品，只要有一点问题，就没有市场机会，而只有消费者可以告诉你，问题究竟在哪里。”安吉斯媒体集团大中华区首席数字官张志弘观察，从产品基本面开始思考营销策略，企业也要面临分工结构上的重组。以前只有单一部门要面对消费者，现在研发、生产、公关、营销、客服等，全都必须懂得怎样和消费者沟通，“所以最困难的，是部门之间的服务与沟通整合”。

如何让部门间原本直线式的生产关系，变成紧密合作的循环式服务团队？答案，可能还是在网络上。

(3) 34 个推特账号创收 300 万美元。

2005 年的惨痛经验，让戴尔公司深谙网络的威力，也造就他们在网络营销媒体运用上强大的弹性和实验精神。

在推特上，戴尔公司实现了整合营销、多窗口服务的可能性。

根据网络观察家孙传雄的研究，戴尔公司先后在推特上开了 34 个账号，把销售、亚太销售、社群、新闻公关、英语系博客与国际博客的部门人员，全面完整地部署在推特上，每一个账号都有一个负责管理的员工，消费者可以依照自己的需求，随时随地向管理员发问，通常在一个小时内，就会得到响应。

“戴尔公司充分应用推特的实时性、广度与深度兼具的优点，”孙传雄说，“但是，这背后并非只有网络成本，部门与部门之间必须紧密地整合，才得以完成。”消费者在推特上备受宠爱，他们很快就在销售上给予了反馈。2009 年 6 月中，戴尔公司宣布在推特上创造了 300 万美元的营收。但他们实现的，不只是亮丽的营收数据，还有部门间分工模式的转型和整合。

(4) 整合传播营销不只是口号。

戴尔公司善用新兴的网络工具赚取利润，但对很多营销人来说，善用工具，正是从传统营销走向网络营销时代最困难的一步。

一定要买关键词广告，才能掌握目标社群？让消费者在活动网页上参与讨论，就是博客营销？微网志是最新趋势，就不能缺席？网络营销已有十余年的历史，却少有营销人能清楚回答这些问题。

“因为网络变化太快了，每天睁开眼睛，就有新的花样跑出来。”奥美数字媒体企划总监黄韵芝表示，即使已经在网络营销领域工作多年，仍有着被新知识追着跑的感觉。

技术是网络营销的关键吗？黄韵芝很快就给了否定的答案：“新技术和新的网站应用，不等于广告，能整合资源达到广告效益的创意，才是营销的灵魂，这是在网络时代之前，就已经存在的道理。”

网络带来的影响，只是让整合传播营销，不再只是口号，而是必要的行动！

(5) 营销成效数量化。

误把工具当作趋势，为网络而网络，是网络营销失败案例中最常见的通病。

从传统的网络邮件 e-mail、网页广告 banner、博客营销、关键词营销，到最新的微网志营销，每一种营销方法都有其逻辑，并非追逐流行就是最好的。

“网络营销现在变得有些模式化，因为很多营销人没有想清楚这一环，”黄韵芝说，为了网络而网络，反而扼杀了创意，忽略了最前端的策略，“网络只是一个拥有更多可能性和可监控性的新媒体，不应该被神化。”

旧媒体的传播效果无法衡量，但网络却正好相反，韩志杰说：“在网络上的广告，哪一个消费者，在哪一个页面点选了广告，他还搜寻过什么信息，是否点选后购买产品，带来多少营收，全部都是可量化的数据。”“可监控性”给营销创意人员带来严峻挑战，黄韵芝说：“企业投入网络营销的预算正在明显提升，当预算慢慢提高，客户就会慢慢在乎成效。”她认为，要了解客户的需求，确立营销主轴，建立有系统的策略，然后善用工具。

策略、媒体、创意、技术四者同时并行，才能避免无效营销。

(6) 让口碑像病毒般扩散。

因为发表《戴尔烂毙了！》的文章而影响戴尔计算机的经营方式，贾维斯也因此而投入网络营销观察家的行列，他对网络营销下了一个定义：“创造出够好的东西，让用户或消费者愿意帮忙流通散布，像病毒般扩散，就是网络 2.0 时代的营销手法。”

网络和传统媒体的最大差异，是前者更看重目标社群的“口碑”建立，后者则把预算用于让大众“知道”产品，建立品牌印象。

潘晓兰认为，产品够好，找对目标族群，提供有益消费者的信息，和社群产生链接，这就是网络营销时代的营销意涵，“重点还是消费者”。

从消费者的角度出发，选择哪一种网络平台或工具，反而不是最重要的关键。“如果你传达的，是对消费者有利的信息，或是能够引发消费者讨论分享的，那么即使是透过最简单的电子邮件传播，也可以发挥强大效益，”PChome Online（网路家庭）营销总监曾熏仪说，“网络营销没有速效，要投入的，只是时间和真诚以待的态度。”

（二）行业成熟度分析

1. 企业层面

据戴尔公司分析，中国市场跟美国市场非常相似，其技术成熟度整体上可能稍稍落后于美国，但是中国的市场很大，能与美国技术同步的那部分市场依然占一个非常大的市场份额。戴尔公司服务的也正是这部分市场，其技术和用户成熟度与世界其他地方非常接近，而这些用户和美国市场并没有太大的不同。直销这种模式很有吸引力，但是由于中国市场的特殊情况，戴尔公司在前进道路上也存在很多挑战。首先是直销模式和中国特色销售体制之间的冲突。由此，诞生了具有中国特色的销售体制：各级代理、专卖店、分销商、零售商形成的经销商体制。

2. 客户层面

戴尔公司提供优质的客户服务，并拥有专业的销售及技术支持队伍，为不同领域的客户提供服务，如企业客户：大型及中型公司、全球客户、政府及有关机构、家庭及小型企业，目标市场主要有电信业、银行业/税务业/金融业、政府、跨国公司。戴尔公司的市场聚焦在目标客户方面，对目标市场的宣传攻势是持续而猛烈的。戴尔公司市场细分的基本标准看上去没有什么特别之处，比如客户人员数量、用户的行业、用户区域等。戴尔公司根据不同的分类配备相应的市场部门和直销人员——戴尔公司是一个以客户为中心的企业。但戴尔公司做得更好的是能够根据客户的更多特点来进行细分，比如购买力、戴尔品牌在客户购买力中占的比例等等。这样一来，戴尔公司的客户群体划分要比一般的企业多出 9 倍以上。直接到客户的市场活动和直接销售相结合，使得戴尔公司面对老客户的广告成本进一步下降。非直销型公司面对的是经销商，他们很难知道每个最终客户的详细联系方式和购买情况，每当有新的产品推出时，不得不再次投入大量的广告，向包括老客户在内的“所有”客户推广。

3. 环境层面

政治环境:戴尔公司的全球化步伐得到了很多国家的法律支持,戴尔公司进入中国并没有遇到多大阻碍,中国的改革开放给了外资更多的支持。

经济环境:改革开放给中国带来了经济的飞速发展,人民的生活水平提高很多,收入大大增加,消费水平不断升高。

技术环境:人们越来越依靠网络,使得个人计算机产业不断发展,戴尔公司是早期进入个人计算机市场的企业,拥有的大量技术专利和营销管理经验使后续企业无法企及。

四、戴尔公司网络营销的优势、劣势及机遇分析

(一) 优势

(1) 有利于戴尔公司降低成本。直销减少了中间环节,使得企业不必花费过多的精力处理与批发商、零售商的关系,注重的是与顾客建立有效的沟通桥梁。

(2) 有利于戴尔公司与顾客沟通。在直销模式下,为顾客对产品的设计、包装、定价、服务等提出建议创造了条件,使得顾客的意见能够第一时间反馈给戴尔公司进行产品改进,使产品更能适应消费者的需要。

(3) 有利于满足顾客个性化的需要。戴尔公司为顾客提供"量身定制"的服务。

(4) 价格低廉。直销模式使戴尔公司的销售成本要比其他竞争对手更低,使戴尔公司可大打价格战。

(5) 减少产品的积压。别的企业必须保持高库存量,以确保对分销和零售渠道的供货。戴尔公司只在顾客需要时生产他们所需要的产品,因此戴尔公司节约了大量的库存所占用的场地和资金。

(二) 劣势

(1) 由于没有产品库存,万一短时间内需求量突然增大,有可能很难满足客户需求。

(2) 大多数消费者还没有网络订购的消费水平,采取网络营销的销售模式,会对消费者产生一定的消费屏障。

(3) 售后服务体系尚未完善,由于很多地方没有代销商,所以在顾客发现问题时很难在短时间内得到解决。

(4) 物流成本过高。如果用户分布的区域很广,订货量又少,则这种系统因库存降低减少的库存费用是无法弥补因送货不经济导致的运输及其他成本上升而增加的费用的。

(5) 交货期太长:在传统的销售渠道中,消费者面对的是现货,在戴尔公司的销售方式下,用户面对的是期货,消费者看在名牌企业的分上还可能去等待,但这并不是消费者期望的事情。

(三) 机遇

(1) 由于最先采用网络营销的销售模式,所以戴尔公司占据了时间优势,只要短期内不断进行改进和升级,确保产品的先进性和稳定性,一定能够占据市场。

(2) 直线订购模式使戴尔公司能够提供最佳价值的技术方案,系统配置强大而丰富,性能表现绝对是物超所值;同时,也使戴尔公司能以更富竞争力的价格推出最新的相关技术。

(3) 从每天与众多客户的直接洽谈中,戴尔公司掌握了客户需要的第一手资料。戴尔公司提供广泛的增值服务,包括安装支持和系统管理,并在技术转换方面为客户提供指导服务。通过一系列项目,戴尔公司设计并订制产品以及服务、销售包括外围硬件和计算机软件等在内的广泛产品系列。

五、结论

(1) 戴尔公司采用网络直销,大大降低了成本,并能很好地掌握消费者的需求。电脑软硬件产品是十分适用于网络直销的,这是因为:首先,网络用户大多数是电脑发烧友,对于这类信息最为热衷,再加上电脑产品的升级换代快,使得这一市场有着永不衰退的增长点。戴尔公司充分利用这点,利用互联网推广其直销订购模式,凭借着出色网络营销发展模式,一举超越所有竞争对手,成为全球销售第一的计算机公司。进入中国市场之后,戴尔公司以"直效营销"的网络营销模式为基础,加以强大的营销推广,在中国市场上得到了迅猛的发展,仅次于联想、方正之后,成为中国个人计算机市场第三大巨头。

(2) 在价格方面,直销具有明显的优势。直销免除了中间各个层面的传递,没有中间商,大大削减了不必要的成本,而这些成本最后是反映到产品价格上的。同时,由于网络沟通的费用通常是极低的,除了专线连接的费用和上网的电话费,以及基本的连线和设备外,不需额外支付费用,因此,整体营销费用的低廉就会反映到产品的价格上,从而使戴尔电脑更具价格领先优势。在网络营销中,由于用户的资源空前丰富,所有的产品及其价格都会出现在同一个平面,用户可以随意比较同类产品的价格。有了老牌质量的保证,再加上价格的优势,消费者当然更倾向于戴尔。

(3) 产品设计和产品的客户化在其网页中也有体现。戴尔公司提供了一种特殊的网上用户计算机设计网页。这对于公司的产品设计者来说是一个有力的帮助。由于对不同的行业和不同的应用,往往要求对计算机有相应的配置,所以,对于许许多多的特殊用户来说,公司的产品设计者不可能对方方面面的要求都能够满足。然而,有了这种网上即时的用户自定义设计之后,特殊用户可以根据其需要自行提出硬件配置图,使得设计师的工作任务大大减轻。

(4) 戴尔公司作为一个国际性的公司,为更好地满足不同市场的需求,在推行网上直销时专门针对不同区域市场推行特定的网上直销政策,有专门针对我国市场客户提供的直销服务,网站设计时用的是中文而且考虑了中国人的习惯,允许电话联系订货。戴尔公司改变了传统营销的手段和方式,在互联网上开展具有价格竞争优势的网络营销。这些将推动网络营销开创一个划时代的革命性的营销新纪元。根据戴尔公司的分析,中国市场跟美国市场非常相似,其技术成熟度整体上可能稍稍落后于美国,但中国市场如此之大,能与美国技术同步的那部分市场依然占据一个非常大的市场份额。戴尔公司服务的也正是这一部分市场,其技术和用户成熟度与世界其他地区非常接近,而这些用户与美国市场并没有太大的不同。

(5) 戴尔公司的成功,对中国的大多数企业有着很大的启示。我们国家的网络营销起步较晚,很多地方不是很健全,网络营销人才匮乏,有些公司的营销体系不健全,营销方式老套,营销策略不适合公司的战略发展,等等。戴尔公司在面临中国的挑战同时,国内企业不得不重视戴尔公司营销模式的冲击。国内企业传统的营销体制存在渠道臃肿、库存弊端等问题更加突出，亟须改进和完善。

【思考题】

1. 你如何看待戴尔公司利用直销来开拓市场的举动？
2. 戴尔公司如何转变传统营销方式为企业获得生机？
3. 戴尔公司的直销模式给国内IT行业带来了哪些启示？

【案例四】 耐克网络营销案例分析

网络营销渠道建设是当今大多数企业在进行网络营销时需要面对和解决的一个课题。耐克作为当今世界上最大的经营运动鞋类产品的企业，其产品遍及全球市场，获得了广大消费者的认同。

一、企业介绍

耐克的英文NIKE，原意指希腊的胜利女神。NIKE是全球著名的体育用品品牌，中文译为耐克。该公司生产的体育用品包括服装、鞋类、运动器材等。NIKE这个名字，在西方人的眼里很是吉利，易读易记，很能叫得响。耐克商标象征着希腊胜利女神翅膀的羽毛，代表着速度，同时也代表着动感和轻柔。耐克公司的耐克商标，图案是个小钩子，造型简洁有力，急如闪电，一看就让人想到使用耐克体育用品后所产生的速度和爆发力。首次以“耐克”命名的运动鞋，鞋底有方形凸点以增强稳定性，鞋身的两旁有刀形的弯勾，象征女神的翅膀。

二、网络营销渠道概述

网络营销逐渐成为企业不可或缺的营销手段，而网络营销渠道建设是其中重要的一部分。

（一）网络营销渠道的概念

网络营销，就是以国际互联网为基础，利用数字化的信息和网络媒体的交互性来辅助营销目标实现的一种新型的市场营销方式。网络营销极具发展前景，必将成为21世纪企业营销的主流。网络营销渠道是网络经济时代借助于互联网络、电脑通信技术和数字交互式媒体来实现营销目标的渠道，是商品和服务从生产者向消费者转移的具体通道或路径，主要分为通过互联网实现的从生产者到消费（使用）者的网络直接营销渠道和通过融入互联网技术后的中间商或中介机构提供的网络间接营销渠道。

（二）网络营销渠道的功能

与传统营销渠道一样，以互联网作为支撑的网络营销渠道也应具备传统营销渠道的功能。一个完善的网络销售渠道应有三大功能：订货功能、结算功能和配送功能。

（1）订货功能。它为消费者提供产品信息，同时方便厂家获取消费者的需求信息，以求达到供求平衡。一个完善的订货系统，可以最大限度降低库存，减少销售费用。

（2）结算功能。消费者在购买产品后，可以有多种方式方便地进行付款，因此厂家（商家）应有多种结算方式。目前在国内除了大家懂的支付宝和财付通外，国内付款结算方式还有邮局汇款、货到付款、信用卡等。而目前国外流行的几种方式是信用卡、电子货币、网上划款等。

（3）配送功能。一般来说，产品分为有形产品和无形产品，对于无形产品如服务、软件、音乐等产品可以直接在网上进行配送，所以一般配送系统以有形产品为讨论问题。对于有形产品的配送，要涉及运输和仓储问题，而对于这两个问题，我国有几个很好的企业专门提供专业配送的服务。专业配送公司的崛起进一步加快了企业对网络渠道建设的重视，也就加快了我国电子商务行业的发展步伐。

三、网站建设与网站营销

（一）网站的特点

一个好的网络营销离不开一个制作优秀的网站，耐克公司的网站是商务网站中的佼佼者之一。耐克官方网站并不像传统网站一样直接出售和推销自己的商品，它是利用各种聊天室和论坛以及赛事介绍和运动装备介绍等方式建立起一个商业气氛较低的体育爱好者同盟会或者俱乐部。网站吸引了来自全球各地的球迷，给众多的爱好者一个聚集和发表看法的空间场所。他们在讨论比赛的同时注意到了耐克在运动中的一点一滴，深入人心，耐克公司借此还能了解球迷所想要的产品，突出了体育精神。耐克官网让浏览者在看琳琅满目的商品时回味刚刚结束的比赛给他们带来的激情。

（二）网站内容与构架

耐克的官方网站是由几个大的分类站点组成的，为产品更好地选择了受众群体，使得网站的内容更加紧凑。网站拥有良好的组织和设计，较大的版面使内容的更新得以迅速完成。

根据不同体育赛事的举办，耐克公司网站的背景不断变化，快速反映全球各大赛事，吸引青年人和球迷。比如在足球分类上，网站背景采用了当时正在举行的欧洲冠军杯赛赛场截图作为背景；篮球的分类上则使用NBA（美国职业篮球联赛）的球星作为背景，使网站的风格更好地统一起来，让浏览者能够方便地检索到所需要的信息。

（三）顾客人群的定位

耐克的主要消费群体是14～30岁的青少年，这部分年轻人大部分的时间是消耗在互联网上的，耐克选择的网络营销渠道恰恰适应了年轻人所常常关注的焦点。百度、腾讯都是在中国备受年轻人喜欢的网站。在百度搜索引擎中能搜索到与耐克公司有关的数万个网页。这样公司在他们主要的消费群体中的曝光率大大增加，低廉的宣传成本带来高效的宣传，其效果大大超过了户外广告。

（四）企业网站建立的目的

企业上网就是要通过网络来展示自己的营销策略，达到帮助企业从事经营活动的目的，要实现这样一个目的的最基本的工具，就是企业商务网站。在当代这样一个网络环境下，商务网站已经演变成为企业展示自己营销策略的一个窗口。在国外一些大型企业的商务网站中，商务网站的这样一个功能已经被发挥得淋漓尽致，整个企业的营销策略通过商务网站这样一个窗口，一览无余。有不少生动的例子很能够说明商务网站的作用，从下面的几个例子中可以看出国外一些著名企业是如何通过这个方式来展示自己营销策略的。

耐克公司有一个非常好的网站，这个网站什么东西都不卖，主要目的是通过各种方式办成一个类似于体育俱乐部、球迷俱乐部那种形式的网站。它的主要目的就是用各种形式吸引各类球迷到这个网站上来，相互交流，相互切磋，相互聊天，提供给球迷一个聊天的场所，就类似于我们所说的北京的一些球迷酒吧、球迷餐馆一样。耐克网站就是通过这样一些方式把众多的体育迷、球迷吸引到这个网站上来的。

通过对体育话题的展示，球迷们在讨论的同时附带宣传了耐克公司的产品。一个明显的例子是，乔丹是众多体育迷心中的偶像，那么耐克公司就用乔丹的名字来命名运动鞋。为了宣传这种运动鞋，耐克公司通过网站突出地宣传乔丹。公司鼓励千百万的乔丹迷向乔丹写电子邮件，而且从写信者中抽取一定比例的人免费赠送一件公牛队 23 号篮球背心。同时公司还宣布，在众多的给乔丹写信的乔丹迷中，某个人会收到乔丹的直接回信。当然，这话写得非常活，实际上最终结果是有的人可能收到，有的人根本就不会收到，但这个没关系，公司突出宣传的是乔丹这样一个形象，以及球迷与乔丹之间的沟通。很多球迷也愿意用这样一种方式去表达他们对乔丹的一些感想和崇拜之情。所以公司正好通过这样一种途径顺带地宣传乔丹运动鞋等一系列跟耐克公司有关的商品。你会发现，这种宣传的效果会导致乔丹运动鞋在销售量上的激增，尽管耐克公司在网络上没有卖出一双鞋，但在传统商店、传统商业中的门市订货量会猛增。这种猛增会给企业带来很多很多的利润。而这种商业利润完全没有必要非得通过网络购物的方式来获得。

与此同时，在类似于 ESPN（娱乐与体育节目电视网）等的体育频道、体育商业网站中，也有很多很多关于体育迷、体育热门话题的讨论。这些网站搞这些热门话题的讨论是为什么呢？它们的目的极为清楚，就是为广大体育迷提供这样一个机会，提供这样一个场所，让他们来发议论，来发牢骚，来谈他们崇拜的偶像。通过这种活动，精明的商务网站的管理者，会从中发现许多公众的兴趣、公众的消费热点和公众感兴趣的价值取向在发生什么样的变化，今后他们在产品的广告中，在选择产品广告代言人的时候，会有意识地跟这种公众消费趋势保持一致，与公众热点和公众关心的焦点保持一致。比如说，最近哪个球星被讨论得特别多，那就会把他请来，做这一类运动鞋的广告。如果耐克公司去请乔丹来做广告的话，绝对不会让乔丹去做一双足球运动鞋的广告，那样是没有任何价值的。所以，这就是一种营销效果。商务网站在企业经营和营销过程中的作用，这些例子是很好的解释。这正说明了企业上网的最基本目的就是要利用网络和商务网站这样一种工具，来开展企业的各种经营和营销活动。

四、耐克公司的网络营销竞争策略

（一）发现消费者的需要

耐克公司采取消费者个性化产品生产营销模式，把企业的生产和消费者的需求结合起来，在企业和市场中建立良好的交流纽带。耐克为其客户建立数据库和个人信息的专用档案，把客户所需要的信息储存起来，为其更好地生产所需要的产品，也更好地追踪客户的动态，做好产品的售后服务，而这一切都来源于耐克的网站和数据库提供的服务。耐克的官方网站提供了个性化定制服务，顾客可以根据自己的喜好和款式定制只属于自己的鞋子或者衣服，加上独一无二的自定义标志，给年轻人留下充分的想象空间，发挥他们旺盛的创造力。

（二）明星效应

在各种杂志以及社交场合看见穿着耐克品牌衣服的各种明星早已不是什么新鲜事，耐克公司包装的体育明星为公司带来了无比巨大的利润。从 1984 年开始，耐克公司开始包装乔丹，这个动作无疑是非常成功的。这使耐克战胜了阿迪达斯、彪马等体育用品巨头占据了销售榜的首位。

（三）非奥运赞助商的耐克

作为世界级的体育用品商，奥运会是一个向世界展示自己的绝佳机会，没有花重金争夺

2008 年北京奥运会赞助商的耐克并没有销声匿迹，而是将自己的王牌放在了互联网上，巧妙地避开了与阿迪达斯对奥运会赞助商的争夺，借助拥有两亿网民的腾讯，刮起了网络奥运的暴风。与其在门户网站上弹出令人厌烦的弹窗广告，不如利用腾讯网以及 QQ 和旗下各种产品为奥运冠名，利用腾讯网络直播的优势将耐克融入消费者心中。耐克运用病毒式的网络营销手段以腾讯作为媒介，将自己的理念和品牌形象通过即时、互动的网络信息传输方式覆盖到了每一个网民。耐克的网络营销成本以及效果，绝不亚于作为奥运赞助商的阿迪达斯。

（四）耐克的网络广告战略

2009 年中国网络广告市场规模突破 200 亿元的大关，网络时代的网络广告成为众多商家的新宠，但是好的网络广告却是不可多得的。

耐克网络广告的特点是简洁、精练。在短短几秒时间内将耐克小钩子的标志反复呈现在用户眼前，一次又一次使你难以忘记这个文化标志。而在广告中加入明星形象更能吸引上网者的关注，使其留下深刻的印象，而不是去屏蔽广告。

门户网站的广告点击率低下，日益泛滥的网络广告杂乱无章，虚假垃圾信息充斥网络广告，使得互联网用户屏蔽广告的心理愈发坚决。如何提升网络广告的点击率，是耐克公司发布网络广告首先需要解决的问题。

五、结语

通过以上分析发现，耐克公司选择了合适的营销组合，反映产品或服务的种类和本质以及消费者的独特个性。本案例通过对耐克公司的营销策略进行分析，发现其营销方面采取了如下的手段：发现消费者的需要、明星效应、病毒式网络营销、简洁的广告等。耐克公司能切合中国的实际国情，参考中国人的生活和购物习惯，注重抓住时事热点，紧贴时尚趋势。耐克公司的网络营销策略的目标是明确的。耐克公司在土豆网载入了植入性广告，土豆网的用户群体非常之广，公司可以借这个庞大的用户群，来提高自己产品的知名度，从而达到很好的营销效果。

【思考题】

1. 你如何看待耐克公司建立的企业网站？耐克企业网站建立的目的是什么？
2. 耐克公司采用的网络营销组合策略是什么？
3. 耐克公司在网络营销渠道选择上的标准是什么？

【案例五】 通用电气网络营销案例分析

美国通用电气公司，在1998年《财富》全球500强中位居第10。其市值在20世纪末已达到近4 900亿美元；英国的《金融时报》1998年评选它为35家世界声望最佳公司之首，且得票数竟是当时如日中天的微软公司的2倍。

美国通用电气公司在1996年开通了美国通用电气网站（www.ge.com）。该网站在设计中采用的营销宗旨是基于B2C运作模式，以6～8种主导电器为促销对象；以争取25%的新增家庭为主，同时兼顾其他以替换或添置个别产品为主的顾客。在几经总体结构调整以后，通用电气网站现已发展成为在线销售、在线设计、在线咨询与服务的大型电子商务网站，被安盛、GG等著名研究机构誉为“最成功的电子商务网站”之一。“我们将美好的事物带给生活”这一句话体现了通用电气公司网站的主题。

一、以亲情为主题的网络营销

成功的企业网站是技术、艺术与营销策略的有机组合，整个站点的结构、层次、栏目和相互链接关系是企业营销战略目标的表现，而网页技术与平面设计则是具体的表现手法。

通用电气充分利用其无形资产优势，祭起了“亲情营销”这一与其形象和产品最贴切相关的法宝来组织其网站的整体结构。

美国通用电气公司最早期的各类产品的主页就是以人间亲情和天伦之乐为主题，吸引顾客对该网站的兴趣，利用人间亲情以缩短公司与顾客间的距离。网站暗示上网的顾客：本公司志在培育与客户的至爱亲情，那么您对我们的产品和企业还会有任何安全感、信任感上的疑虑吗？

在通用电气网站早期的主页中心，是一幅享受天伦之乐的祖母对孙辈的呵护的画面，与页面下方孜孜不倦的科学家和紧张繁杂的实验室的画面形成强烈的对比。在它的主页上未推出任何“最新产品”、未展示任何一项“超级功能”，但页面被烘托出的亲情洋溢，已使上网顾客感到其乐融融。这种未成曲调先有情、在商不言商的手法，体现了公司的营销思路，自然也将通用电气的经营理念升华到了对人类关爱的高度。

“亲情营销”给通用电气网站带来了众多的顾客，也带来了巨大的收益。美国通用电气网站几经改版和总体结构的调整，建立了在线销售、在线设计、在线咨询与服务等栏目。2000年版通用电气的主页链接了“GE业务”“小企业服务方案”“工业解决方案”“家庭解决方案”“个人理财咨询”“公司信息”和“全球联系”等7个子栏目，这是按业务分类的7个子网页，主页的整体页面纵横划分精确、明晰、规范，同时建立了多种分类检索引擎，方便顾客进入各链接区。网页的改版也体现了通用电气公司的网络营销策略的改变，从初期的吸引更多的顾客向更好地服务于顾客转化，网络结构主题也从“亲情营销”转向“互动营销”。

二、利用网络构建新的营销环境

著名营销学专家罗伯特·韦兰及保罗·科尔指出：“如今强调促进企业的成长必然意味着把焦点放在顾客身上。”构建网络营销环境必须要根据客户定位，贯彻企业经营理念并具备以下特点：

其一，它不是简单地向顾客提供某种商品，而是提供多种服务或解决方案；

其二，这些服务或方案必须是通过图文展示的、可供消费者选择的；

其三，整个推介与促销过程必须是可交互进行的。

通用电气网站在明确了网站应争取25%的新建家庭、提供6～8种主导产品，同时兼顾其他以替换或添置个别产品为主的顾客的营销思路后，就建立了“家庭解决方案”栏目，让顾客可以先有整体效果的概念然后再选购产品。例如在家电类网站中，它推出一幕幕的厨房场景，布置出各种成套电器的排设方案，体现了豪华、典雅、气派的风格。

由于新建家庭大多是年轻的上网一族，属于高收入、高学历的消费群体，他们除了对产品的功能与质量有所追求外，还强调家用电器与房屋的整体协调性，强调能反映出主人的品位或身份。

通用电气网站不仅能娴熟地将冰箱、烤炉、烹饪台、抽油烟机、燃气灶、微波炉、洗碗机、烤箱、酒台、饮料柜等家用电器产品的技术规格、型号、外观与功能、细部优点等细致地向访问者交代清楚，而且更擅长于将所有这些与人们的居住情况结合起来加以整合考虑，通过这些场景，表明它比一般的电器商更能考虑到顾客的实际需要，更讲求整体居住的质量和品位。

由于家用电器都是些设计成熟、质量过关、功能完备的产品，最后的竞争可能就体现在谁能为消费者想得更周到些，更能满足他们的审美、与居住条件和环境更协调的附加价值上。通用电气公司的这套网页构筑了一幕幕的生活场景，它所追求的是“我们不是单纯卖家电的，而是来提升您的生活档次，改善居家形象，美化家庭环境的”，从而体现了“我们将美好的事物带给生活”的网站主题。

许多顾客起初也许不一定对通用电气公司的家电特别感兴趣，但可能最终打动他的，正是这些精心设计的场景。比如，通用电气公司有一种“嵌入式厨房”的设计方案，如果单独看一个嵌入式燃气灶也许并不显现其长处，但与其他“嵌入式冰箱”“嵌入式烤箱”“嵌入式抽油烟机”等结合后，整个厨房就显得非常简洁、清爽。于是，钟爱这种布置的顾客就会一次选购通用电气公司的成套电器。

家电类网站在产品的介绍中大量使用虚拟场景手法，向顾客推荐整体解决方案，让顾客在网上能身临其境、自由挑选。在这些整体解决方案中，部分客户可能完全接受某套设计，而更多顾客可能是受其启迪，接受其中部分设计，其他部分则喜欢自己改进。但这些方案一般只能存在于顾客的脑海中，还无法在网上直接看到效果，所以就无法对效果进行论证。基于这种考虑，通用电气网站在“Lighting Solution Center”（灯源设计中心）栏目中建立了“Virtual Lighting Designer”（虚拟灯光设计）中心。它允许顾客在一定程度上参与到照明方案的选择中。首先，通用电气公司针对一般住房结构，提出从室外、客厅、书房、卧室、卫生间、厨房到餐厅等的常用照明方案，如顶灯、壁灯、帘幕灯、地脚灯、台灯、落地灯等分为许多组。在每一张图像下方各有3栏，它们是主体光源、辅助光源和装饰光源，在每一栏中有几种款式的布置，顾客可任意选择，并还可选择灯源大小。点击“lighting it”（点亮它）按钮，则页面上显示该方案的实际照明效果图，比较左右两图，选择的方案不同，其实际照明效果也不同。

当顾客选中满意的照明效果后，就可进一步按光通量、产品寿命、光源品质、能效等参数综合选择灯具的规格型号，该房间的照明方案就设计完成了。然后顾客再依次设计其他房间,最后将全套方案提交网站即可。在交易过程中,顾客在网站的指导下参与了整个方案的设计工作,得到了自己喜欢的成套家庭照明与光饰效果。同时通用电气网站的收益显然比单卖几个灯泡要大得多,从而使顾客和经销商都对得到的实惠表示满意。

三、网站的精确营销体系

(一)精确营销体系的由来和作用

美国通用电气公司的市场根基在美国,尽管美国的电器市场非常大,年销售额可高达140亿美元,但是该市场的发展相对缓慢,每年仅增长1%~3%,大多数主要电器已经达到或接近于市场饱和状态。因此75%的销售额是在替代市场上取得的,剩余的25%才是新增的家庭贡献的。同时,在现代制造水平下,任一公司欲取得产品质量的明显优势已不大可能。产品质量的竞争,又导致了产品寿命的延长,从微波炉的10年到天然气用品的18年,再加上市场产品的可比性,使得对同一品牌产品的平均更换率仅为30%。这样,市场的相对贫瘠和同类产品选择性的增加,使得客户极易被竞争对手抢走。

在这样严酷的竞争条件下,家电企业除了要不断地在品种、款式和成本上寻找优势外,最重要的就是营销策略的选择了。通用电气将自己定义为亲情营销使者,以"非正式价值"的理论贯穿在网站建设中。美国通用电气公司认为:当质量、品种、价格这些"正式价值"已经和竞争对手在市场上难分伯仲时,营销的着力点就在于建立企业与客户关系之间的"非正式价值"上。亲情营销的核心是消除企业与顾客在时间与空间上的距离,培养客户忠诚度,增加客户价值,企业通过拓展、建立、保持并强化客户关系使自身利益最大化。

网上亲情营销,建立虚拟场景是一个具有庞大规模、结构化信息组织、细致而规范的信息处理、灵活迅捷的在线应答和后续服务能力的后台支持站点的屏幕表现特征。其目标是:形成面向全球的、具备精确化服务、个性化营销能力的网站,以为顾客提供"从摇篮到坟墓"的全盘性、总体性服务方案为旨,来提高企业的竞争力。

美国通用电气公司研究发现,家电市场的业绩在很大程度上取决于家庭客户对其6~8种主要电器用品中所占的份额。因此,公司除力争新建家庭外,重点应建立一般顾客对其产品的重购率,就能提高所有主要家电产品的整体销售率。因此,"精确营销体系"的首要目标是要找对顾客、找准顾客,再用各种手段发展与顾客的关系。其次,该体系要在保持客户关系基础上,了解客户现在使用的家用电器产品、客户的满意层次,以及重购电器的意愿。有了这些,公司就可以介入,采用各种手段增强客户购买电器的意愿。例如,在知道某客户有一台使用达13年的冰箱后,公司就可以刺激该客户,让其购买本公司的新产品。互联网使企业能同任何人在任何地域、任何时间的联系成为可能,也使以个体客户为基础的信息管理及个性化服务成为可能,从而能建立起精确营销体系。这也正是互联网的最大商业价值所在。

网络精确营销体系比其他任何广告方法都能更深入地了解客户,更能洞察客户的数量和价值特性,以及他们在关系价值、偏好或者需求上的各种差异。通用电气用了10多年的时间,经过从电话网、电子信箱至互联网的演进,才开发了以亲情为主线的、具有对现行和潜在的每个客户进行动态管理的网络营销系统。

(二)通用电气公司的精确营销体系

早在20世纪80年代,通用电气公司在美国第一批将800数字电话公之于世,期待顾客对公司和产品的反馈意见。结果是成千上万的客户利用这种免费电话来诉说不满,提出问题。通用电气公司立即意识到,这是让客户释放其被压抑的需求的好方法,马上设立了5个电话应答中心,分别为打来电话的人提供有关使用、保养电器的一般知识,诊断他们遇到的问题,提供技术援助,开展区域购物,管理服务合同,以及设立零售商论坛(有20%的销售量通过这里进行),从而建立了大量的客户关系等。

20世纪90年代初,通用电气就率先构建了遍及全球的电子邮件网。互联网普及后,公司利用新平台更丰富多彩、迅速便捷的特点,强化了公司与客户间的交互联系,增加了其面向全球的营销功能。应答中心也从开始时的“技术支持基地”或反馈工具,演化成公司重要的客户关系管理核心机构。公司建立了互联网在线应答中心的主页。通用电气利用这些网页在个体层面上促进了与客户的交谈,刺激合作,进行交际以及对客户进行照顾。通用电气家电类产品在线应答主页上链接了每种家电产品、每种规格型号产品的明细,包括照片及产品说明书等。例如“灶具类”产品中“户外烹调中心”中有不同规格的单轮手推式不锈钢折叠架内置烧烤炉具,用户可下载其规格说明、使用手册和全套的保险单据以及安装说明等;用户还可以通过800免费电话获得咨询或收到传真件。另外,还有一系列的“扩展服务项目”,所有的通用电气产品都有此类超值服务,绝对体现了韦尔奇的“非正式价值”。

美国通用电气的网络营销系统了解客户所希望的商品或服务的特殊性,介绍商品或服务。一旦某一个人成为公司的客户,系统立刻可与其传递或交换信息,提供实时支持。同时,系统还能为企业产品的功能设计、产品销售和各地区市场营销等收集到第一手信息,为公司指导生产、创建知识、改造产品提供依据。

(三)通用电气公司客户关系的三个层次

通用电气在网络营销系统中,建立了客户关系的三个层次,进行三个层次上的客户联系工作以强化与客户的联系,增进公司对客户的价值。

1. 立刻解决问题层面

在该作业层上,公司的网上应答代表必须去诊断问题,提出解决办法或提供客户所需的信息。例如,一个客户购买的某种型号的烤箱出了问题,但不能确切指出故障根源时,公司代表就需要帮助该客户确定哪里需要修理,或者看看是否买一种新型的烤箱更省钱。为此,公司有“客户记录资料库”和“解决问题的资料库”,它能从全公司范围内获得专业知识,帮助企业代表对问题做出诊断并且解决其中大部分问题(成功率一般大于75%)。维修人员如不能立即解决的问题,可发送给产品专家去应答,在解决了客户的问题后,把解决办法加到资料库中,作为将来相似案例的参考。

2. 营销作业

为了建立长期客户关系,代表们通过询问客户的电器拥有情况以及重购电器的意图等信息,加强对该客户的关注,同时把信息转发给市场营销部门,让他们利用这个机会去跟踪客户,直接开展营销活动。

3. 产品研发信息反馈作业

代表们将用户意见经企业网发至各相关部门中去,以充分发挥信息杠杆的作用。通用电气公司有所谓“重要的可执行的消费者想法系统”,其功能是将客户的问题或表扬分类,再用特殊模型进行处理。这样,公司可以针对出现的问题立即进行解决;或在将来的设计中改进问题产品,使产品更趋完善。企业网还对这些问题重新组织,使所有相关人员都能接收这些信息，从中汲取经验教训。公司还经常召开市场营销和产品设计圆桌会，会上代表们要站在用户立场上，对所有投诉和意见反馈按产品进行分类检讨，设计师们要据此拟订出改进方案。

从以上美国通用电气公司在网络营销系统中建立的三个层次客户关系来看，通用电气公司不仅仅把系统建成了快速解决问题的渠道，而且将它变成为产品设计的信息源。它要求其优秀的设计者每一天都要访问应答中心，一年必须要听几次应答中心的电话，让应答代表们从想法到产品原型提出建议，充分利用资料库中的知识和代表们头脑中的知识为其产品改进服务，为客户提供“非正式价值”。

4. 通用电气公司客户关系的丰厚回报

基于这样的长期努力，通用电气得到了极其丰厚的回报：它已拥有了几乎占全美国家庭1/3之巨的包括3 500万个姓名的庞大的客户资料库。所有信息均由上述应答中心即客户连结点提供；提供信息的人员有应答中心代表、销售人员、各地区维修人员、技术人员、交易商和市场研究人员等。这些人员或部门不仅为资料库提供资料，而且能进入各网站提取信息，获得各类技术支持，以支持市场营销项目、开发新产品等类似的活动。通用电气公司的互联网站点自开通以来，该资料库更扩展到了全球各地，其在线联系中有种类繁多的“浏览数量统计”“在线意见反馈”“在线调查”“零售商与批发商信息联系”“通用电气用户资源共享”等，更使全球客户信息数量翻番。

通过提供客户与公司联系的便捷渠道和对公司信息的及时反馈，通用电气不仅可加强与客户的联系，而且通过客户与网络营销中心接触，可以在很大程度上提高客户对通用电气公司产品系列的关注和认知程度。同时通过与客户互相交流而产生的知识，可以为销售、市场开发以及新产品开发程序提供有价值的信息。

这样，企业通过不断学习如何动态地管理与认知客户的过程，就获得了巨大的客户价值提升和忠诚度的提升；并集中精力对客户较满意的各主导产品进行改进，不断发现新的销售机会。这些，才是其亲情营销的明确的使命：网络营销的“目的在于使客户达到高层次的满意，逐渐增加公司年收入、扩大市场占有率，加强对本公司品牌的长期忠诚，降低维修费用”。

四、结论

第一，从通用电气公司来说，互联网的发展，使企业与客户、企业与员工、员工与员工之间的一切关系变得透明，知识就是力量成为过去，因为所有人都将可以轻易地同时获得大量的信息，企业传统的经营方式，将必然受到冲击，包括中间商解体、集合竞争、虚拟商业社区、对客户的完全渗透、动态价格、针对性产品、协同市场、伙伴服务等已经初步显现的企业经营模式的变化。

第二，通用电气公司通过向消费者传达企业的定位信息，使差异性清楚凸现于消费者面前，从而引起消费者的注意，并使其产生联想。若定位与消费者的需要相吻合，那么你的品牌就可以留驻消费者心中。对于一般商品来说，差异总是存在的，只是大小强弱不同而已。而差异化营销所追求的“差异”是产品的“不完全替代性”，即在产品功能、质量、服务、营销等方面，本企业为顾客所提供的是部分对手不可替代的。

第三，通用电气公司迄今为止仍是全球最优秀的公司，它以最大的热情推动电子商务革命，不仅决定了这个百年巨人未来的命运，也必将产生全球性的深远影响。

【思考题】

1. 你如何看待精确营销？精确营销对中国企业有哪些启示？
2. 通用电气公司企业网站建立的目的及作用是什么？
3. 通用电气公司网络营销获得成功的营销理念是什么？

第七章

整合营销传播教学案例

【案例一】 德芙整合营销传播案例分析

德芙是世界最大宠物食品和休闲食品制造商美国跨国食品公司玛氏公司推出的系列产品,1989 年进入中国。1986 年,玛氏食品将德芙拥入怀中,并将因爱而生的德芙品牌视为掌上明珠。在对德芙巧克力的纯度和口味进行改善后,玛氏食品在 20 世纪 90 年代推出了牛奶巧克力和黑巧克力等新口味巧克力,这些巧克力续写着德芙的传奇,德芙巧克力的流行延续至今。

其主要产品有:德芙榛子巧克力,德芙奶香白巧克力,德芙香浓黑巧克力,德芙丝滑牛奶巧克力,德芙醇香摩卡及烤杏仁巧克力,德芙榛子、杏仁及葡萄干巧克力,德芙脆巧心,德芙星彩巧克力,德芙脆香米,德芙麦芽脆心巧克力,德芙倍醇黑巧克力,心语摩卡榛仁,牛奶夹心,牛奶巧克力苹果,心声牛奶拿铁,牛奶杏仁酱,牛奶榛子,其中 2011 年新品是德芙巧丝巧克力棒。

德芙品牌在市场上具有较好的品牌知名度,同时德芙巧克力的消费者具有较高的品牌忠诚度,并且在不断地通过口碑传播,影响着其他消费者。

一、德芙市场的调查分析

德芙于 1960 年进入英国市场。在德芙进入英国之前,英国企业自己也生产巧克力,但是口味难以满足人们多样化的需求。巧克力作为甜品中的尤物,几乎没有人能够拒绝。吃巧克力对于英国人来说,像谈论天气那样成为一种习惯。在阴冷潮湿的冬天,嚼上一口巧克力,没有什么比这更像雪中送炭的事情了。

德芙通过调查问卷的形式,分别就消费者食用过的巧克力品牌、消费者喜欢吃的口味、购买巧克力首先考虑的因素、消费者吃巧克力存在的顾虑、认为每块 50 克巧克力合适的价格这几个方面,对 100 个英国人做了调查,得出以下数据:

(1) 关于消费者食用过的巧克力品牌,德芙排名处在中间位置。

调查结果显示,在消费者吃过的巧克力品牌中德芙以 10.80%排在中间位置。

(2) 关于消费者喜欢吃的口味,喜欢吃牛奶口味巧克力的消费者最多。

从调查数据可以看出,消费者喜欢吃的 3 种口味的巧克力产品分别是牛奶巧克力、夹心巧克力和黑巧克力,分别占被调查人数 35.8%,24.2%,22.1%。该项调研结果可以为巧克力生产企业的产品线规划提供市场依据。

(3) 消费者购买巧克力主要关注的因素是口味、品牌和价格。

消费者购买巧克力产品时最关注的因素是口味,占 30.0%;品牌和价格共同排在消费者关注因素的第二位,分别占 20.9%。由此我们不难总结出,有较高品牌知名度、口味好、价格适中的巧克力产品应该是最能被消费者接受的。

(4) 关于消费者吃巧克力存在的顾虑,容易发胖和价格太高是吃巧克力的主要顾虑。

通过对消费者的调查,发现容易发胖和价格太高是消费者吃巧克力的主要顾虑,分别达到 30.7%和 15.1%。消费者的顾虑其实就是巧克力生产企业需要解决的问题,只有尽可能不断改进产品质量,根据消费者需求不断研发新产品才能逐步做大市场,做强品牌。

(5) 70%以上的消费者认为每块 50 克巧克力价格在 2～5 英镑最合适。

从调查中可以看出,70%以上的消费者认为每块48克巧克力价格在2.1～5.0英镑最合适,表明每块50克巧克力价格在2～5英镑是消费者最能接受的价格区间。

二、德芙营销策略的SWOT分析

(一) 优势(strength)分析

金融资源:德芙在金融资源上占有一定的优势,由世界上最大的巧克力和糖果公司美国玛氏公司投资。在资金方面占有了绝对的优势,可以不断地投入很多资源进行整合营销传播。

市场知名度:知名广告语"Raspberry & Dark Chocolate Swirl Silky Smooth Promises"(覆盆子黑巧克力,丝绸般柔顺光滑的承诺),使得德芙的品牌形象优良,在市场上具有很高的品牌知名度,市场占有率为25%,知名度为60%。

(二) 劣势(weakness)分析

高端产品线竞争极为激烈,德芙巧克力在英国不仅有进口产品的围追堵截,国内诸多品牌也一直虎视眈眈。

(三) 机会(opportunity)分析

增加新产品:德芙推出的2011年新品德芙巧丝巧克力棒,市场反应良好。

巧克力市场需求大:英国人的生活似乎离不开巧克力,英国人年均巧克力消耗量是12 000克。英国广播公司(BBC)4频道2007年4月26日播出的纪录片《人类足迹》,其中收集了英国人生活中吃穿住用各项数据,饮食中,英国人一生一共要吃大约1万块巧克力,可想而知英国的巧克力市场需求有多大。

(四) 威胁(threats)

顾客的偏好:随着人们生活水平的提高,生活和饮食习惯日益多元化,不但注重巧克力的味道,也越来越追求巧克力包装的新潮时尚。

业内竞争:瑞士莲、吉利莲、迪克多、多利是等在英国市场占有率高于德芙。

替代品:各种糖果的销售也是德芙的一大威胁。

德芙应充分利用现有的优势来弥补自身的劣势,并且在严峻的竞争压力下,不断发现机会、创造机会。德芙可以利用巧克力市场需求的多元化来创造更多的机会。

三、整合营销策略

(一) 产品策略

产品:8款经典口味,赋予独特外表和浪漫内涵的丝滑明星——草莓味双层巧克力;德芙通过不断推出新口味的巧克力来吸引消费者,满足消费者对各种口味的需求。

包装:德芙巧克力的包装在中国市场优于国产品牌的包装,在视觉上,让顾客感到品质更好,格调更高。包装上也分为独立包装、小包装、塑料包装及铁盒等高、中、低多个档次,还有针对节日的礼品装,针对年轻人传情达意需求进行的各式包装。就以德芙葡萄干牛奶巧克力为例,以清新明快的色彩搭配和醒目便捷的造型设计,吸引着超市中面对众多商品的消费者。

（二）广告宣传策略

德芙巧克力的广告语注重消费者的体验感受。"Raspberry & Dark Chocolate Swirl Silky Smooth Promises"之所以称得上经典，是因为它把巧克力细腻滑润的感觉用丝绸来形容，意境够高远，想象够丰富，充分利用视觉感受，把语言的力量发挥到极致。德芙巧克力广告见图 7-1-1、图 7-1-2。

图 7-1-1 德芙巧克力广告(1)

（三）价格策略

玛氏的德芙在英国采取的是统一定价，玛氏是一个跨国的大企业，拥有很强的规模和资金实力。玛氏认为在英国市场保持统一价格，有利于公司和产品在市场上保持一致形象，且有利于企业制定统一的市场策略，便于公司总部对整个营销活动的控制。价格能够向潜在买主传递有关产品、企业等方面的信息，顾客往往把价格和质量联系在一起考虑，往往认为高质产品对应定高价，高价对应高质。这也正是德芙在中国所走的路线，利用高科技制造出优质的巧克力，成本高，则价格也要高。当然，德芙也有相应的低价位的产品。

（四）渠道策略

德芙经过和超市的谈判，利用正常陈列的费用将巧克力陈列到销售保鲜牛奶、保鲜肉制品的冷风柜内，从而解决巧克力在夏季的保存问题。并且，德芙通过和可口可乐这一夏季旺销产品进行捆绑销售，实现了淡季销量的大幅提升。

在销售方面，玛氏采用的是市场生动化策略，所谓市场生动化就是在售点上进行的一切能够影响消费者购买玛氏产品的活动。玛氏市场生动化有三大原则：分布面广——买得到；显而易见——看得到；随手可及——拿得到。这样就强化售点广告，增加可见度；吸引消费者对玛氏产品的注意力；使消费者容易见到玛氏的产品；刺激消费者冲动性购买；在消费者面前维护品牌、产品形象。

（五）促销策略

在宣传方面，玛氏利用了海报、挂旗、塑料架头牌、货架头牌、飘吊物、陈列纸柜、德芙专用陈列架、收款台货架、热点货架、散装货架等进行宣传。玛氏采用宣传品加陈列的方式，它比单独陈列的效果强得多。最后就是争取收款台陈列，收款台是最后的销售机会；采取小包装、快销品种、各收款台销售相同的品种。

在促销方面，玛氏寻求促销陈列的机会，因为促销陈列能够极大地促进产品销售，选择

图 7-1-2　德芙巧克力广告(2)

最好的陈列地点:消费者主流通道、有足够的空间;选择适当的品种:快销品种、应节产品;做到突出重点:适量的品牌及品种;有准确清晰的价格标签;区域化陈列;正确运用宣传品:相应品牌的陈列架、最新的海报……消费者需求多样并且喜欢选择:务必尽可能增加分销品种数目满足消费者的需求。巧克力为快速消费品,相对于耐用消费品具有更高的价格敏感度;只有价格合理,物有所值,消费者才会购买。

(六)创新——情感策略

德芙市场总监魏炜说:"对于品牌来讲,除了最基本的产品创新和广告宣传手段之外,更重要的是如何去理解消费者的生活,在消费者的生活中找到更多的机会,能够跟消费者进行更深层次的沟通。"

"你不能拒绝巧克力,就像,你不能拒绝爱情。"这句动人的台词来自一部中国的话剧《一颗巧克力的心声》。这部将巧克力与爱情巧妙衔接和融合的话剧,正是巧克力品牌德芙出品的艺术与商业跨界之作。在产品中加入感情元素,让消费者有更多的兴趣去了解这个产品,从而拥有这个产品。例如,德芙于 2010 年 10 月推出心声巧克力,相比普通巧克力,它的包裹纸内印有温暖的"心声"话语,给了消费者更美好的品牌体验。

四、IMC 策略评估

动态复杂的市场环境下，单一的营销要素已无法获得消费者的青睐，企业只有发挥整合营销要素的协同作用，才能获得新的竞争优势。以上营销策略对公司内部关系起到了促进作用。达到了企业内外部所有资源的有效整合。德芙在这个营销的过程中，结合了各个部门的密切配合，如产品的研发，就需要依据市场的调查报告分析，销售部门则需要公关部的相关配合，这也体现了整合营销的核心思想，即资源的整合和营销手段的多元化。

德芙的整合营销传播(IMC)策略主要通过产品策略、价格策略、广告宣传策略、促销策略等方式进行整合营销传播，效果预测：

德芙新上市产品加入更多口味，这将会吸引大量的消费者尝试新产品；

广告宣传策略让更多消费者熟知德芙产品；

促销策略和价格策略能为德芙品牌提高 5% 的销售额；

情感元素的加入使德芙更有意义，这将会扩大消费者范围，吸引更多不同层次的消费者，从而获得更广泛的英国市场。

五、结论

IMC 强调营销要以顾客或潜在客户为核心，利用公关、事件营销、广告，通过多种方式向客户传达信息，拉近与客户的关系。如对客户群的细分，很好地把握了客户的不同需求，让客户觉得有亲切感；大面积的户外广告，主动让客户了解自己的产品，给客户留下好的正面的印象，让客户形成下意识的购买需求。整合营销传播的核心和出发点是消费者，企业树立品牌的一切工作都要围绕着消费者进行，企业必须借助信息社会的一切手段知晓什么样的消费者在使用自己的产品，建立和消费者之间的牢固关系，使品牌忠诚成为可能；运用各种传播手段时，必须传播一致的品牌形象。一个好的 IMC 计划能让企业在目标市场重组再造企业的生产行为与市场行为，充分调动一切积极因素，以实现企业目标的、全面的、一致化的营销。

【思考题】

1. 你认为德芙巧克力系列产品创新取得成功的原因是什么？
2. 德芙巧克力在品牌塑造中是如何注入情感因素的？
3. 德芙巧克力的整合营销传播策略给国内食品生产企业带来了哪些启示？
4. 你认为对于一个企业的 IMC 策略评估应从哪些方面展开？

【案例二】 雅客整合营销传播案例分析

自从整合营销传播的理论被引入中国后，几乎每家企业或公司都竞相向其靠拢，但真正深入全面地做到整合营销传播的则是少之又少，雅客的成功上市及整合营销传播策略的应用为糖果市场开创了一个新的阶段。以下就针对雅客的品牌传播及推广做具体的分析。

一、行业背景分析

一段时期以来，全国的糖果业一直处于发展的调整期，民营企业也正在逐步取代国有企业，在这个时期都取得了较好的发展。随着新的竞争品牌和产品的不断诞生，加上外资企业的频频加入，整个市场的竞争日趋激烈。在糖果市场的众多品牌及品类的日趋同质化、效仿化的竞争中，企业越来越将自己转向更加细分的市场。同时消费者对糖果的认识也由过去的追求质量、口味向功能化过渡。新产品的快速诞生加速了整个糖果行业的产品在功能上的不断延伸，也要求企业越来越迅速地打开新的细分市场。

二、市场及产品分析

（一）市场分析

福建雅客集团无论在知名度还是在销售额上均不属于竞争性极强的行列，在中国的糖果市场中，河南金丝猴、上海喔喔、南京冠生源等知名企业几乎占据了市场的大部分份额。对于雅客而言，要想在众多知名品牌的竞争中打响知名度，就必须将自己转向更加贴近消费者需求的细分市场。2003 年非典肆虐后，人们更加注重营养物质，尤其是以维生素的补充来提高自身免疫力。自此“补充维生素，提高免疫力”的认识更加深入人心。雅客集团结合市场状况及自身的资源优势，经过大量调研后将自己的目标锁定在了维生素糖果市场。

（二）产品分析

雅客旗下有着诸如好合、伯尔巧克力、滋宝维生素糖果等众多品种，但是却没有一个核心的品种来带动整个品牌的销售及传播推广，长期以来在品牌传播上一直处于低调的状态。此次雅客进军维生素糖果市场，“滋宝维生素糖果”无疑是最好的武器，但是其副品牌的命名，不利于以后整体品牌的推广，所以雅客决定以主副品牌结合命名的“雅客 V9”来取代滋宝的命名。雅客 V9 以简洁、明了的方式向消费者传达了补充多种维生素的理念。有了恰当的产品和准确的命名后，雅客在包装上也采取了独特的策略，以橙色为主体色再加上明星的效应都无疑拉动了终端的销售。

三、雅客 V9 品牌传播的执行

作为一种新的糖果品类，前期就应该从概念深化入手，结合大量的高空广告迅速建立品牌知名度，拉动市场需求。雅客为了达到最大化的广告效果和营销业绩，并为品牌积累强势的品牌资源，在进行了充分的消费者特征分析后制定了“空中影视轰炸＋平面及网络软文灌输＋地铁灯箱＋车体＋写字楼及高尚社区电梯间广告＋POP(卖点广告)及终端陈列＋锁定终端拦截＋事件活动＋网络游戏”的传播组合策略。

（一）电视广告

2003 年 8 月 26 日，具有极强冲击力和感染力的雅客 V9《跑步篇》(图 7-2-1)的广告开始在中央电视台的黄金时段播出，广告一开始告诉观众"本年度最具创意的糖果雅客 V9 诞生"，中间周迅巧妙地回答了雅客 V9 的功能"每天两粒补充每日所需的 9 种维生素"，同时利用跑步将运动感和体育精神融入其中。在之后的投放策略中雅客始终贯穿"选择央视，集中投放"的原则，并在之后连续在央视创下了 3 个脉冲式的播放高峰。雅客的这种央视大投放在消费者心目中形成了雅客是维生素糖果的第一品牌，甚至就是糖果第一品牌的暗示，同时也建立了高度的声音门槛，阻止了竞争对手的跟进，为此雅客付出了 3 亿元的代价。

图 7-2-1　雅客 V9 的电视广告

（二）平面及网络软文

在正式投放前，雅客 V9 利用大量的软文对消费者进行了维生素糖果概念的培养，因为毕竟在雅客之前维生素糖果市场一直未作为独立的市场来开发；同时利用报纸媒体的大众性，对雅客 V9 的代言人及营销费用做了大量的热度宣传，让人们对雅客的广告抱有极强的渴望度，一定程度上刺激了人们的购买冲动。随着央视广告的大幅度投放，雅客 V9 的知名度大大提升后，雅客则在终端利用软文进行功能介绍及核心品牌价值的宣传。

（三）提醒式广告

在央视的高空广告的轰炸式灌输后，为了迅速提升品牌认知度和影响力，雅客的各种提醒式广告纷纷登场，让消费者无处可逃。车体、灯箱、写字楼、社区等能利用的媒介几乎都被用来宣传，可以说雅客的覆盖率在投放初几乎超出了同类广告的总和。

（四）锁定终端拦截

在终端拦截上，雅客为拦截对象设计了很多有趣的游戏而且还可以积分，这种方式在吸引注意的同时，也提供了与消费者互动的机会，见图 7-2-2。设计的各种游戏在网络中同样可以玩，利用网络媒体的互动带动整体的传播及销售。

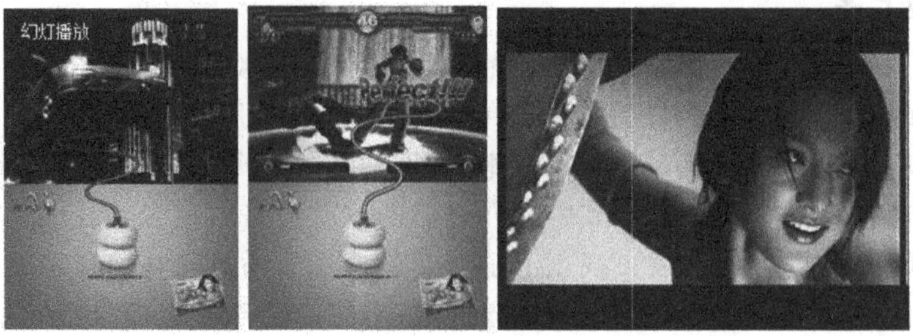

图 7-2-2 雅客的终端拦截广告

（五）事件+活动

当雅客的宣传热度达到了高峰后，超大规模的新品派发品尝会更将宣传推向了全新的层面。在零售终端上雅客利用精美的POP及终端的各种活动来吸引消费者的注意。

总之，雅客V9无疑是2003年糖果行业里的一匹黑马，就是因为它首先发现了维生素糖果作为独立的品类市场来开发的机会，第一个抢占了这个市场的空白领域，并且又将品牌、品类、媒介三集中的原则真正执行到位，这样才能以惊人的速度创下这个奇迹。

四、雅客V9品牌传播的反思

雅客V9凭借强大的广告投放及充分挖掘了维生素糖果的市场在2003年创下了传播及销售的奇迹，但是高销售的浮华背后依然潜伏着危机。以下做具体分析。

（一）产品及命名

维生素糖果其实很早就有了，只是一直未作为独立的市场来开发。雅客的首先进入无疑会在市场开发初期产生较大的反响，但是雅客V9忽略了它的产品生命周期其实很大程度上依存于维生素糖果市场的热度，非典的到来刺激了维生素糖果市场的火爆，可是谁又能一直担保维生素糖果市场会长盛不衰呢？再者，雅客V9的名字虽然简洁明了地传达了补充9种维生素的概念，但是随着消费者认识的提高，人们会很快发现它的漏洞，人每天需要补充的不仅仅是9种维生素。想凭借“9”来宣传它富含多种维生素的初衷是好的，可是市场上早就有诸如“21金维他”的诉求了，雅客V9的命名的确需要深入提炼。

（二）过多依赖广告的拉动

消费者购买雅客的动机大都不是为了补充维生素，也不是为了雅客的独特口味，而是一种由广告拉动的好奇心促使他们尝试，并不是真正想要补充维生素。另一种可能是由富有运动感的包装带来的购买欲望，而不是雅客所极力宣传的功能。这种由广告刺激而完成的购买注定不会长久。为此，我们需要从目标消费群体的消费情商、行为特点、生活态度等心理层面来挖掘市场需求，并指导我们的传播思路和整体传播观念，像雅客这种单纯的广告刺激没能让消费者对产品本身有更多的认可，反而有一些品尝过的顾客对它的炒作产生不良的情感，同时对于糖果行业来说，产品的利润空间已经随着竞争的加剧降到了最低，而雅客V9在央视投放广告的大手笔不禁让人反思雅客之路是否已经偏离了市场的轨道。

（三）传播内容的偏离

整合营销传播的根本是传播什么的问题，而雅客的传播诉求却始终缺乏核心点。在央视的广告中人们感受不到雅客 V9 的美味和享受后的美好心情，只是感受到整个广告富含极强的运动感，这对于像雅客这种快速消费品来说无疑是一种偏离。同样，在雅客的终端推广活动中结合软文介绍雅客的功能特点时还是没有介绍它的口味，也没有倡导它的休闲主张。这样雅客在推广活动上既没有抓住消费者追求美味的心理，也没有宣传食用后的种种优点，不能在真正想补充维生素的消费者心中建立起“专业补充维生素的形象”。

（四）创新跟进不足

雅客 V9 的成功引来了众多企业的效仿，如：盼盼启用徐静蕾为代言人、徐福记启用曾志伟为代言人，可以说在 2003 年的糖果行业中，企业的竞争几乎成了广告巨额投入、明星代言、央视招标的竞争。此时，雅客 V9 的先前传播策略在这种同质化的竞争中失去了新鲜力和刺激力，其靠广告拉动的销售注定不会有强劲的生命力。基于此糖果企业更应该将自身的品牌传播放在创新性的策略上，而不是一味模仿和盲目跟进。

综上所述，雅客 V9 的整体品牌传播推广在短期内的确取得了显著的成效，但同时它的策略蕴含了太多策划公司和雅客企业的主观意愿，脱离了消费者的消费动机、习惯等的考虑，在很大程度上未建立起与消费者的互动关系，最终会影响其终端的销售。总之，在整合营销传播中，整合是基础，互动才是双赢。再好的整合，或者是再好的传播，如果不能最终在营销中产生拉力，不能与消费者建立起良好的互动关系，终将会被证明是不成功。

【思考题】

1. 请对雅客 V9 的市场环境做出详细的分析与评价。
2. 请对雅客 V9 品牌传播的成功之处与不足之处进行评述。
3. 谈一谈国内其他糖果企业从雅客整合营销传播中吸取的经验教训是什么。

【案例三】 天猫整合营销传播案例分析

天猫，其前身淘宝商城作为淘宝网的组成部分成立于2008年4月，2011年6月从淘宝网分拆独立，2012年1月11日宣布更名为“天猫”，完成了破茧成蝶的品牌蜕变。2012年“双11购物狂欢节”，支付宝交易额191亿元，天猫占132亿元，宣布天猫在这个所有商家都全力以赴的销售黄金日中打了个漂亮的胜仗，奠定了天猫在中国电子商务B2C领域第一把交椅的地位。2017年天猫“双11”总成交额又破了新纪录，超过1 682亿元，2017年天猫“双11”相比2016年“双11”全天总销售额增长了39.4%。

天猫已成为国内最大的B2C购物平台，这与其成功整合多种营销传播活动、精心进行品牌的整合营销传播是分不开的。

一、公共关系

在整合营销传播组合模型中，公共关系是营销传播活动的四个主要方面之一。它强调的是企业与公众之间的双向沟通，目的是建立企业与受众间的相互理解并形成企业商誉。天猫在营销过程中在公共关系方面下足了功夫并取得了不俗的效果。

（一）更名“天猫”，重塑品牌

2012年1月11日，淘宝商城正式更名为天猫，并以60万元的奖金征集其“品牌logo和形象”的设计方案。一时，“天猫”成了媒体和网友讨论的热词，吸引了众多目光。“天猫”二字来自Tmall的中文谐音，再加上猫生性挑剔，挑剔品质、挑剔品牌、挑剔环境，代表的就是时尚、性感、潮流和品质，由此，“天猫”代表淘宝要全力打造的品质之城。天猫的logo见图7-3-1。

图7-3-1 天猫的logo

品牌是连接企业与消费者牢固的纽带，是企业最大的无形资产。企业以更新品牌名的方式提升品牌形象的事例屡见不鲜，但也不是可以轻易做出的决定。根据天猫总裁张勇的说法，更名也是为了让消费者对这个平台的定位有一个更加清晰的认识，帮助消费者在网购时更有针对性地选择和决策。

（二）天猫年度盛典

在2012年3月29日举行的年度盛典上，天猫正式公布其全新品牌标识和形象。在盛典现场，天猫联手奔驰、宝洁、三星等数百个知名品牌，采用全新的 AR(增强现实)互动技术，打造真实和虚拟世界相结合的未来购物城。从眼镜、衣服到手表、数码产品都可以进行试戴、试穿、试用。这让在场嘉宾过了一把未来网购的瘾，无须出门就可以享受到逛街时对商品的真实感受。

天猫年度盛典的举办标志着天猫独立品牌的问世。天猫自此可以根据自身的个性定位大展手脚，同时借助于这样一个活动树立的品牌形象，提高了品牌影响力。

（三）调整与商家的关系

2011 年 10 月，淘宝商城公布了 2012 年的招商新规，将保证金从 1 万元提高到 5 万元、10 万元、15 万元三档，技术服务费从每年 6 000 元提高到了每年 3 万元和 6 万元两档，引起了商家的抗议，但凸显了天猫打造品质之城的决心。高保证金的实施，提高了企业入驻的门槛，更有质量保障，保护了消费者的利益，同时天猫承诺给商家最好的平台和服务，也规定商家要合法经营，不能损害消费者的利益，否则就会受到惩罚。一系列从消费者角度出发的行为将换来消费者的信赖和忠诚，使天猫与商家实现了共赢。

二、广告

广告能够在很大程度上提高产品的知名度、推广品牌发展。天猫当然在广告方面下了一番功夫。

（一）电视广告

电视广告是传播范围最广的广告类型，也是价格最高的类型。以下是“双 11”的两则广告。一则广告请来高晓松、小柯、杨幂、李晨、高圆圆等明星助阵，分别有层次地念天猫的广告词：“‘双 11’购物狂欢节，上天猫，就购了”。另一则的广告词是“这一天，不去纽约，也能买空第五大道；不到香港，也能疯抢铜锣湾。天猫 11 月 11 日购物狂欢节，5 折狂购，仅此一天。上天猫，就购了”。

天猫的电视广告中，利用明星效应、促销的方式对受众进行狂轰滥炸，形成节假日强大的舆论浪潮，促进销售狂潮的实现。

（二）网络广告

天猫是电子商务网站，商品的选择、交易均在网上实现，所以网络广告是天猫整体广告策略中非常重要的一部分。

天猫根据网络特点制作了一些适合网络传播的广告：① 视频缓冲时插入广告。② 视频暂停时出现在播放框中的商品展示广告。③ 出现在 PPS 这一类播放器右侧的特价商品广告。④ 通过 QQ 等聊天工具跳出的弹窗广告。

在网络上，天猫采用的是“密集出击”的方式，其广告遍布几乎所有的网络活动中，不放过任何一个可能的机会。这样的做法有利有弊，像缓冲时弹出的强制性广告容易引起网友的反感，而其他方式的广告，因为不会带给网民明显的影响，一般不会引起负面情绪，在刺激消费方面有一定的作用。

（三）赞助

赞助是指商业组织为了达到其公司或营销目标的预期，而对某项活动提供的现金或以实物形式做出的贡献。它作为一种营销传播方式，被许多企业加以运用。

天猫赞助了湖南卫视金鹰独播剧场。天猫选择湖南卫视这样的赞助对象，一来是看重它的品牌效应，与之联合对于天猫的品牌传播无疑具有很大的推动作用；二来是看重它的高收视率，有利于扩大其传播范围。另外，这个时段的核心受众是家庭主妇以及追逐偶像剧的青少年，也包括一些白领。这些人是网购的主力军，对他们进行定向传播，是有针对性的、机智的选择。

三、促销

促销是商家使用激励措施吸引消费者购买产品的有效营销手段。这一营销方式为天猫立下了汗马功劳，主要有以下方式。

（一）节假日折扣

例如“双 11”天猫筹划的购物狂欢节，全场 5 折优惠的口号，吸引了大量“粉丝”涌入天猫。其实并非所有商品都是 5 折优惠，但是仍刺激了交易额的猛增。

（二）会员制

天猫可以直接免费注册成为会员，从而建立商家与消费者的紧密联系。会员可以享受诸如累积积分（积分买特定的产品可以抵部分现金）、退货保障、生日礼包等优惠。这是商家稳定客源的常用办法，天猫也不例外地使用。

节假日折扣，能够吸引大量顾客，不仅有利于交易额的提高，更为其带来了潜在消费者，接下来会员制提供诸多优惠进一步为维护和加强顾客的忠诚度增添砝码，所有这些都为天猫的发展、壮大起到关键的基础性作用。

四、微博营销

随着网络技术的不断改进，微博因其良好的信息交互性和传播及时性获得广大受众的青睐，成为更富创意的网络营销传播模式。通过微博推广商品，是 B2C 营销的趋势。天猫作为 B2C 营销的领头羊，也很好地应用了这一营销方式。

以天猫身份开通的微博用户包含天猫商家微博、公司成员个人微博、营销社区微博 3 个层次，形成了一种自上而下的总体营销格局。从天猫的微博内容看，一方面，提供商城相关的新闻资讯、产品和服务信息、品牌文化，从而构建商城的品牌价值，提升受众的品牌意识；另一方面，及时跟进促销活动状况，方便粉丝获取有关商品打折、优惠活动、抽奖活动等信息。

另外，天猫的微博不时发布一些生活常识、名人名言、幽默笑话等，并且，在发布信息时，十分讲究语言表达技巧，竭力以用户容易接受的方式，拉近与粉丝之间的距离，达到良好的传播效果。

采用微博营销的方式对于 B2C 模式的天猫是极具优势的。天猫借助微博可以将商城活动信息主动传达给粉丝。免费的推广为商城的网络营销节约成本。强大的转发功能能够“滚雪球”式地扩大影响。对微博粉丝展开针对性传播，收到的效果也更好。新浪微博的主要用户群体集中在影视明星、企业高管、大学生群体等社会精英，与天猫的品牌定位相契合。微博营销作为商城线上和线下营销的耦合剂，与其他营销策略相互促进、相辅相成，形成强势的营销力量。

【思考题】

1. 请谈一谈天猫品牌形象是如何建立起来的。
2. 请谈一谈天猫是如何形成较高的客户品牌忠诚度的。
3. 请对比分析天猫商城与京东商城在整合营销传播策略上的异同。
4. 天猫的整合营销传播策略对我国网购平台企业的启示是什么？

【案例四】“时尚中华”引领男装市场

—— 柒牌“中华立领”整合营销传播案例分析

柒牌男装从 20 世纪 90 年代就开始塑造品牌，倡导“立民族志气，创世界名牌”的品牌战略，演绎柒牌“比肩世界男装”的品牌形象。2003 年，柒牌集团与李连杰成功签约，希望通过将李连杰签约为代言人的契机，从 2004 年起加快品牌建设的步伐，争取在 2008 年将柒牌男装打造成中国男装第一品牌。

然而，国内男装市场竞争相当激烈，新品牌不断涌现，同质化竞争日趋激烈。柒牌要突出重围，首先需要在产品开发上有独特的创新。在对中国服装文化和当时的消费趋势进行深入分析后，结合品牌自身的发展方向，柒牌发现，立领服装是一个大有可为的产品开发方向，并最终决定以中式立领服装作为主打产品。柒牌首先把中式立领男装作为专门针对中国男装市场推出的系列产品，以设计中融入“中华元素”为最大卖点，计划在 2004 年秋冬季正式上市，并进行该系列产品的整合营销传播（IMC）活动。

一、IMC 前期调研

柒牌的销量主要来源于二、三线市场。核心目标群体主要是 20 世纪 60 年代出生、28～45 岁之间的已婚的男性。在服装需求和购买行为上，调查结果显示，虽然他们很关注品牌形象，但也不易被新品牌打动。尽管二、三线市场的消费者大多受到经济的限制而购买力较低，但他们有更高层次需求的消费欲望，希望用较低的投入获得较好的品牌来达到个人精神上的满足感。

柒牌近几年通过聘请李连杰代言（图 7-4-1）、在央视密集投放广告等大手笔投入，建立了较高的品牌知名度；并在一定程度上传达了柒牌“中国心、中国情、中国造”的企业经营理念，积极打造柒牌企业“民族服装文化”倡导者的形象。目前柒牌正处于从品牌知名度向品牌美誉度过渡的阶段，传播上更多的是需要丰富品牌内涵，丰满品牌形象，明确柒牌的品牌定位。在这个阶段，通过公关等整合传播手段比单纯的高空广告轰炸更能有效地接触到目标消费者。

图 7-4-1　李连杰任柒牌形象大使

二、IMC 活动策划

（一）公关目标

（1）柒牌“中华立领”产品知名度和品牌的建立；
（2）柒牌“中华立领”产品的全面推广和品牌塑造；
（3）柒牌“中华立领”品牌形象的巩固和深化。

（二）总体策略

推广“中华立领”产品品牌。从“中式立领”到“中华立领”，表面是一字之差，但其表现的内涵则并非如此简单。首先，相对于柒牌下面的产品子品牌“中华立领”，“中式立领”是一个品类意义上的概念，仅具有产品的特性，内涵显得比较单薄，容易被竞争对手模仿。其次，“中式立领”对柒牌的品牌传承力不够，文化特性不鲜明。

同时，“中式立领”在传播上的演绎空间也不大，在众多的立领产品中难以进行有效的差异化区隔。改为“中华立领”，“中华”才是关键词与突破点。

注入“时尚中华”品牌理念，为“中华立领”上市做铺垫。中国中产阶层所寻找的民族文化之根及时尚化的消费体验正是“中华立领”创新营销要推销的核心内容。服装消费是一种文化消费，是一种生活方式和价值观念的表达。在推出“中华立领”之前，柒牌将“中华立领”所蕴含的“时尚中华”的理念注入品牌内涵之中，把柒牌品牌形象拔高，进而为“中华立领”的上市做铺垫。从一定程度上而言，“中华立领”在市场销售的不仅是衣服，更是一种文化观念与消费体验。

以公关为核心进行整合传播。“中华立领”作为男装市场的后来者，尽管在产品创新上已经具有了一定优势，但在传播上必须通过独具匠心的传播手段与竞争对手进行有效区隔。“中华立领”本身作为一个产品品牌，其营销推广必须通过公关活动在消费者不同的接触点传播信息，才能切实促使消费者购买、支持终端销售。

（三）公关策略

根据上述战略考虑，对“中华立领”采用了先提理念、后占市场、再计利润、终树品牌的推广战术。

提理念——理念提升：推出“时尚中华”品牌理念，包括概念的导入和演绎。
占市场——闪电出击：“中华立领”产品上市，“推”“拉”配合。
计利润——重点突破：突出重点目标市场的传播，推动产品销售。
树品牌——形象深化：通过体育赞助或公益活动辅以企业形象层面的传播，使“时尚中华”在柒牌“立民族志气，创世界名牌”的品牌战略中得到进一步升华。

三、IMC 实施

（一）理念提升

首次亮相 CHIC（中国国际服装服饰博览会），注入“时尚中华”概念。产品概念的导入关键在于导入时机的把握。2004 年 3 月 30 日，一年一度的 CHIC 召开。柒牌首度参展，借此机会让“中华立领”系列服装正式亮相，并代表柒牌男装全面打出了“时尚中华”大旗。

在参展现场，“中华立领”精心策划的亮相，抢了国际大牌服装的风头。展位特别邀请世界级著名设计师设计,视觉冲击力强:传统月亮门、吊饰门帘间隔、中空四合院布置使得整个展厅像一个文化吧,配上现场二胡演绎的现代乐章以及休闲时尚的星巴克咖啡吧,在荡气回肠的东方神韵中将现代时尚演绎得出神入化,充分体现出民族时尚元素与现代时尚潮流的完美结合。

冠名赞助《相约名人坊》。柒牌集团赞助 2004 年 5 月 22 日福建东南电视台举行的纪念王牌节目《相约名人坊》开办 300 期的晚会。在晚会上,柒牌集团通过赠送"中华立领"西服给名人,巧借李自健、陈香梅等文艺界名人演绎"中华立领"风采。

同时,柒牌集团邀请国内主流媒体的服装时尚版面或经济新闻版面记者到场观看晚会,引导媒体最大程度关注柒牌,并以备受名人青睐为新闻导火索,从对晚会盛况的描述到柒牌的引入,借助名人效应进一步阐述柒牌的"时尚中华"理念。

(二)闪电出击

厦门订货会。每年的秋冬订货会无疑是"中华立领"产品成功上市的关键环节。为了对"中华立领"的产品相关信息做好保密措施,柒牌集团一是将原定的订货会时间推迟至 6 月 2 日—13 日,放在主要竞争对手的订货会已经开完的时候召开;二是订货会召开前夕紧急通知经销商,而经销商事先不知道本次订货会有什么新品上市。

柒牌集团凭借赠书、制作《参会宝典》、安排接送机服务、召开盛大欢迎晚宴、参观漳州新店开张、灵活处理衣食住行、人性化订货会场管理等出色、周全、细致的服务赢得了全体参会嘉宾的称赞。本次订货会取得历年来最好的成绩,超过了原定预期目标。

(三)重点突破

球迷市场——"每一位男人都应该有一件'中华立领'"。2004 年 6 月,欧洲杯开赛在即,必将引发新一轮足球狂潮,而"中华立领"的目标受众当中有很多球迷,对球星往往很崇拜。为此,柒牌男装引进国际足球先生菲戈作为"中华立领"形象大使,通过菲戈强大的感召力与李连杰共同演绎"时尚中华"。

与此同时,在长达近一个月的欧洲杯期间,柒牌集团与全国最出名的两家足球报纸——《体坛周报》和《足球报》进行合作,策划"柒牌球迷吧"专栏,邀请体育界知名评论家用"虚拟酒吧"的形式进行评球,引起广大球迷的关注,并举办"柒牌男装,有球必赢"欧洲杯有奖竞猜活动,提高球迷的参与度。

婚庆市场——"重要时刻,我只穿'中华立领'"。在策略上重点传播"重要时刻,我只穿'中华立领'"的观念,让消费者潜移默化地接受在参加婚庆、会议等正式场合穿"中华立领"。

围绕金秋国庆,柒牌集团从 2004 年 9 月 6 日至 11 月 30 日,配合销售,推出一系列报道,如关注篇、婚庆篇、劝购篇、名人篇、热销篇等,在全国各地 80 多家平面和网络媒体上共发布 200 多篇报道。根据各地经销商的反馈,传播效果非常好,有力地推动了销售。

(四)形象深化

企业形象提升——"中华立领"与中华武术共迎奥运。柒牌集团在北京中华世纪坛举办一场"柒牌中华武术迎奥运暨万人太极拳表演"大型活动(图 7-4-2),通过这次活动,将柒牌"立民族志气,创世界名牌"的品牌战略进行推广。

活动实施过程中,柒牌集团邀请国家体育总局党组书记李志坚、北京市人大常委会副主任田麦久、《中国服饰报》社长童之琦等作为活动嘉宾,在北京市各区举行万人签名活动,并

图 7-4-2 柒牌中华武术迎奥运暨万人太极拳表演活动现场

在签名活动结束后将签名隆重呈递给国际武术联合会,由他们转交给国际奥委会,以扩大活动的影响力。

在媒体传播配合上,柒牌集团邀请中央电视台一套、中央电视台五套、光线传媒、中央人民广播电台、《人民日报》、《中华工商时报》等全国性重要媒体以及北京当地所有的电视媒体、大众媒体、服装行业媒体、体育专业媒体参加活动,争取活动在当地获得最大的曝光率。此外,柒牌集团还与全国各地(除北京外)80 余家重点地方平面媒体、60 余家地方电视台取得联系,让它们在活动举行后第一时间发布该活动的新闻。

四、IMC 项目评估

2004 年度,关于柒牌“中华立领”的传播,取得了广泛的宣传效果。柒牌集团向全国 30 多个省区市的近 200 家媒体发送了“中华立领”相关新闻通稿,收集到来自全国共约 60 万字的报道,达1 000 余篇。由媒体自发报道的关于“中华立领”的新闻更是无法统计。

成功的“中华立领”品牌推广带动了市场销售的飞速增长。从 2004 年 3 月亮相 CHIC 开始,仅用 1 年的时间,“中华立领”便创造了 3 亿元的销售额。虽然同一时期其他男装企业也纷纷模仿,推出立领服饰,使立领服饰成为男装的一种风潮。然而,据调查显示,90%的消费者只认可柒牌的“中华立领”。

2004 年 6 月,由全球五大品牌价值评估机构之一的世界品牌实验室和被誉为“经济联合国”的世界经济论坛共同评选的 2004 年中国 500 个最具价值品牌中,柒牌以 17.36 亿元的品牌价值名列第 307 位,并名列纺织类第 16 位,男装企业第 1 位;在 2005 年更是以 21.58 亿元的品牌价值跃升至第 282 位。此外,柒牌还获得“2003—2004 中国服装品牌年度大奖”,成为国内男装品牌价值快速提升的典范。

【思考题】

1. 为什么柒牌集团要着力打造自己为“民族服装文化”倡导者的形象?
2. 柒牌集团在 IMC 中是如何有效地接触到目标消费者的?
3. 柒牌“中华立领”整合营销传播对我国服装企业的启示是什么?

【案例五】 电影《港囧》整合营销传播案例分析

《港囧》是由北京真乐道文化传播有限公司、北京光线影业有限公司等联合出品的爱情喜剧影片，该影片由徐峥执导，由徐峥、赵薇、包贝尔、杜鹃、葛民辉等联合主演(图 7-5-1 为当时的海报)。影片于 2015 年 9 月 25 日在全国上映。影片讲述了徐来陪伴老婆及家人来到香港旅游，计划与大学初恋杨伊偷偷会面，无奈被小舅子识破其醉翁之意不在酒，从而引发一场欢乐香港游的囧途故事。该影片从上映截至 2015 年 11 月 25 日，中国内地票房累计达 16.13 亿人民币元，创下当时的中国电影史 2D 片最高票房纪录，获得华语电影单片票房亚军，同时成为 2015 年华语片北美票房冠军，总票房高达 130 万美元。《港囧》赢在营销，早已成为业内不可否认的事实。《港囧》的营销团队采用的所有宣传手段都围绕产品本身，整合一切可利用的资源，对不同的观众制定不同的营销方案，可谓是把整合营销传播的理念发挥到了极致。

图 7-5-1 《港囧》电影海报

一、基于数据分析的精准营销策略

锁定主力观影人群，充分利用互联网营销是《港囧》精准营销的第一步。根据 2015 年中国电影产业研究报告，我们知道“80 后”“90 后”这两个年龄区间的观众总占比达到 62%，可以说是中国电影的主力观影人群。这个年龄段的观众已经具有了一定的经济基础，乐于消费。《港囧》团队基于这样的特点，开展了一系列微博微信的营销活动，例如建立“最牛微信群”拉拢白领精英人士，在朋友圈发布 H5 小游戏助推《港囧》的传播，发起“港囧来了”的微博话题引得这个年龄段的消费者讨论等。接着就是紧抓学生市场，线下营销带动宣传。根据 2015 年中国电影产业研究报告，我们不难发现，学生市场，特别是大学生已经成为中国电影市场主要的消费人群之一，《港囧》团队深知这一点，所以在宣传过程中分别去包括北京、上海在内的二十几所城市，到十几所高校与同学们近距离接触。据统计，这一宣传路线至少带动了 5 万名学生一同互动。这期间每到一所城市，微博热搜必会产生“《港囧》+××大学”的字样，其效果显而易见。

二、抓住热点的创意营销策略

(一) 社群营销开展传播

微信具有传递信息便捷、功能多样等特点，这些特点让它的使用者数量近年来飞速增长。《港囧》团队就以微信这样的功能为基础，策划组织了让人意想不到的社群营销。不像普通的微信营销只是发发朋友圈、提高转发量，《港囧》团队利用微信营销和社群营销，在2015年4月18日，中央电视台电影频道举行的“华语电影新焦点”活动中，建立了由雷军、王兴等互联网大佬和黄晓明等电影界的绝对精英人士组成的“最牛微信群”。一方面希望他们为电影后续的营销出谋划策；另一方面精英人士作为公众生活中的意见领袖，统一发声之后对受众的传播力和影响力是不可估量的。自此，《港囧》之后的营销方案只要一出台就会引起热议的现象也展示了《港囧》此举的成功。

（二）事件营销制造话题

事件营销因其能引起话题的特点，在各行各业中的使用率逐年提高。《港囧》在上映期间，自然也少不了事件营销。结合电影的青春、爱情、喜剧等因素，导演徐峥多次率主演参与一系列营销事件，提高电影的话题性。例如，在电影宣传阶段，《港囧》团队策划组织了模仿苹果手机发布模式的发布会，徐峥更是以“徐布斯”的形象出现，将《港囧》作为产品向观众推荐，全程搞笑，引来无数关注。

三、多渠道整合营销传播策略

（一）跨界营销

跨界营销，意味着需要打破传统的营销思维模式，避免单独作战，寻求非业内的合作伙伴，发挥不同类别品牌的协同效应。《港囧》在营销宣传过程中，也采用了一系列的跨界营销策略。例如，《港囧》“电影＋旅游”的营销方式，百度旅游根据之前《人再囧途之泰囧》上映带来的“泰国热”主动寻求与《港囧》合作，专门推出了一系列香港旅游路线，并制作了《港囧》小游戏，在朋友圈内广泛传播，“电影＋旅游”宣传，一举多得。

（二）电商预售

进入21世纪以来，与经济和科技息息相关的网购早已悄无声息地成了人们生活的一部分。特别是近年来，由于网购具有购买的便利性和产品的丰富性等特点，不仅让网购飞速发展，而且也催生了一批知名的电商平台。

《港囧》团队基于网购已经成为人们生活的一部分这一现状，与淘宝电影、猫眼电影等电商开展了合作。以猫眼电影为例，2015年9月15日猫眼开通了《港囧》的预售平台，截至2015年9月25日上映，猫眼总预售票房为3 291.3万元，打破了由《捉妖记》保持的3 161万元的纪录。根据中国电影票各销售方式所占比例，我们可以看到，在线购票在2015年中国电影票各销售方式中的占比达到59.34％。也就是说10个人里面有将近6个人选择了使用网购的方式购买电影票，这与猫眼电影公布的《港囧》电影票的网购率平均高达60％的成绩是相符的。在后期《港囧》破的12项纪录里包括了华语电影预售人次纪录和华语电影预售票房纪录，这也充分说明《港囧》在电商平台进行预售是正确的选择。从《港囧》的实践我们也发现，电商预售在未来电影的互联网营销中将越来越重要。

四、在“speak with one voice”原则下的媒体营销

（一）媒体营销

“speak with one voice”（用一个声音说话）是整合营销传播应始终坚守的原则，这个原则要求在传播过程中，传播者应该将所有传播活动统一进行，发出同一个声音，塑造统一的

品牌形象。《港囧》的媒体营销工作采取的是以新媒体为主，兼顾传统媒体的方式。选择这样的方式是因为，虽然新媒体具有传播速度快等特点，但其影响力依然无法与具有权威性和一大批忠实受众的传统媒体相比。可以说《港囧》之火点燃于传统媒体，却在新媒体的助推下有了燎原之势。2015 年 3 月 30 日，《港囧》举行了首次影片发布会，地点定于北京，徐峥、赵薇等主创人员亮相发布会现场。媒体用“感觉什么都说了，但又好像什么都没说”来形容这场发布会，就像徐峥在现场说的，“我也不知道《港囧》什么时候上映，随时都可能上映”。这些举动可谓是吊足了受众的胃口，让受众对《港囧》充满了好奇心，取得了极佳的宣传效果。3 月 25 日，徐峥就发布了“赵薇跪求演女主角”的先导预告片，又在 3 月 30 日发布会现场发布了定档“随时上映”的预告片。这两部预告片加起来播放量达到千万，更有许多消费者表示“连预告片都这么有趣，电影一定好看”。图 7-5-2 为《港囧》定档海报。

图 7-5-2 《港囧》定档海报

（二）线下营销

除了下足功夫的媒体营销外，《港囧》团队的线下营销宣传也毫不含糊。线下营销主要是指通过公关、会展、促销活动等方式实现与消费群体“一对一”沟通的营销手段。在线下，徐峥带领众主创多次参与、举办各种各样的发布会，场场引爆热点。例如有《港囧》团队策划组织了模仿苹果手机发布模式的发布会，徐峥更是以“徐布斯”的形象出现，以演讲的形式把发布会搞成了产品推介会。电影上映后，作为中国传统节日的中秋节以及举国欢庆的国庆节接踵而至，2015 年 9 月 27 日，票房一路飞奔的《港囧》，没有被胜利冲昏头脑，《港囧》团队紧握这样好的宣传机会，顺势而上，召开了主题为“情在囧途，花好月圆”的温情发布会，让观众了解这部电影是“合家欢”式的电影，引导消费者约上朋友家人一同前往观看。电影后期的票房表现也凸显了这场发布会的作用。这些面对面、一对一的线下活动无疑为《港囧》培养了一批忠实的消费者。

【思考题】

1. 有人认为，“《港囧》赢在营销”，你认可这种观点吗？为什么？
2. 《港囧》是如何实现内外协同的整合营销传播的？
3. 《港囧》是如何实现传播工具质和量的整合的？
4. 《港囧》的整合营销传播对中国影视业营销的启示是什么？

【案例六】 加多宝集团整合营销传播案例分析

加多宝集团是一家以香港为基地的大型专业饮料生产及销售企业。1996 年推出第一罐红色罐装"王老吉"(因品牌所有权问题,现更名为"加多宝")。在 2002 年以前因为产品本身的定位不够清晰,加上传播手段单一,红罐王老吉的销量一直不佳。2003 年开始,加多宝重新明确了自己的产品定位,以"预防上火"为宣传口号,进行了一系列的整合营销传播,塑造其品牌在消费者心中的认知和使用价值。从 2003 年至今,加多宝集团开展的各类整合营销传播手段都值得企业在品牌管理过程中学习和借鉴。

一、2003—2011 年使用的整合营销传播手段

(一) 对品牌重新定位,塑造产品差异化,激发消费者需求

加多宝的红罐"王老吉"原先定位概念模糊,后经过市场调研,发现大多数消费者购买"王老吉"是为了预防上火,因此,把"王老吉"定位于功能型饮料——预防上火。此番品牌重新定位既迎合了市场需求,也突出了产品的差异化,避免与国内外饮料巨头的直接竞争,形成独特区隔。通过此番整合营销,加多宝率先转变营销观念,通过关注消费者的需要,增强与消费者的沟通,重新进行产品定位,推广迎合消费者心理的产品,这是当时塑造红罐"王老吉"品牌成功的前提条件。

(二) 利用电视主流媒体,密集宣传,改变消费者价值观

加多宝当时把中央电视台这一主流媒体作为其品牌推广的主战场,巨额广告投入不遗余力,同时针对各区域市场的不同特点,投放一定量的地方卫视广告,以弥补央视广告覆盖率的不足。此外,在报纸广告、车身广告、市中心路牌广告、终端广告等方面也密集宣传。这种强势大规模的广告宣传推广,覆盖了消费者的信息接收点,迅速提高了品牌的知名度。此外,广告宣传片的主题定位明确,既具有产品指引性,又具有群众互动性。广告表达准确,投放量足够,确保品牌信息融入消费者心中,完成整合营销传播的目标。

(三) 正确的渠道铺货,广泛的销售促进,注重品牌建立

在针对中间商的促销活动中,加多宝充分考虑了如何加强餐饮渠道的开拓与控制,推行"火锅店铺式"推广与"合作酒店"的计划,这让当时的红罐"王老吉"迅速进入餐饮渠道,成为主要推荐饮品。此外,在许多大型超市的显眼货架,总能看到一堆堆"王老吉"的红色促销装,非常醒目。优秀的执行力,渠道控制力强,加多宝不仅注重销售额的增长,更注重品牌形象的推广。

(四) 利用不同营销手段,开展公关活动,树立品牌形象

2008 年汶川地震后,加多宝率先慷慨捐款 1 亿元,使"王老吉"的名字不断出现在报纸、杂志、电视和网络上,有很高的曝光率。之后,2010 年加多宝开展多项救灾、济困、全民公益、助学活动,并以重金赢得第 16 届亚运会高级合作伙伴的合作权益,成为非酒精饮料领域的唯一赞助商。通过不同的营销手段,利用"事件营销"和"口碑营销"的推广传播,赞助不同类型的公益活动,加多宝迅速提高其产品的知名度,加深了品牌在消费者中的认知度、信赖感和归属感,无形中建立了品牌美誉度,树立了良好的品牌形象。

（五）巧用网络营销，扩展品牌传播

在汶川地震后率先捐款1亿元后，各大贴吧、论坛不断涌现关于“封杀王老吉”的帖子。加多宝利用人们的爱国热情，引导消费者去购买其产品。这是一次事件营销加网络营销的经典策划，不仅直接提高了产品的销量，更提高了消费者对该品牌的忠诚度。总之，加多宝在对其产品进行精准的品牌定位后，进行了一系列的整合营销传播，通过不同传播媒介的整合进行传播，向消费者传达统一的品牌形象，加深品牌的影响力和美誉度。2010年广药集团旗下的“王老吉”品牌价值评估为1 080亿元，成为中国当时的第一品牌。而在加多宝开始使用“王老吉”商标时，“王老吉”的名气并不大。在加多宝看来，“王老吉”1 080亿元的无形资产是由该公司历经10多年经营培育形成的，尽管商标已交还广药集团，但也应该从中分享到收益。然而，加多宝在当时没有完全拥有商标品牌的情况下，就大量投资打造品牌，最后在商标案中败诉，影响其创造的品牌资产和价值，同样值得企业引以为戒。

二、加多宝的整合营销传播策略

2012年7月，在“王老吉”商标案中败诉后，加多宝迅速全方位调整整合营销传播策略，重塑品牌形象，其运用的策略包括以下方面。

（一）把握先机，未雨绸缪，采取“去王老吉化”战略，迈出品牌重塑第一步

加多宝首先在北京举行“加多宝凉茶”全国上市启动仪式。加多宝，采用了一个改名的策略——“全国销量领先的红罐凉茶改名加多宝，还是原来的配方，还是原来的味道，怕上火，喝加多宝”。这标志着加多宝自主创立的凉茶品牌问世。为了使消费者能很自然地从“王老吉”过渡到“加多宝”，牢牢吸引住原有消费群体，积极吸纳更广泛的消费群体，加多宝早早就对正宗凉茶的配方进行了改良，从本质上实现了“去王老吉化”。加多宝“去王老吉化”广告见图7-6-1。

图7-6-1　加多宝“去王老吉化”广告

（二）渠道掌控，全面发力抢占市场，凸显品牌实力

渠道和品牌维系之争是竞争的核心与关键。加多宝巧妙地将王老吉的资源带了过来，并配合地面的推广，取得了显著的效果。加多宝的撒手锏“渠道的精耕细作”不用多说了，即

使在小餐馆里，加多宝都派了临时促销员，告诉顾客，全国销量领先的红罐凉茶改名加多宝了，然后向顾客推荐加多宝。加多宝一方面巩固其渠道系统，稳住现有渠道商；另一方面通过渠道商掌控终端，避免渠道商投向"王老吉"，同时积极开发新的渠道商以填补因失去部分渠道商而导致的市场空白，凸显其企业实力及品牌影响。

（三）"轰炸营销"迅速重建"红罐凉茶"的品牌形象

加多宝重拳出击品牌宣传，密集推广，发动全方位品牌传播攻势，除采取电视广告、地铁广告、发布会等传统营销传播方式外，还注重通过 QQ、微博等网络媒体获取消费者支持，无论是在地面还是空中，都展开了密集的攻势，投入巨资，全方位阻击"王老吉"的消费导向，积极保持与消费者的联系与沟通。加多宝诉求市场份额的领先，从而建立着一个市场领先的优势，并将这一诉求传递给消费者。加多宝的广告运用了直观的数字——"中国每卖 10 罐凉茶，有 7 罐加多宝"，见图 7-6-2。不言而喻，这些数字代表着消费者的认可，这个 7 罐的数字，也有效地回避了一些问题。加多宝就是通过这个优势强行把王老吉压下去，塑造产品的高形象。

图 7-6-2　加多宝的优势诉求广告

（四）冠名《中国好声音》，引发品牌蝴蝶效应

2012 年 7 月 13 日，浙江卫视《中国好声音》首播，随即一夜走红。随着主持人的反复播报，冠名赞助的加多宝掀起"红色旋风"，并蔓延至场外。伴随节目的热播，"正宗凉茶加多宝"也传开了。加多宝通过成为节目的特约赞助商，在经典红罐凉茶更名为加多宝凉茶之后采取的首项重大举措，重建品牌形象，利用良好的节目互动，培养更多忠实的消费者，使消费者成为该品牌的忠实拥护者，引发一场品牌蝴蝶效应，见图 7-6-3。

（五）庆祝 2014 年加多宝销量再度夺金，推出金罐凉茶

在加多宝与王老吉的后续官司中，加多宝多次处于不利局面，品牌使用权丢失、广告语丢失，然后红罐这一醒目的标识有可能又失去（红罐已经成当初努力打造的品牌标识之一，视觉辨识度极高，而官司结果一审加多宝败诉，2017 年 8 月二审广药与加多宝可共用红罐标识），过去努力打造的特色资源一个个失去。

图 7-6-3　加多宝冠名赞助《中国好声音》

不过，相对于从前失去品牌使用权时、一个新品牌所面临的生死存亡而言，加多宝已没有以前那么危险。当初，失去品牌名称相当于失去命脉和基础，是否能够存活下去都是未知数，而在度过这个危机后，广告语和红罐算是小问题，但也算是企业的一个小危机，毕竟长期的品牌视觉辨识没有了，需要调整，加多宝又很巧妙地将其与营销结合起来。

在红色之外，加多宝未雨绸缪地推出了金罐，而且在传播上进行了巧妙结合，“庆祝加多宝凉茶 2014 年再次销量夺金”“加多宝凉茶推车金罐　庆祝 2014 年加多宝销量再度夺金”，将金罐、金色象征的含义，和加多宝的市场优势巧妙地结合起来，形成整体有效的传播，也进一步强化了产品的优势，见图 7-6-4、图 7-6-5。这 4 年时间，加多宝相于再造了一个新品牌，如同当年成功将一个区域凉茶推成全国知名品牌一样，再次成功将一个新生品牌成功推出、打造成业内的知名品牌！

图 7-6-4　加多宝庆祝 2014 年销量再度夺金的广告

图 7-6-5　加多宝推出金罐凉茶的广告

三、结论

品牌已经成为企业成功的前提，品牌的构建离不开良好的整合营销传播，两者相辅相成，密不可分。企业在整合营销过程中，需要因地制宜，实现“本土化”。在构建企业品牌的同时，企业需要拥有先进的现代管理制度和公司治理结构，拥有具备较高专业素质和能力的营销人员，加强品牌构建和维护的意识，切勿忽略品牌价值、品牌资产和品牌商标权。企业在整合营销传播过程中既需要重视信息技术的应用，也需要做好财务与战略整合。

【思考题】

1. 加多宝在 2012 年前是如何进行整合营销传播的？
2. 加多宝是如何进行品牌重塑以应对危机的？
3. 请谈一谈加多宝整合营销传播对我国饮料企业的启示。